近代江西红十字运动研究

（1911—1949）

傅 亮 著

合肥工業大學出版社

总　序

150 年前，高举人道主义旗帜，旨在促进人类持久和平的红十字运动在欧洲兴起并迅速走向世界。一百多年来，红十字会为世界和平与发展做出的巨大贡献有目共睹，因而日益受到世界各国、各地区的欢迎，已发展成为与联合国、奥委会并称的世界三大国际组织之一。究其原因，乃其所奉行的七项基本原则——也是红十字文化的内核——涵盖了世界上各种不同文化的共同点，能为文化和制度不同的国家所接受，故而具有强大的生命力。

100 年前，红十字运动东渐登陆中国。在其中国化的发展过程中，红十字会不断吸取中国传统文化的精髓，茁壮成长，逐步形成了“人道、博爱、奉献”的文化内涵，并成为中华文化的瑰宝之一。

百余年来，红十字运动在波澜壮阔的实践中积累了丰富的经验，也留下了许多教训。经验与教训需要上升为理论；也只有理论才能更好地指导红十字事业持续、健康发展。学界、业界对此都进行了持续的关注。

2005 年 12 月 7 日，苏州大学社会学院与苏州市红十字会携手合作，成立全国首家红十字运动研究中心，旨在通过学界和业界的联合，推动和加强红十字运动的理论研究，探究红十字运动中国化的过程与特色，凝练红十字文化价值，探求红十字运动在构建国家软实力和促进中华民族伟大复兴中的地位与作用。同年 12 月 9 日，中国红十字会总会也提出，“确定一批研究课题，组织专家学者开展对国际红十字运动及中国红十字运动的深入研究”[①]。由此，学界、业界共同开展了对红十字运动的学术研究与理论探讨。

多年来，红十字运动研究中心除通过专业网站（http://www.hszyj.net）发布和交流学界、业界动态外，已出版研究成果数十

① 中国红十字会总会：《关于加强和改进宣传工作的意见》，红总字［2005］19 号。

部；帮助一些地方红十字会建立与高校的合作，搭建平台，共同开展研究；举办了首届红十字运动与慈善文化国际学术研讨会；培养了一批专门研究红十字运动的生力军；积累了大量的学术资料。中心主要研究人员还借助在各地讲学的机会，传播重视红十字运动研究的理念。正是在红十字运动研究中心的引领之下，红十字运动研究在中华大地上呈现出生机勃勃的发展态势，并取得了丰硕的成果，“新红学”[①] 呼之欲出。仅以2011年为例，各地以纪念辛亥革命一百周年为契机，纷纷整理、编辑出版了地方红会百年史；有的红会还与高校合作组建相关研究中心，等等，[②] 通过这些方式，有力地推动了红十字运动研究向更深更广的方向发展。

当今世界正处于大发展大变革大调整时期，多极化、经济全球化深入发展，科学技术日新月异，各种思想文化交流交融交锋更加频繁，文化在综合国力竞争中的地位和作用更加凸显。2011年10月18日，党的十七届六中全会通过的《中共中央关于深化文化体制改革推动社会主义文化大发展大繁荣若干重大问题的决定》，提出要推动社会主义文化大发展大繁荣。11月7日，教育部发布了《高等学校哲学社会科学繁荣计划（2011—2020年）》，大力提升高等学校人才培养、科学研究、社会服务、文化传承创新的能力和水平。12月7日，全国人大常委会副委员长、中国红十字会会长华建敏在中国红十字会九届三次理事会上提出，“要深化理论研究，充分挖掘红十字文化内涵，推进红十字文化中国化，广泛传播人道理念，在全社会推动形成良好的道德风尚。”[③] 红十字“文化工程”已然成为红十字会总体建设目标之一[④]。进一步加强与拓展红十字运动理论研究，尤其是对红十字文化中国化的研究，已成为历史与现实的呼唤。

有鉴于此，红十字运动研究中心继续发挥高等学校与业界合作的优势，汇聚研究队伍，科学选题，出版一套《红十字文化丛书》，弘扬有

---

① 在2009年4月于苏州大学召开的“红十字运动与慈善文化”国际学术研讨会上，红十字运动研究中心主任、江苏红十字运动研究基地负责人、苏州大学教授池子华指出，经过一百多年波澜壮阔的实践发展和学术界呕心沥血的开拓性研究，在人文社科领域构建一门“新红学”——红十字学，条件已经具备，时机已经成熟。见池子华：《创建“红十字学”刍议》，《中国红十字报》2009年4月17日。

② 池子华、郝如一：《2011年红十字理论研究之回顾》，《中国红十字报》2012年1月3日。

③ 《中国红十字会九届三次理事会召开》，《中国红十字报》2011年12月9日。

④ 池子华：《“文化工程”应成为红十字会总体建设目标之一》，《中国红十字报》2009年12月11日。

利于国家富强、民族振兴、人民幸福、社会和谐的思想和精神，凸显红十字文化在中国文化园地中的地位，使红十字文化在神州大地上更加枝繁叶茂，促进中国红十字事业可持续发展，推动红十字文化的国际交流。

《红十字文化丛书》的出版，得到了中国红十字基金会、江苏省红十字会、苏州大学社会学院、上海市嘉定区红十字会、浙江省嘉兴市红十字会、江苏省盐城市盐都区红十字会等单位的鼎力支持，也得到红十字国际委员会东亚代表处及中国红十字会总会的关心和指导，在此谨致衷心感谢。

池子华

2012年6月于苏州大学

代　　序

中国红十字运动的区域研究：理论与方法

20 世纪 90 年代以来，经过众多学者的努力，红十字运动研究逐渐成为学界新宠，发展迅猛。总的看来，红十字运动研究的成果大多集中于中国红十字会整体史尤其是总会历史的研究。近年来，红十字运动的区域研究也逐渐成为热点，红十字区域史研究著作不断涌现①。除了江苏、上海之外，其他区域如河南、安徽、江西、山东、贵州等省的区域红十字运动研究也在逐渐开展②。此外，北京、天津、云南、福建、四

① 总体来看，近年来红十字运动的区域史研究有逐渐向全国扩展的趋势，但成果仍然集中于江苏以及上海的红十字运动。这些著作主要有：

池子华、郝如一等：《近代江苏红十字运动（1904—1949）》，安徽人民出版社 2007 年版；

徐国普：《辉煌十五年（1950—1965）》，安徽人民出版社 2009 年版；

杨红星：《挫折后的振起（1966—2004）》，安徽人民出版社 2009 年版；

刘超英主编：《昆山红十字运动发展史》，安徽人民出版社 2010 年版；

方娅、池子华主编：《江西红十字运动百年回眸》，合肥工业大学出版社 2013 年版；

马强、池子华主编：《红十字在上海，1904—1949》，东方出版中心 2014 年版；

顾丽华、池子华主编：《〈中国红十字会常熟分会民国廿一年纪念册〉整理与研究》，合肥工业大学出版社 2016 年版，等等。

另外，池子华、张丽萍、王丽萍主编的《中国红十字运动的区域研究》（合肥工业大学出版社 2012 年版）一书汇集了一些有关红十字运动区域研究的成果，可供参考。

② 近年来在红十字运动研究中心主任池子华教授的带领下，红十字运动的区域研究逐渐在向全国展开，主要的代表作有：

崔家田：《全面抗战时期河南红十字运动的历史经验——以〈会务通讯〉为中心》，《河南师范大学学报》（哲学社会科学版）2010 年第 5 期；《近代河南红十字运动探源》，《郑州大学学报》（哲学社会科学版）2014 年第 3 期；

张智清：《安徽红十字运动研究（1911—1949）》，苏州大学 2012 年硕士学位论文；

傅亮：《江西红十字运动研究（1911—1949）》，苏州大学 2012 年硕士学位论文；

呙盼盼：《近代山东红十字运动研究（1904—1949）》，苏州大学 2012 年硕士学位论文；

陆赛楠：《南京红十字运动研究，1911—1949》，苏州大学 2012 年硕士学位论文；

袁玲：《民国北京政府时期上海红十字运动研究》，苏州大学 2014 年硕士学位论文；

罗志雄、戴斌武：《贵州红十字运动研究（1916—2013）》，合肥工业大学出版社 2015 年版。

川等地红十字会也已经出版了相关的会史著作①。红十字运动区域研究的蓬勃发展，将有助于丰富红会整体史的内容，推进整体研究的深入②。为了进一步推进和深化中国红十字运动的区域研究，有必要对中国红十字运动的区域研究的理论与方法进行探讨，以作抛砖引玉，希望引起有识者的关注与参与。

一、中国红十字运动区域研究的意义

中国红十字运动的区域研究，顾名思义，就是研究区域性的红十字运动。作为一种研究视角和理念，区域史的逐渐流行，与法国年鉴学派的提倡是分不开的。法国年鉴学派的代表人物，如费尔南·布罗代尔（Fernand Braudel）和勒华·拉杜里（Emmanuel Le Roy Ladurie）等都做过经典的区域研究，其学术成果也成为区域研究的经典之作。民国时期，我国学术界在社会经济史领域也开展了较为广泛的区域性研究。改革开放以来，随着社会史的兴起，区域史研究复兴并逐渐繁荣起来，成为新时期史学发展的表征之一。区域史研究的兴起，极大地拓展了历史研究的视野和范围，丰富了史学研究的内容。傅衣凌长期从事社会经济史研究，他对区域史有着非常深刻的理解。他认为："在中国，由于社会历史发展在地域上严重的不平衡性，区域性研究尤其必要。区域性研究不仅可以发现中国各地区社会发展的特殊性，而且通过对这些特殊性的研究，将有助于更好地说明中国、乃至整个人类社会的发展进程。"③张朋园曾指出："有鉴于中国幅员辽阔，区域特征各异，发展先后迟速又复参差，若循中央入手之研究方式，固然可以得到整体综合性的观察，然了解难于深入。不如从地区入手，探讨细节而后综合，或可获得更为具体的认识。"④ 叶显恩也认为："中国幅员辽阔，由于环境的作用

① 地方红十字会出版的会史主要有：

许可良主编：《福建红十字会简史》，福建人民出版社1994年版；

孙静敏编纂：《北京市红十字会的65年（1928—1993）》，文津出版社1995年版；

江苏省红十字会编著：《江苏红十字运动的八十八年》，东南大学出版社2001年版；

赵辉主编：《天津红十字会九十年》，天津人民出版社2001年版；

山东省红十字会主编：《山东红十字事业九十年》，山东友谊出版社2002年版；

吴宝璋主编：《云南红十字会史》，云南人民出版社2003年版。

② 池子华：《关于深化红十字运动研究的几点构想》，《史学月刊》2009年第9期。

③ 傅衣凌：《1987年广州国际清代区域社会经济暨全国第四届清史学术讨论会开幕词（代序）》，载叶显恩：《清代区域社会经济研究》（上），中华书局1992年版，第2页。

④ 《中国现代化的区域研究（代序）》，第1页，载张朋园：《湖南现代化的早期进展（1860—1916）》，岳麓书社2002年版。

与历史上开发的先后，各地区的社会、人文条件千差万别，其历史的发展表现出明显的差异性和地域的不平衡性。没有区域性的研究，就很难作全国总体史的研究。"① 由此可见，由于中国幅员辽阔，各区域千差万别，整体研究固然重要，但很难深入地把握各个区域之间的差异。只有通过区域研究，才可能不断深入了解中国的各个面相，有助于我们认识整体中国的特征。正如行龙所说，"地域社会史的研究，不仅有助于整体社会史的深入研究，而且可以验证某些论点"②。区域研究的开展，可以检验整体研究的某些论点，从而认识整体中国。毫无疑问，区域史研究的价值，已经得到了学术界的普遍赞同。

对于中国社会史研究的分支——中国红十字运动来说，开展区域性的研究，总结红十字运动的区域性特点，对于更加深入地了解中国红十字运动也是大有裨益的。"近代的地方分会和新中国建立后的各级地方红会都是不同时期中国红十字运动的充满生机与活力的有机组成部分，其活动总体上统一于总会但又具有一定的地方特色。"③ 只有对这种地方特色有一个透彻的了解，才能更加深入地认识中国红十字运动。100 多年来的中国红十字运动，存在明显的区域差别与区域特点，如果只顾及红会整体史研究，忽视区域性研究，很难对中国红十字运动有清晰地认识。只有对区域性红会进行深入研究，才能更好地深化红会整体史研究。

近代中国红十字运动的开展，时刻受到各种区域因素的影响。这种区域因素的影响，深植于中国红十字运动的历史之中。例如，中国红十字会在 1904 年首先在上海发起成立，与上海在中国近代所处的区位优势有很大关系④。在不同历史时期，各地红十字会的救济、救护等活动也存在很大差别。通过开展红十字运动的区域研究，才能更为深入地了解红十字会与地方社会的关系。循此路径，才能从社会史角度更为深入地了解各个地方区域，才能更深入地认识红十字会在中国社会的地位与作用。从这个意义上来说，中国红十字运动的区域研究，也是深入了解中国各个区域的一个媒介。因此，中国红十字运动的区域研究，不管是对红会整体史的研究还是对中国各个区域的研究，都具有重要意义。

---

① 叶显恩、邓京力：《我与区域社会史研究——访叶显恩研究员》，《历史教学问题》2000 年第 6 期。

② 行龙：《近代山西社会研究——走向田野与社会》，中国社会科学出版社 2002 年版，第 11 页。

③ 池子华：《关于深化红十字运动研究的几点构想》，《史学月刊》2009 年第 9 期。

④ 池子华：《红十字与近代中国》，安徽人民出版社 2004 年版，第 26—28 页。

二、中国红十字运动区域研究的对象与结构

中国红十字运动的区域研究，其研究对象自然就是区域性的红十字运动。我们知道，研究对象的选择是否理想关系到研究工作的成败，因此，区域研究的对象选择就非常关键。在社会史研究中，选择区域的标准是什么呢？学术界对此有不同看法。李金铮通过综合各家观点，对社会经济区域的选择做了比较明确的界定，他认为："一个理想的社会经济区域的选择，主要取决于四种因素的制约：一是这个区域必须具有密切的内在联系；二是能体现时代特色；三是研究者对该区域的当代社会经济有较多的认识；四是有丰富可信的史料作保证。其中，第一条当属最重要。"[①] 同时，他也认为完全符合所有划分标准的区域是不多见的。社会经济史的区域选择标准似乎也可为红十字运动的区域选择提供一个参考。

目前所见，中国红十字运动研究，大都以行政区划作为区域选择，即以各省、市、县为区域落脚点开展红十字运动的区域研究。笔者以为，以行政区划作为区域选择的标准，固然有其道理，但很难做到面面俱到。首先，以行政区划来选择具体区域，容易产生区域研究模式的同类化。某些行政区划在很多方面特征相似，难以体现出区域研究的特色及差异。例如，相对来说，江苏和江西红十字运动的差别比较明显，但是江西与某些省份（如湖南）相比，差异可能并不显著。换言之，不是每一个行政区划都可以作为有特色的区域来研究。因此，以行政区划（省、市、县）作为选择区域的标准，难免造成区域研究的雷同。其次，新中国成立前，中国红十字会的各地分会虽有分省之实，但无分省之名，总会实行垂直管理的管理体制，在各地分设分会，直属总会，并无省级红十字会这一层级。新中国成立以后，中国红十字会才出现总会、省级红会、各地市分会、区县分会等与行政区划高度吻合的组织体系。研究百年来的区域红十字运动，单以省来做统一划分，可能并不恰当。最后，以行政区划来确定区域研究的落脚点，比较容易忽视跨越既定行政区划的区域。而且，在新中国成立以前，还存在无法以省来划分的红十字组织。民国初年，中国红十字会有京会、沪会之争，此时以省籍划分红十字会似乎不大恰当；全面抗战时期，中国红十字会曾组建中国红

① 李金铮：《区域路径：近代中国乡村社会经济史研究方法论》，《河北学刊》2007 年第 5 期。

十字会救护委员会华北分会等组织[1]，似乎也无法以省籍来划分。

因此，在区域的选择上，目前来看比较严谨的办法是：一方面，大多数情况下可以按照行政区划来确定红十字运动的区域；另一方面也不能忽略无法以行政区划来划分的区域红十字组织，甚至有时候要突破以行政区划来研究红十字运动的局限。通过回到历史事件发生的原生区域，回到历史现场，才能多一份“了解之同情”，我们的研究才有可能最接近历史真相。有学者认为：“区域史可以这样把握：一定时空内具有同质性或共趋性的区域历史进程研究。”[2] 按照此种看法，中国红十字运动的区域研究，应该不拘泥于行政区划，而应以红十字运动发生、发展的具体时空出发，从而探讨具体时空的区域性红十字运动的发展，以此达到多层次、多角度地研究中国红十字运动的目的。当然，这并不意味着完全否定按行政区划来进行区域红十字运动研究。按行政区划开展红十字运动的区域研究，仍然可以作为开展研究的一种策略选择。我们只有明白了此种划分的不足，兼顾史实与现实，才能更好地开展区域研究。

要开展中国红十字运动的区域研究，就必须有一定的研究结构，只有这样，区域研究才能事半功倍。中国红十字运动的区域研究，涉及面较广，其中：红十字运动的开端，红十字会的组织建设，红十字会的人道活动如战地救护、灾害救济、医疗及社会服务等，红十字运动的评价等，是区域红十字运动研究应该涉及的主要内容。红十字运动的开端包括区域红十字会产生的背景，红十字运动兴起的条件，红十字运动开端的标志等；红十字会的组织建设包括分会组织的扩展，红十字会的经费来源，红十字会会员征募，红十字会职员的铨选等；红十字会的人道活动包括战地救护、灾害救济、疫病防治及社会服务以及其他活动等；红十字运动的评价包括红十字运动的发展效果评价及红十字运动的区域特点等。当然，这些问题之外，还需注意红十字会在近代区域社会中的角色问题，探究红十字运动与区域社会发展的关系，只有这样才能凸显区域特色。明确了区域红十字运动的研究结构，我们才能够比较方便地开展研究。当然，这里所提到的研究结构只是对现有区域研究的一些成果所进行的总结，并不能做到放之四海而皆准，提出来仅供学界参考。在

① 池子华、傅亮等主编：《〈大公报〉上的红十字》，合肥工业大学出版社2012年版，第432—433页。

② 王先明：《走向社会的历史学——社会史理论问题研究》，河南大学出版社2010年版，第215页。

开展区域研究的时候，具体到不同的区域，研究结构可以根据具体内容进行修改完善。

根据具体的研究结构，区域红十字运动的叙述方法有两种：一种是按照历史时间的先后顺序梳理区域红十字会的历史；一种是打破时间顺序，按照红十字会的各项活动进行专题式的研究。第一种路径时间鲜明，脉络清晰，但缺乏专题式研究；第二种途径能够深入开展专题研究，但时间脉络不清晰。这两种路径各有千秋，具体选择哪种路径要按照研究对象及其史料来确定。叙述方式的不同选择，对史事的阐述也会有所区别。第一种方法，更加侧重区域红十字会的历史发展轨迹，能够准确地将区域红十字会的历史发展脉络梳理清楚，但是对于整个历史时期的红十字会的具体活动可能缺乏整体把握，比如战地救护就很可能被拆分放在不同章节。第二种方法更多地照顾了区域红十字会的具体活动，如战地救护、灾害救济、医疗及社会服务等，如果资料充实，这些专题都可以自成一章。如果能够将两种方法融为一体，更有助于叙述的深入与角度的挖掘。

三、中国红十字运动区域研究的方法

“工欲善其事，必先利其器”，社会史历来就强调多学科的交叉，中国红十字运动的研究更是如此。在开展区域红十字运动研究的过程中，我们认为，主要有以下几个方面值得注意：

首先，要采用多学科的交叉方法。池子华曾提出构建“红十字学”的设想，他认为“红十字学”是以红十字运动为专门研究对象的一门综合性学科，由一系列分支学科组成，包括红十字灾害学、红十字法学、红十字管理学、红十字历史学、红十字伦理学、红十字外交学、红十字文化学等①。张生也提出中国红十字运动史的研究要“突破单纯‘史’的研究，适当结合其他学科的研究方法”②。由此可见，红十字运动研究有赖于多学科的综合。中国红十字运动的区域研究，也应该尽可能地吸收多学科的交叉方法。区域红十字运动研究，吸收社会学的方法至关重要，如社会调查、社会统计等。考察新中国成立以后红十字会开展的献血、捐髓、志愿服务等工作，如果只限于文献叙述与分析，很难体现各

① 池子华：《创建“红十字学”刍议》，池子华、郝如一主编：《红十字运动与慈善文化》，广西师范大学出版社2010年版，第3页。

② 张生：《中国红十字运动史研究刍议》，《史学月刊》2009年第9期。

项活动的发展变化。而社会调查方法就有了用武之地，比如进行问卷调查、抽样调查、访问调查等等，以掌握各项活动的动态数据，从而有利于研究工作的进行。又如，在研究红十字会的经费筹措及会员人数的发展时，采用社会统计方法，通过表格的统计，才能对各个时期经费及会员人数的变化有一个清晰的了解。此外，灾害学、管理学、法学、外交学等学科的方法，我们都可以借鉴使用。

其次，区域比较的方法。研究区域性的红十字运动，并不是就区域言区域，还应将各区域的红十字运动进行对比研究，以此来构建整体史。唐力行、徐茂明认为："在将区域研究引向整体史研究的努力中，除了纵向关注国家在地域社会中的角色地位外，另一条途径就是对不同的地域进行横向的比较研究，将各个既相互独立又彼此联系的区域联结起来加以考察，超越区域的疆界来认识区域发展的特征，以揭示区域间的整合所披露的整体史特质。"① 只有通过区域之间的比较，才能揭示区域红十字运动的特色。红会史研究的现状也提醒我们要进行区域比较研究。"从目前的研究状况看，红十字运动的比较研究仍付阙如，这是不能尽如人意的。这在未来的研究中应该有所改观。"② 此判断虽然已过去多年，但大体上仍然符合今天的研究状况。区域红十字运动的研究，要体现区域特色，采取比较研究的视野，就特别重要。各个区域的红十字运动研究，都有着不同的特征，只有通过比较，才能更好地揭示出来。例如，对于1949年以前的江西与安徽的红十字运动来说，江西与安徽红十字会都曾开展战地救护、灾害救济等人道活动，貌似相差不大。但是，通过简单的比较，我们就会发现：与安徽相比，江西在战地救护方面成绩更为突出，但社会服务方面的业绩明显不如安徽。同时，我们也会发现同一历史时期的区域红十字运动也是各有其特点：解放战争时期，江西没有组织战地救护活动，而安徽、山东的红十字会则在战地救护方面较为活跃。这些差别的形成，是各区域政治、经济、文化等因素共同影响的结果。因此，通过比较研究，我们更能深刻地认识区域红十字运动的特点，更能凸显区域红十字运动在中国红十字运动中的地位，也才能发掘红十字运动背后深刻的政治、经济、文化等因素，从而实现以小见大。

① 唐力行、徐茂明：《从区域研究到区域比较研究的理论与实践》，《社会科学》2008年第4期。

② 池子华：《关于深化红十字运动研究的几点构想》，《史学月刊》2009年第9期。

要对红十字运动进行比较，范围的界定也很重要，“‘比较’的范围广泛，从大的方面说，可以进行各国红十字运动的比较，包括纵向比较、横向比较；在中国范围内，两岸三地红十字运动可以比较，区域之间可以比较，省际之间可以比较，市县之间也可以比较；中国及各国红十字运动在不同历史时期、不同历史阶段亦可进行纵向比较。从小的方面说，会务、业务都可以进行比较。”① 具体到区域红十字运动的比较，从横向比较来说，可以进行区域之间的总体比较，省与省之间、市县之间比较，区域之间的会务、业务活动的比较；从纵向来说，可以比较区域在不同历史时期的异同，甚至还可以对同一区域的不同历史阶段进行比较。只有进行多层次、多途径的比较，才能揭示区域红十字运动的轨迹及特点。

最后，研究区域红十字运动，从国家与社会的关系的角度出发，是一个比较容易操作的办法。国家与社会的理论视角源于西方，近年来在中国史学界比较流行。“国家与社会的关系，简单说来就是政府权力的实践形态以及民间社会对政府权力的制约。”② 以往在研究慈善事业时，人们往往很容易将国家与社会这一组概念对立起来。近年来，有不少学者对此有不同看法。李金铮认为，而今理论界改变了将国家与社会仅仅表现为二元对立与冲突的关系，转而“普遍认为二者的关系应该是双向甚至是多向的、重叠的互动，研究政府与社会的关系，就是研究来自政府的自上而下的权力和来自社会的自下而上的力量之间的相互作用”③。这种互动关系，混杂着冲突与融合、排斥与交融，而非简单的对立与冲突。具体到中国红十字运动的研究，首次采用国家与社会关系这一视角的是张建俅的《中国红十字会初期发展之研究》一书④。作者的主要观点是：首先，相对于此前研究公共领域大都集中探讨的是地方公共领域（如上海）而言，中国红十字会作为全国性的慈善组织，其工作范围涵盖全国许多地方。其次，在不同时期，中国红十字会的领导精英与代表国家权力的政府，为了官办、民办的立场曾有不同程度的矛盾和冲突。

① 池子华：《关于深化红十字运动研究的几点构想》，《史学月刊》2009 年第 9 期。

② 李金铮：《向“新革命史”转型：中共革命史研究方法的反思与突破》，《中共党史研究》2010 年第 1 期。

③ 李金铮：《向“新革命史”转型：中共革命史研究方法的反思与突破》，《中共党史研究》2010 年第 1 期。

④ 有关此书的评价，可参考池子华：《一部中国红会史研究的“问题”之作——评〈中国红十字会初期发展之研究〉》，《民国档案》2007 年第 4 期。

而且这些精英虽以上海为主，但是却借助全国代表大会，试图以民主的形式，诉诸全国会员、分会的民意，以便赋予他们继续管理红十字会的权力[①]。张建俅关注的对象主要是中国红十字会总会，着眼点主要放在国家与社会之间的冲突与矛盾上。

对于“国家与社会”的关系视角在区域史研究中的学术意义，有论者认为：“对于区域史、地方史而言，从国家与社会间的关系出发，探索地方性与总体性间的关系，探索边缘与中心的关系，探索微观世界与宏观历史的关系，这似乎真正使地方史、区域史的个案研究带有了总体史的特征，从而提高了其学术境界与价值。”[②] 如此说来，研究区域红十字运动，探讨区域红十字运动中的“国家与社会”关系，就非常有必要。研究区域红十字运动，探索红十字会如何处理与国家、政府之间的关系？红十字会与政府之间的关系是怎样变化发展的？通过探讨“国家与社会”这一组关系，深入地分析区域红十字会与国家的互动关系，从而观察区域社会与国家（地方政府）之间的关系变化脉络，对于认识近代地方社会的成长具有非常重要的意义。尤其是近代中国政府权力有一个逐渐上升的过程，随着国家权力的上升，必然要压缩如红十字会这样的社会力量的生存空间。探讨这个过程中的国家与社会关系，能更深刻地认识近代化强势国家建立的轨迹。这样，红十字运动的区域史研究才能远离“碎片化”历史的窠臼。

四、中国红十字运动的区域研究需注意的几个问题

中国红十字运动的区域研究，在明了其研究意义、对象、结构及方法后，还需注意以下几个问题：

（一）尽可能地挖掘史料

实证研究需要足够的资料来支撑，研究者掌握的材料越充分，其研究结果就越有说服力。要开展红十字运动区域研究，特别要注意的就是尽量占有资料。目前来看，资料建设相对滞后，已经制约了红十字运动研究工作的推进[③]，随着池子华主持的红十字运动研究中心出版了一系列大型资料汇编，这种情况近期内虽然有所改观，但整体上来说，资料

① 张建俅：《中国红十字会初期发展之研究》，中华书局2007年版，第314—315页。

② 邓京力：《“国家与社会”分析框架在中国史领域的应用》，《史学月刊》2004年第12期。

③ 池子华：《关于深化红十字运动研究的几点构想》，《史学月刊》2009年第9期。

建设仍然是红会史研究的重要瓶颈[1]。

红会整体史的研究如此，对区域红十字运动研究而言，资料的问题更为突出，目前甚少见到有专门的区域红十字运动研究资料出版[2]。对红会资料建设问题，前文中已经有专门论述。这里结合区域红十字运动研究资料来源，再做几点补充：

首先，总会曾整理出版了《中国红十字会历史资料选编，1904—1949》《中国红十字会历史资料选编，1950—2004》两部资料，可以作为研究区域红十字运动的基础史料。中国第二历史档案馆、贵州省档案馆、贵阳市档案馆、上海市档案馆、北京市档案馆、南京市档案馆都藏有许多民国时期的红会档案。新中国成立以后，各省市档案馆、红十字会档案室，所藏档案也不在少数。这些档案都是研究区域红十字运动的重要史料，仍然有赖于有识者的发掘与利用。

其次，地方红会在各个时期的各种出版物，也是区域研究的宝贵资料。区域红十字运动史料可能还散见于地方报刊、地方志书、个人文集之内，需要利用者多花时间加以搜集与整理。

最后，新中国成立以后红十字运动的亲身经历人现在仍有不少健在，如果有条件的话，可以整理红会工作者的"三亲"（亲历、亲闻、亲见）资料，弥补资料不足。如果条件许可，能够深入各地市、县，发掘市、县级档案、个人文集、报刊，区域红十字运动研究的资料可能就更为丰富了。根据我们已有的经验来看，认为区域红十字运动的资料缺乏或者缺失的看法是不成立的。实际上，有关区域红十字运动的资料是非常丰富的，只是需要研究者多花工夫搜集、整理、发掘。很多区域红十字运动研究的材料，很可能就躺在某个角落里等着研究者们去发现。

（二）注意转换学术视角

朱从兵认为："要进行中国特色的红十字学的学科体系建构，当务之急在于学术视角的转换，要跳出红会看红会，跳出红十字运动看红十字会运动，提高红十字运动的学理性，建构起红十字运动研究的方法论体系，为中国特色红十字学的创立提供学理支撑"，"红十字运动是由人

① 池子华从2009年开始启动红十字运动资料建设项目，如《〈申报〉上的红十字》《〈大公报〉上的红十字》《〈新闻报〉上的红十字》分别于2011年、2012年、2014年出版。而大型资料汇编丛书——《中国红十字运动史料选编》已经出版到第8辑，以后还将陆续推出多部。

② 顾丽华、池子华主编的《〈中国红十字会常熟分会民国廿一年纪念册〉整理与研究》（合肥工业大学出版社2016年版）是目前见到的唯一一部专门对地方红会资料进行整理与研究的著作。

进行的，而人是有思想的，是有各自的价值观念和利益关系的。在红十字圣洁的宗旨之下，无人能够排除从事红十字运动的具体个人有着多元的价值观念和多重的利益关系。从这个角度看，思想史、政治史和经济史的方法都是可以采用的。"① 要做到避免就区域言区域，就红十字会言红十字会，就需要转换研究视角。区域红十字会运动研究，除了要对红十字运动深入研究外，还应结合社会历史背景，探索区域红十字思想史、政治史、经济史甚至文化史。由于各区域的政治、经济、文化不尽相同，才有红十字运动的区域特色。近代江苏红十字运动颇有声色，江苏的分会数量、会员人数、分会筹募资金能力在全国都是首屈一指，这与江苏的政治、经济、文化都息息相关。而近代江西红十字运动发展的一些特点，如红十字会分会数量的逐渐减少、分会经费的短绌也是由江西这个区域的各种因素决定的。只有深入分析各区域的政治、经济、文化等特点，才能更为深入地探索区域红十字运动的历史轨迹，分析区域红十字运动的特色。所以，如果资料充分的话，结合红十字会的人物、经费募集、分会数量变化等问题开展区域红十字运动的思想史、政治史、经济史研究，也是有可能的。区域红十字运动研究，结合思想史、政治史、经济史的视角，也才能避免单言红十字会的尴尬，加深红十字运动的研究力度。这种学术视角的转化，也有助于避免区域研究陷入"碎片化"的境地。当然，就区域红十字运动来说，开展思想史、政治史、经济史的研究，一大难题可能就是资料限制。由于红会史料的形成方式导致资料形式、类别自有其特点，缺乏相对完整的此类资料，要开展研究会有些难度，这需要研究者在实践中不断探索与追求。

（三）整体史的学术取向

区域红十字运动研究，具有重要学术价值，但开展区域研究，并非是只言区域，不论整体。"当我们研究区域时，首先要将该区域的要素（即局部）提炼出来，从局部与局部以及局部与整体的互动中来揭示区域的整体特征。"② 行龙在谈到地域社会史研究的必要性时特别指出："地域社会史只是社会史学科研究中的渠道之一、分支之一，它并不代替整体社会史、系统社会史、专题社会史的研究。整体与局部的关系是

① 朱从兵：《学科体系的建构与学术视角的转换》，《史学月刊》2009年第9期。

② 唐力行：《超越地域的疆界：有关区域和区域比较研究的若干思考》，《史林》2008年第6期。

辩证统一的关系，不可偏废。”[①] 池子华、徐国普也强调：“区域社会史无论是被视作区域的社会史（与区域的经济史、文化史相对应，是区域整体史的构成要件），还是社会史区域研究（与社会史专题研究相对应，是整体社会史的构成要件），毫无疑问是整体史研究的基础和必要路径，是对社会史整体性理解的一种深刻表达和阐释。换句话说，区域社会史研究是初步的和阶段性的，而整体史才是社会史的价值诉求和终极目标。有鉴于此，区域社会史研究应有整体史理念和广阔的视野来引领和支撑，力避研究的‘碎片化’倾向。”[②] 因此，从这个意义来说，区域红十字运动研究，与红十字运动的整体史、专题史研究的关系应该是辩证统一的。区域是整体的有机组成部分，研究区域史，发掘区域特色，是为了更好地说明整体特征，最终目标是努力实现构建整体史的诉求。

近年来，社会史“碎片化”的担忧一直是学者们关心的热点话题。虽然目前学者们对于导致“碎片化”的原因有不同的看法[③]，但大都赞同这样一个认识：开展微观研究与个案研究时缺乏整体史的学术关怀，很容易导致研究的“碎片化”。与“碎片化”相对应的是整体史。历史学家雅克·勒高夫（Jacques Le Goff）在谈到“整体史”的内涵时指出：“这里所要求的历史不仅是政治史、军事史和外交史，而且还是经济史、人口史、技术史和习俗史；不仅是君王和大人物的历史，而且还是所有人的历史；这是结构的历史，而不仅仅是事件的历史；这是有演进的、变革的运动着的历史，不是停滞的、描述性的历史；是有分析的、有说明的历史，而不再是纯叙述性的历史；总之是一种总体的历史。”[④] 勒高夫的表述强调整体史是一种结构的历史，总体的历史。由此可见，如果能够坚定整体史的学术取向，在一定程度上有助于避免就区域言区域，甚至导致“碎片化”的危险。

区域红十字运动研究，要以整体史为学术目标，可以从以下两个方面着手。一方面，在进行区域红十字运动研究时，转换学术视角。结合政治史、经济史、思想史的研究方法，开展区域红十字运动的政治史、经济史、思想史研究，有利于避免就红十字会言红十字会的弊端。另一

① 行龙：《近代山西社会研究——走向田野与社会》，中国社会科学出版社 2002 年版，第 14—15 页。

② 池子华、徐国普：《通过“小地方”认识“大历史”》，《社会科学报》2007 年 3 月 22 日。

③ 池子华、郭进萍：《反思社会史的双重面向——以社会史碎片化问题为中心》，《贵州师范大学学报》2012 年第 2 期。

④ ［法］雅克·勒高夫等主编：《新史学》（姚蒙编译），上海译文出版社 1989 年版，第 19 页。

方面，通过区域红十字运动研究，比较各区域的异同，从而揭示红十字运动整体史的特征。整体并不是局部的简单相加，而是大于局部相加之和。只有对区域红十字运动有了充分研究、充分了解，才能够深化对红十字运动的整体认识，才能够更方便地把握整体史的特征。

红十字运动的区域研究，最终的旨归是红会整体史。朱从兵认为，红十字运动研究的下一步工作，应该加强区域性的研究，“区域性的层次，可确定为各地级市，在地级市的基础上，编纂各省、直辖市和自治区的红十字运动专史，并进而编纂综合体的全国红十字运动通史和红十字运动的百科全书”①。红十字运动区域研究的成果，可以为编纂通史提供强力支撑。从这个意义上说，坚持整体史取向是区域红十字运动研究的必由之路，区域研究的目标是构建红十字运动的整体史②。

总之，区域性红十字运动研究，有助于丰富红会整体史的内容，推进整体研究的深入。在选择区域的时候，既要注意既有的以行政区划为标准的缺陷，也要尽量跨越区域的界限，通过区域对比走向区域的联结。区域红十字运动的研究结构主要包括红十字运动的开端、组织建设、人道活动以及红十字运动的评价等问题。区域性红十字运动的研究方法要吸取多学科的研究方法，加强区域间的对比研究，特别要注意探讨“国家与社会”的关系。研究者要注意尽量挖掘充分的研究资料，注意转换学术视角，坚持整体史的研究取向。

区域性的红十字运动研究，目前还处于起步阶段，理论与方法的构建，也还非常稚嫩，需要众多研究者的不断努力，也需要在实证研究中不断检验。可以说，中国红十字运动的区域研究，大有可为。

是为序！

池子华

2018 年 3 月 30 日

① 朱从兵：《学科体系的建构与学术视角的转换》，《史学月刊》2009 年第 9 期。

② 近年来，红十字运动研究中心开始编纂《中国红十字运动通史（1904—2014）》，准备全面再现中国红十字会自 1904 年成立以来百余年的风雨历程。这也说明红十字运动的区域研究眼光不能只停留在区域，最后应该走向整体史。

目　录

绪　论

一、选题价值

（一）学术价值

红十字会是与联合国、奥委会并称的三大国际性组织，对于红十字会历史的研究具有非常重大的学术价值。红十字运动史的研究，近来成果越来越多，著作也越来越丰富。这些著作体大思精，需要好好参考，但大都限于体例，未能深入地对各地分会的历史进行论述。因此，论者呼吁："在进行整体性研究的同时，区域性或地方性研究方面也要打破'不平衡'。"① 因此，研究区域性的红十字运动，对于丰富红会整体历史的研究，再现地方红会的历史来说，具有一定的学术价值。目前红十字运动史的研究还处于起步阶段，在很多方面仍有开拓的余地，尤其是在具体史实方面，还有很多重建工作需要做，区域史的研究拓展正是史实重建的一种路径。

目前，学术界对于江苏红十字运动的研究比较充分，另外福建、北京、山东、天津等地方红会系统也出版了一些地方会史。但尚未见到有关江西红十字运动研究的相关论文或著作发表与出版，只在一些有关江西慈善史的研究论著中有所论及②。与其他东部地区相比，江西位于长江中下游，境内除北部较为平坦外，东、西、南部三面环山，北倚长江，总体上看是一个比较封闭的区域。近代以来，江西社会经济文化发展相对落后，造成了该地区各项事业发展的滞后，自然灾害的频繁与历次战火更是把江西民众推向困苦的边缘。江西红十字运动发端后，各地红十字分会在战争救护、灾害救济等方面发挥了重要作用。探讨在江西这样一个较为落后的中部地区的红十字运动的发展，找出其发展规律，发掘出红十字运动的地区性意义，才能更加深入地了解近代中国的红十字运动。江西境内的红十

① 池子华：《关于深化红十字运动研究的几点构想》，《史学月刊》2009 年第 9 期。

② 如刘秀君：《清后期至民国前期九江地区慈善公益事业研究》，江西师范大学 2009 年硕士学位论文。

字会组织是江西地区的区域性慈善组织，梳理江西境内的红十字运动历史，也将进一步拓展近代江西慈善史研究的广度和深度。

（二）现实意义

近代中国，国力衰弱，民众困苦，是一个多灾多难的国家。中国红十字会作为一个民间社团，自诞生起就始终践行着“人道、博爱、奉献”的精神。在不同的历史阶段，中国红十字会不断地“拯黎民于水火，救兵士于战火”。中华人民共和国成立以后，中国红十字会在新的历史条件下，作为人民政府的助手，继续发挥着重要的作用。

在江西，辛亥革命以后，红十字这面旗帜一直飘扬在赣鄱大地上，不断地开展战争救护、难民救济、疫病防治、水灾救援等慈善活动，为江西近代社会的发展提供了巨大的支持。从 1911 年算起，到 2018 年，江西红十字运动已经有 100 多年的历史了。前事不忘，后事之师，通过对 1949 年前江西红十字运动的历史进行研究与探讨，总结这 38 年的历史经验，必将为今天江西红十字运动的发展提供历史借鉴。这就是本课题的现实价值所在。

二、学术史回顾

红十字运动研究，从无到有，从小到大，在众多学者的努力之下，持续地散发着学术魅力。以下简要进行一些学术史的梳理，以期能够站在前人研究的基础上有所开创。当然，挂一漏万之处，敬请见谅。

（一）红会整体史研究

红十字运动的研究起步虽晚，但发展迅猛。迄今为止，关于红十字运动通史性研究论著多达几十部，可谓成果丰硕，尤其是以池子华为首的红十字运动研究中心成立 10 多年来，论著众多。这些论著大都以中国红十字会为主要研究对象，对其百年来的历史进行了系统的梳理。2003 年，孙柏秋主编，池子华、杨国堂等著的《百年红十字》[①] 出版，这是国内第一部有关中国红十字会百年历史的专著。稍后，台湾地区也推出了由张玉法主编的《“中华民国”红十字会百年会史（1904—2003）》[②]。随后，池子

① 孙柏秋主编，池子华、杨国堂等著：《百年红十字》，安徽人民出版社 2003 年版。

② 张玉法主编，周秋光、张建俅等著：《“中华民国”红十字会百年会史（1904—2003）》，（台北）致琦企业有限公司 2004 年版。

华继续对红十字运动进行了更为深入的研究，2004 年出版《红十字与近代中国》一书，运用丰富的史料，系统地阐述了近代中国的红十字运动，全景式地再现了红十字运动在近代中国的发展轨迹[①]。台湾学者张建俅的《中国红十字会初期发展之研究》[②]，运用扎实的史料对 1912—1949 年的中国红十字会与政府之间的关系进行了很好的梳理。湖南师范大学的周秋光亦一直从事中国慈善史的研究，对中国红十字会的历史也有专门的论著，出版了《红十字会在中国（1904—1927）》[③] 一书。

自 2005 年红十字运动研究中心成立以来，以池子华为核心的研究团队出版了 80 余部相关著作。其中，关于中国红十字会总会历史的著作有《中国红十字外交，1949—2009》[④]《抗战时期中国红十字会救护总队研究》[⑤]《中国红十字会灾害救助机制研究》[⑥] 等等。此外，还出版了《〈申报〉上的红十字》[⑦]《〈大公报〉上的红十字》[⑧]《〈新闻报〉上的红十字》[⑨] 以及《中国红十字运动史料选编》（1 ~ 8 辑）[⑩]。这些成果大都填补了学术界的研究空白，具有很强的参考意义。

---

① 池子华：《红十字与近代中国》，安徽人民出版社 2004 年版。

② 张建俅：《中国红十字会初期发展之研究》，中华书局 2007 年版。

③ 周秋光：《红十字会在中国（1904—1927）》，人民出版社 2008 年版。

④ 吴佩华：《中国红十字外交，1949—2009》，合肥工业大学出版社 2012 年版。

⑤ 戴斌武：《中国红十字会救护总队与抗战救护研究》，天津古籍出版社 2012 年版。

⑥ 孙语圣：《中国红十字会灾害救助机制研究》，合肥工业大学出版社 2013 年版。

⑦ 池子华等主编：《〈申报〉上的红十字》，安徽人民出版社 2011 年版。

⑧ 池子华等主编：《〈大公报〉上的红十字》，合肥工业大学出版社 2012 年版。

⑨ 池子华等主编：《〈新闻报〉上的红十字》，合肥工业大学出版社 2014 年版。

⑩ 池子华、崔龙健主编：《中国红十字运动史料选编》（第一辑），合肥工业大学出版社 2014 年版；

池子华、丁泽丽主编：《中国红十字运动史料选编》（第二辑），合肥工业大学出版社 2015 年版；

池子华、欧贺然主编：《中国红十字运动史料选编》（第三辑），合肥工业大学出版社 2016 年版；

池子华、阎智海主编：《中国红十字运动史料选编》（第四辑），合肥工业大学出版社 2016 年版；

池子华、丁泽丽主编：《中国红十字运动史料选编》（第五辑），合肥工业大学出版社 2016 年版；

池子华、李欣栩主编：《中国红十字运动史料选编》（第六辑），合肥工业大学出版社 2016 年版；

池子华、崔龙健主编：《中国红十字运动史料选编》（第七辑），合肥工业大学出版社 2017 年版；

池子华、李欣栩主编：《中国红十字运动史料选编》（第八辑），合肥工业大学出版社 2018 年版。

有关红十字运动研究的论文，通过中国期刊全文数据库的检索，也搜索到百余篇。总体而言，这些论文除了少数以分会为关注对象外，绝大多数是对中国红十字会通史的研究，鉴于此前已有多篇研究综述[①]，在此不再一一赘述。

国外关于红十字运动的研究开展得相对较早，通过"国际博硕士论文全文——清华镜像"数据库进行检索，可以检索到相关论文两篇。其研究对象分别为美国红十字会和中国红十字会。就美国红十字会的研究而言，卡伦·林恩·布鲁尔（Karen Lynn Brewer）系统梳理了美国红十字会在华早期活动的历史[②]。卡罗琳·贝斯·里夫斯（Caroline Beth Reeves）则对中国红十字会的早期建立和发展情况进行了考察[③]。

（二）关于区域红会史及江西慈善史的研究

关于区域性红十字运动的研究，已经有了一些成果。学术界关注最多的江苏、上海以及苏州红十字会史的研究，已经出现多部著作[④]、论文。这些论著种类多样，有史著，有志书，有资料长编，也有纪事，很好地再现了江苏、上海以及苏州红会近百年来发展的历程。另外，地方

---

① 杨红星、池子华：《近年来中国红十字运动研究综述》，《河北大学学报》（哲学社会科学版）2009 年第 4 期；吴佩华：《红十字运动研究综述》，郝如一、池子华主编：《〈红十字运动研究〉2010 年卷》，安徽人民出版社 2010 年版。

② Karen Lynn Brewer, *From Philanthropy to Reform*: *The American Red Cross in China*, 1906-1930, unpublished Ph. D. dissertation, Case Western Reserve University, 1983.

③ Caroline Beth Reeves, *The Power of Mercy*: *The Chinese Red Cross Society*, 1900-1937, unpublished Ph. D. dissertation, Harvard University, 1998.

④ 池子华、郝如一等：《近代江苏红十字运动（1904—1949）》，安徽人民出版社 2007 年版；

徐国普：《辉煌十五年（1950—1965）》，安徽人民出版社 2009 年版；

杨红星：《挫折后的振起（1966—2004）》，安徽人民出版社 2009 年版；

郝如一、池子华主编：《苏州红十字会志》，安徽人民出版社 2008 年版；

严晓凤、池子华、郝如一主编：《苏州红十字会志资料长编》（上、下），安徽人民出版社 2010 年版；

刘超英主编：《昆山红十字运动发展史》，安徽人民出版社 2010 年版；

严晓凤、池子华、郝如一主编：《苏州红十字会百年纪事》，安徽人民出版社 2011 年版。

顾丽华、池子华主编：《〈弥足珍贵的红十字文化遗产——中国红十字会常熟分会民国廿一年纪念册〉整理与研究》，合肥工业大学出版社 2016 年版。

马强、池子华主编：《红十字在上海（1904—1949）》，东方出版中心 2014 年版；

马强、池子华主编：《红十字在上海资料长编（1904—1949）》，东方出版中心 2016 年版。

红会也出版了一系列会史著作[①]。值得一提的是，江西省红十字会与红十字运动研究中心于2013年合作出版了《江西红十字运动百年回眸》，第一次详细回顾了百年以来江西红十字运动的历史[②]。这些著作再现了江苏等省红会百年来在战地救护、灾害救济等方面的活动，扩展了红会史研究的深度和广度，也可以作为本课题研究的重要参考。

关于江西慈善史，从时间上看，学术界考察最多的是明清时期，而对民国时期关注不够[③]；从对象上看，对江西红十字会这个慈善团体关注很少，有的学位论文只偶尔涉及九江红十字分会的历史[④]，有的虽是研究近代江西慈善史，但对红会历史并没有触及[⑤]。因此，从江西慈善史研究的角度来看，江西红十字会的历史，是近代江西慈善史的重要组成部分，梳理江西红十字运动的历史，有助于弥补此前研究的缺失。

（三）关于慈善组织与政府关系的研究

以往在研究民间慈善事业的时候，人们往往很容易将"国家与社会"这一组概念对立起来。近来有许多研究者对此有不同观点。梁其姿就认为，清代善堂的发展变化，说明了中央政府与地方社会力量有了新的关系，总体上看两者之间关系基本上和谐而互赖，这种关系并不说明孰强孰弱；清代善堂在政府的支持下，逐渐得以壮大，但是并不能视为政权的延伸，且善堂对现存体制不存在威胁性[⑥]。余新忠与夫马进在研

① 许可良主编：《福建红十字会简史》，福建人民出版社1994年版；
孙静敏编纂：《北京市红十字会的65年（1928—1993）》，文津出版社1995年版；
江苏省红十字会编著：《江苏红十字运动的八十八年》，东南大学出版社2001年版；
赵辉主编：《天津红十字会九十年》，天津人民出版社2001年版；
山东省红十字会主编：《山东红十字事业九十年》，山东友谊出版社2002年版；
吴宝璋主编：《云南红十字会史》，云南人民出版社2003年版。

② 方娅、池子华主编：《江西红十字运动百年回眸》，合肥工业大学出版社2013年版。

③ 有关明清时期江西慈善史研究的成果，可参见涂蕴漪：《明清时期江西慈善事业研究综述》，《湖北广播电视大学学报》2009年第1期。

④ 刘秀君：《清后期至民国前期九江地区慈善公益事业研究》，江西师范大学2009年硕士学位论文。

⑤ 廖武振：《民国时期（1931—1935年）江西灾荒救济研究》，南昌大学2008年硕士学位论文；涂蕴漪：《清代江西慈善组织研究》，江西师范大学2009年硕士学位论文。

⑥ 梁其姿：《施善与教化——明清的慈善组织》，河北教育出版社2001年版，第319—326页。

究明清慈善事业时也表达出类似观点[1]。这三位学者的看法，虽然不尽相同，但是都注意到了虽然明清时期的慈善组织是私人领域力量的发展，但却不能套用西方学者哈贝马斯的“公共社会”理论来解释“国家与社会”之间的关系。

在红会通史性著作当中，张建俅的《中国红十字会初期发展之研究》虽然有其一定的问题[2]，但是作者将中国红十字会的初期发展放在“国家与社会”的关系这一宏大理论框架下进行解读，因而该著具有很高的学术价值。著者认为：首先，相对于此前研究公共领域大都集中探讨的是地方公共领域（如上海）而言，中国红十字会作为全国性的慈善组织，其工作范围涵盖全国许多地方。其次，在不同时期，中国红十字会的领导精英与代表国家权力的政府，为了官办、民办的立场曾有不同程度的矛盾和冲突。而且这些精英虽以上海为主，但是却借助全国代表大会，试图以民主的形式，诉诸全国会员、分会的民意，以便赋予他们继续管理红十字会的权力[3]。张建俅关注的对象主要是中国红十字会总会，对地方分会与国家（以地方政府为代表）之间关系并没有过多涉及。而江西红十字运动的发展，也时刻面临着怎样处理与国家（地方政府）的关系，因此只有将分会与政府的关系搞清楚，才能对红十字运动当中的“国家与社会”这一组关系有更为透彻的理解。

通过以上的回顾能很清楚地看到，目前关于江西红十字运动的学术研究是比较欠缺的。而通过梳理江西红十字会的历史，再现江西红十字会战地救护、灾害救济等活动，对于丰富江西慈善史研究，以及扩展红十字运动区域史的研究都大有裨益。有鉴于此，本课题需要回答的问题是：江西红十字会运动是怎样开端的？江西红十字会是怎样进行资金募集、招募会员的？怎样开展战地救护、灾害救济等活动的？又是怎么处理与政府之间的关系及这种关系有什么变化？

① 余新忠：《清代江南的瘟疫与社会：一项医疗社会史的研究》，中国人民大学出版社2003年版，第286—287页；

［日］夫马进著：《中国善会善堂史研究》（伍跃、杨文信、张学锋译），商务印书馆2005年版，第447页。

② 参见池子华：《一部中国红会史研究的“问题”之作——评〈中国红十字会初期发展之研究〉》，《民国档案》2007年第4期。

③ 张建俅：《中国红十字会初期发展之研究》，中华书局2007年版，第314—315页。

三、研究的主要对象及相关资料

（一）研究对象

本课题的主要研究对象是江西红十字运动，时间跨度为1911—1949年。研究的主要内容涉及江西红十字运动的开端、江西红十字运动的发展、江西红十字运动的成绩、江西红十字会与政府的关系这四大主题，从而再现近代江西红十字运动的历史。

需要说明的是，在新中国成立后江西省一级红十字会组织成立之前，并不存在叫作“江西红十字会”这一名称的机构或组织，只有直辖于总会的各地分会组织。本研究所称的近代江西红十字运动，指的是1949年之前在江西境内的红十字运动，包含江西境内的各个分会的活动。在此予以说明。

（二）研究资料

档案和报纸、杂志是笔者进行研究的主要资料。首先，笔者在江西省档案馆搜集到江西红会的部分档案，这为梳理江西红十字运动的历史提供了重要依据。其次，中国红十字会在各个历史阶段都曾出版过一系列会刊，汇集了近代中国红十字会的资料，其中有许多关于江西红十字会的记录，这些资料是笔者进行研究的最主要资料①。最后，中国近代出现了许多全国性的报纸，如《申报》《大公报》《民国日报》等②，这

---

① 中国红十字会出版的刊物有：
《人道指南》，现只发现两期，分别于1913年3月、7月出版，现藏于北大图书馆；
《中国红十字会杂志》1—2期；
《中国红十字会月刊》，1921年10月—1923年6月，共23期；
《中国红十字会二十周年纪念册》，1924年版；
《中国红十字会月刊》，1931年5—11月，共7期；
《中国红十字会月刊》，1935年7月—1940年8月，共60期；
《会务通讯》，1941年1月—1945年8月，共34期；
《救护通讯》，1943年10月—1945年8月，共44期；
《红十字会月刊》，1946年1月—1948年12月，共36期。

② 值得一提的是，红十字运动研究中心从2009年开始启动红十字运动资料建设项目，池子华主编的《〈申报〉上的红十字》已于2011年由安徽人民出版社出版面世，该书涵盖时间范围从1897年到1949年，230万字，其中涉及江西红十字会的篇目颇多，为本书的写作提供了不少资料；笔者有幸参与《〈大公报〉上的红十字》《〈新闻报〉上的红十字》的资料整理项目，也为本书所需资料的收集提供不少便利。此外，池子华主持的大型资料汇编《中国红十字运动史料选编》已经出版到第8辑，以后仍将继续出版。相信这些资料的编辑出版，将大大便利红十字运动的研究。

些报纸对江西红十字会的活动也有一些报道，另外笔者在江西省图书馆发现一份地方性报纸——《南昌新闻日报》，其也保存了若干南昌分会的资料，这些都是本课题研究的重要资料，为勾勒红会历史提供了很大便利。虽然报刊资料有所限制，但是通过"页面研读"与"页外解读"的多重视角能够更好地再现社会历史①。

四、研究方法与基本框架

（一）研究方法

首先，本课题以历史文献法为主要研究方法，通过多种史料的搜集，以期综合再现江西红十字运动的历史。但是在此过程中，史料的鉴别和正确研读是第一位的，正如茅海建对这一问题的论述，即当前在中国近现代史研究中，"在不可靠的'史实'之上，现在正运行着大量的推导、演绎、归纳，其结论也只能是不可靠的。学术发展到今天，我们的手中已经并不缺乏结论，相反的是，我们的思考却为各种各样互相对立抵牾的结论所累。其中一个大的原因，即为各自所据的'史实'皆不可靠。因此，到了21世纪，我个人认为，在我们这一专业中，最重要的工作似为'史实重建'。"② 诚哉斯言，由于目前没有关于江西红十字会的专门研究，诸多史实尚未厘清，因此"史实重建"的功夫特别重要。本课题研究之重点即在于爬梳史料，钩沉历史。

其次，本课题是一项区域社会史研究，也尽量借鉴区域史的研究方法。对于中国红十字运动来说，开展区域性的研究，总结红十字运动的区域性特点，也是非常重要的。"近代的地方分会和新中国建立后的各级地方红会都是不同时期中国红十字运动的充满生机与活力的有机组成部分，其活动总体上统一于总会但又具有一定的地方特色。"③ 只有对这种地方特色有一个透彻的了解，才能更加深入地认识中国红十字运动。而100多年来的中国红十字运动，存在着明显的区域差别与区域特点，如果只顾及红会整体史研究，忽视区域性研究，就很难对中国红十字运动有清晰的认识。因此，不断深化对红十字运动区域性历史的研究，才能更好地推动红会整体史的研究。

① 朱从兵：《实证功夫与多重视角》，《史学月刊》2011年第2期。

② 茅海建：《戊戌变法史事考·自序》，生活·读书·新知三联书店2005年版，第1页。

③ 池子华：《关于深化红十字运动研究的几点构想》，《史学月刊》2009年第9期。

近代中国红十字运动的开展，时刻受到各种区域因素的影响。这种区域因素的影响，深植于中国红十字运动的历史之中。例如，中国红十字会1904年首先在上海发起成立，与上海在中国近代所处的区位优势有很大关系①。在不同历史时期，各地红十字会的救济、救护等活动也存在很大差别。而通过开展红十字运动的区域研究，我们才能更为深入了解红十字会与地方社会的关系。循此路径，也才能从社会史角度更为深入地了解各个地方区域，才能更深入地认识红十字会在中国社会的地位与作用。从这个意义上来说，中国红十字运动的区域研究，亦是深入了解中国各个区域的一个媒介。因此，中国红十字运动的区域研究，不管是对红会整体史的研究，还是对中国各个区域的研究，都具有重要意义。

在进行区域史研究的时候，重点是揭示该区域的特点，展现区域研究的价值。但是不能从区域到区域，研究区域之最终目的，还是为了更好地说明整体。江西红十字运动的区域特点，实际上是中国红十字运动发展总体特点的有机组成部分。因此，本课题希望尽量能够立足区域，说明问题，从而为构建整体史而尽一份力量。

最后，社会史的研究，一直就鼓励多学科方法的交叉综合。“工欲善其事，必先利其器”，所以本课题也想尽可能吸收其他学科的理论方法，从而更好地分析研究对象，完成既定的学术目标。

（二）基本框架

本课题的基本框架为绪论、正文、结语。

绪论部分，主要阐述了选题的价值和意义，对红十字运动的学术史及研究现状进行了回顾，并介绍所要研究的对象、研究资料、研究方法及基本框架。

正文分为四章：

第一章，探讨江西红十字会的起源，首先是江西红十字运动的背景，其次是江西红十字运动开端的标志，重点分析南昌、九江分会成立的基础、过程及时间考证，最后探讨江西红十字运动开端的意义。

第二章，全面展现江西红十字会的组织建设，从分会组织的扩展、资金的募集及资金短缺问题、会员的招募、会长选任及职员奖惩问题四个方面，再现江西红十字运动的历史进程。

第三章，重点描述江西红十字会的业务活动，第一部分是江西红十

① 池子华：《红十字与近代中国》，安徽人民出版社2004年版，第26—28页。

字会在历次战地救护的活动，第二部分是江西红十字会在灾害救济、医疗服务等方面的善举。

第四章，在“国家与社会”的视野下，重点阐述江西红十字会与政府之间的关系变化。第一部分是分析民国前期江西红十字会与政府关系的变化，第二部分是介绍国民政府对红会实施改组，最终确立了江西红十字会与政府之间的关系。

结语，对全文进行总结。

五、创新与不足

本课题的创新之处：首先，在资料和内容方面，利用了江西省档案馆所藏的江西红十字会档案、省图书馆的地方报纸及红会出版的刊物，梳理了江西红十字运动的历史。其次，在方法方面，运用了“国家与社会”的关系理论，探讨了江西红十字会与政府之间错综复杂的关系，尤其是分析了江西红十字会的政治中立性问题，以及内战中红会角色的转变。

本课题的不足之处主要有：首先由于资料有限，未能详细阐述江西某些分会的历史；其次是未能将“国家与社会”理论完全内化在整个文章当中。尤其是笔者水平有限，在行文叙述及分析上有所欠缺，未能尽如人意。这些不足都是以后需要努力改进的地方。

第一章　江西红十字运动的开端

红十字并不是中国土生土长的事物，它起源于欧洲。1859 年 6 月 25 日，瑞士著名慈善家亨利·杜南在进行一次商业旅行的时候，途经意大利卡斯梯哥里昂镇附近的索尔费里诺，目睹了法国-撒丁联军与奥地利军队之间的一场战役。刚刚厮杀完毕的战场，4 万多名死伤士兵被遗弃在荒野。杜南慈善为怀，立刻组织当地妇女、儿童、医生进行了力所能及的救治。但是，毕竟力量有限，许多伤兵只能无助地等待死亡的降临。这场人间惨剧对杜南触动很大，正如他在《索尔费里诺回忆录》中所提出的疑问："在和平安定的时期成立一些救护团体，让那些热心、忠实并完全可以胜任的志愿者为战时的伤兵们服务，这难道不可以实现吗?"[①] 于是，杜南开始倡议成立一个伤兵救护组织，这就是红十字会最早的起源。

1863 年 2 月 9 日，"伤兵救护国际委员会"正式成立，杜南成为"五人委员会"中的一员，并担任秘书。"伤兵救护国际委员会"的成立，标志着红十字的诞生[②]。

1864 年 8 月 8—22 日，由瑞士联邦委员会和法国政府共同发起，在日内瓦召开了一次外交会议，瑞士、比利时、丹麦、西班牙、荷兰、意大利、葡萄牙、法国、美国、英国、瑞典等 12 国的全权代表与会。会议讨论通过了《1864 年 8 月 22 日改善战地陆军伤者境遇之日内瓦公约》。在以后的几年里，公约得到了大多数国家的认可，红十字运动也不断地从欧洲扩展到世界其他地方。

红十字运动登陆中国，经历了一个历史过程。1904 年，日俄战争时

① ［瑞士］亨利·杜南：《索尔费里诺回忆录》（杨小宏译），山东友谊出版社 1998 年版，第 59 页。

② 池子华：《红十字与近代中国》，安徽人民出版社 2004 年版，第 3 页。

期，上海万国红十字会的成立标志着中国红十字会的诞生[①]。“上海万国红十字会及其分会，救助日俄战灾，历时三载，救护出险、收治伤病、留养资遣、赈济安置总人数达46.7万人，因伤重不治而亡者仅331人。”[②]1907年7月21日，晚清重臣吕海寰、盛宣怀联名上奏清政府，陈述上海万国红十字会办理情形及“善后持久事宜”，提出一系列筹划，“以结万国红十字会之全局，即以巩中国红十字会之初基”。1910年，中国红十字会首任会长盛宣怀奏请朝廷，将红十字会改归官办，中国红十字会成为“大清红十字会”。这是辛亥革命之前中国红十字会的简要历程。

此一时期，中国红十字会的活动主要集中在沿海一带，很少涉及广大的内陆省份。直到辛亥革命时期，全国各地分会纷纷成立，江西境内的红十字分会也在其列，从而开启了江西红十字运动的新纪元。

第一节　江西红十字运动的背景

一、江西的地理环境

江西在唐代属江南西道，广德二年（764）设置江南西道观察使，通称江西观察使。江西观察使的管辖范围相当于今天江西省全境，江西的得名由此开始；又因为境内第一大河赣江贯穿南北，流经全省，故简称“赣”。

江西地处中国东南部，地理环境相对闭塞，北临长江，东、南、西三面环山，中部为丘陵、盆地和平原，境内水网密布，形成了全省“六山一水二分田，一分道路和庄园”的环境格局。唐代以后，随着经济重心南移，在宋、元、明、清时代，江西浓厚的耕读之风，培养出一系列的文化名人，孕育了相对发达的农耕文明以及商业文化，经济、文化在全国具有重要地位。随着近代新式交通逐渐发展，相对闭塞的地理环境导致江西的交通条件落后于沿海、沿江的省份。正如有论者所分析的，“在19世纪后半期，江西既疏远了曾是‘西学东渐’的热点广州，更远离了新时代中外贸易和开放的中心，其近代工商业的兴起不仅缺乏外部力量的推动，更难

① 池子华：《红十字与近代中国》，安徽人民出版社2004年版，第26页。目前学术界对于中国红十字会的诞生日期仍然有不同看法，这里取池子华的观点，以1904年3月10日五国代表在上海集会作为中国红十字会的诞生时间。

② 池子华：《红十字与近代中国》，安徽人民出版社2004年版，第51页。

以获得政府政策的支持”[①]。以农业经济为主的江西民众，一旦遇有灾害及战乱，很难依靠个体自身的力量渡过难关，这就需要慈善组织发挥其作用。这是江西红十字运动诞生及发展的现实需求之一。

江西深受水旱灾害的影响，尤其水灾是近代江西最主要的自然灾害。江西属于亚热带湿润季风气候，年降水量可达到1000毫米以上，是全国多雨区之一。根据资料显示，江西全省4—7月的降水总量占年降水量的50%以上，集中的暴雨很容易酿成洪涝灾害。尤其是明清以后，江西人口增速较快，人地矛盾越来越大，毁林开荒、围湖造田造成的水土流失愈来愈严重，从而导致近代江西自然生态环境的逐渐恶化。而生态环境的破坏，更加剧了洪水暴发的危害[②]。据统计，从1841—1949年的100多年里，江西发生大洪水及特大洪水达到33次[③]。

旱灾也是江西较为常见的自然灾害。在夏秋之际，由于汛期过后，强烈的副热带高压带来持续的干旱、少雨天气，造成全省大部分地区旱灾频发，而这一时期的降水量只占年降水量的20%，属于干旱季节。据记载，“从公元1840年到公元1948年（近代）的108年期间，共出现大旱年4年，特大旱年3年，总共出现严重干旱年7年，占总年数的6%左右”[④]。尤其是1934年的特大干旱，全省受灾面积达到2700多万亩，损失最为惨重。

总体说来，1847—1937年，江西共发生水旱灾害59年次，平均每1.5年发生一次[⑤]。这么频繁的水旱灾害给江西带来严重的损失。以1931年长江水灾为例，“赣省连日霪雨为患，低洼之处，因山洪暴发，尽成泽国者，以永修、德安、九江、湖口、丰城、新淦、峡江为最甚，他如吉安、安福、万安，亦皆苦雨，田禾类多淹没”[⑥]。一时间生灵涂炭，灾民云集，嗷嗷待哺。在1934年，江西又发生特大干旱，赤地千里，灾情之重，历所未有。农作物枯死导致农业减产一半以上，这对以农业生产为主要经济依托的江西是一个沉重的打击。严重的水旱灾害，

---

① 温锐：《背离与错位——近代江西衰落原因的再认识》，《江西师范大学学报》（哲学社会科学版）2000年第4期，第40页。

② 探讨近代江西自然生态恶化的论文非常之多，这里请参见毛国涛：《清代以后江西逐渐落后原因之初探》，《南昌教育学院学报》1999年第1期，第29—30页。

③ 《中国气象灾害大典》编委会编：《中国气象灾害大典·江西卷》，气象出版社2006年版，第12—13页。

④ 《中国气象灾害大典》编委会编：《中国气象灾害大典·江西卷》，气象出版社2006年版，第205页。

⑤ 万振凡、吴小卫：《近代江西农村经济研究》，江西高校出版社1998年版，第161页。

⑥ 《一片水灾呼吁声——红十字会》，《申报》1931年8月4日。

是江西红十字运动诞生及发展的现实需求之二。

近代中国，战争频仍。由于江西地处要冲，北扼长江，南逾五岭，历来是兵家必争之地。太平天国战争爆发后，江西成为清政府与太平军的主战场之一。太平军进入江西后，至1856年4月，攻占了江西8府50州县，基本上包括了江西的大部分区域[①]。此后，太平军与清政府你来我往，在江西激烈厮杀近十年，造成田野荒芜，生灵涂炭。辛亥革命，九江为江西首义之地。进入民国之后，江西更是战争不断。据统计，“从辛亥革命到中华人民共和国成立的38年间，在江西进行的战争共有8次，规模在万人以上的重大战役有40次以上，小规模战斗则连年不断，没有哪一年不打仗的”[②]。比较重大的战役有“二次革命”、孙中山领导的1922年第一次北伐战争、1924年第二次北伐、国民革命军光复江西战役、土地革命战争、抗日战争、解放战争。江西在这些战役中，有的是主战场，有的是全国战场的一部分。

战争对国家与社会的破坏巨大。在前面所提的这些战役中，江西的损失是非常惨重的。太平天国战争之后，江西城乡残破不堪，人民伤亡惨重，生产凋敝。省府南昌，原有16万人口，损失超过八九万人，昔日炊烟袅袅，如今断续得闻[③]。民国之后，江西在历次战争中各有损失，尤其是土地革命战争对于江西人口和经济的破坏最为严重。以人口为例，江西人口1916年达到2509万，基本上恢复到1851年的水平，但是到1935年，又下降到1569万，1949年降到人口最低值1314万[④]。战争的破坏极大地影响了江西的人口与环境，这更需要慈善组织发挥拯伤救亡的作用。此为江西红十字运动诞生及发展的现实需求之三。

二、近代江西的慈善基础

近代江西天灾人祸频仍，对于慈善救助的需要就更为迫切，但是既有的慈善救助组织并不能满足现实发展的需要。近代以来，江西慈善事业的发展自有其特点。

---

① 这8府是九江、瑞州、临江、袁州、吉安、抚州、建昌、南康府，见杜德风：《太平军在江西的失败》，《近代史研究》1992年第4期。

② 廖信春：《民国时期江西的战争与江西社会》，《江西师范大学学报》（哲学社会科学版）2000年第3期，第152页。

③ 温锐：《背离与错位——近代江西衰落原因的再认识》，《江西师范大学学报》（哲学社会科学版）2000年第4期，第40页。

④ 马巨贤、石渊：《中国人口：江西分册》，中国财政经济出版社1989年版，第57页。

清代江西的传统慈善组织，分为官办及民办两种类型。官办慈善组织主要有养济院、善济堂、育婴堂等。在鸦片战争前后，官办慈善事业由于种种原因，逐渐走向衰落，随之兴起的是善会、善堂等民间慈善组织。民间慈善组织主要分为专门性和综合性两种类型，前者如救济类、育婴类、施葬类、惜字类，后者如南昌府的慈善总会、武宁县的好生堂等。民间慈善组织兴起之后，发展迅猛，很大程度上弥补了官办慈善的不足，为清代社会救助事业贡献颇多①。民间慈善组织大都是在地方士绅的支持下举办的，他们是地方秩序和权力的维系纽带。这些传统慈善组织在社会救助、收养孤寡、维护社会秩序方面发挥了重要作用。

随着近代社会的急剧变迁与欧风美雨的影响，中国传统的慈善事业逐渐增添了一些新的因素。尤其是传教士东来，在中国设立教会，开办教会医院，开始了具有慈善性质的教会医疗事业。虽然从严格意义上说，教会医疗事业包括很多方面，并不能完全算是真正意义上的慈善事业，其慈善性质主要体现在教会医院上②。鸦片战争之后，教会医院的设立进入一个新的阶段。到了 19 世纪 70 年代以后，基督教差会和传教士越来越重视教会的医疗卫生事业，显著的表现就是教会医院数量的增加，传教士医生队伍不断扩大。到了 1920 年，教会医院达到 326 所，药房有 244 处③。

教会医院在江西的设立开始于 19 世纪 70 年代。1858 年，《天津条约》签订，九江成为长江流域的三个“条约口岸”之一。1877 年，法国神父在九江市创办了江西省第一所西医教会诊所。1882 年，该诊所扩大规模，改称为九江天主堂医院。传教士最初设立医院主要是希望用治病这一手段开拓他们的传教事业，因此早期的西式医院也都是免费施药的慈善机构④。近代教会在江西势力非常强大，从而引起民众的抵抗与反对，导致教案频发。1906 年，甚至发生影响重大的“南昌教案”。

到 1920 年，江西境内的教会医院有 7 所（其中九江生命活水医院创办于辛亥革命之后的 1915 年），药房有 18 所⑤，其中比较有名的如九

① 参见涂蕴漪：《清代江西慈善组织研究》，江西师范大学 2009 年硕士学位论文。

② 李传斌：《教会医院与近代中国的慈善救助事业》，《中国社会经济史研究》2006 年第 4 期。

③ 田涛：《清末民初在华基督教医疗卫生事业及其专业化》，《近代史研究》1995 年第 5 期。

④ 参见邓铁涛主编：《中医近代史》，广东高等教育出版社 1999 年版，第 15 页。

⑤ 中华续行委办会调查特委会编：《中华归主——中国基督教事业统计（1901—1920）》上册，中国社会科学院世界宗教研究所 1985 年版，第 281—282 页。

江天主堂医院、九江但福德医院[①]。教会医院创办以后，逐渐开始了教会医疗慈善事业，如九江天主堂医院专门设立了养老院、孤儿院、免费病房、残疾所等慈善公益设施[②]。教会医疗慈善事业促进了江西慈善业的近代化。在此之前，江西传统的医疗慈善大都依靠“官医局”或“惠民医药局”之类的中医组织来进行，教会医院的西医在治病救人的医疗慈善方面自有其特点及优势。

众所周知，与中医疗法相比，西式医疗对于战地救护的外伤医治具有特别重要的意义，红十字运动的起源也与此有关。因此，江西教会医疗慈善事业的发展自然成为江西红十字运动开展的基础之一。

图 1－1　九江但福德医院开院典礼

① 周标主编：《江西省卫生志》，黄山书社 1997 年版，第 220 页。

② 胡水印：《江西近代教会医院概述》，《中华医史杂志》2003 年第 2 期。

三、江西红十字运动的渊源

红十字运动登陆中国，经历了一个较长的历史过程。朱浒指出："红十字会在中国实现本土化的这个过程，并不能简单归结为中西慈善文化的相通性，而是有一条相当具体的依赖路径，即与标志着中国救荒事业重大发展的晚清义赈所提供的社会机制密切关联。"① 红十字运动在中国本土化的主要发生地点是东部沿海省份，如江苏（上海属江苏）、天津等地，而许多内陆省份由于区位劣势，却并不一定经历了这个本土化的过程，江西就是如此。这也是江西红十字运动要迟至辛亥革命时期才开端的原因。当然，在江西红十字运动开端之前，赣省已经与红十字会有了一些关系。

日俄战争这个时间点对于中国红十字会的诞生有着非常重要的意义。目前资料所见，江西开始与红十字发生联系也正是在日俄战争期间。其一，上海万国红十字会成立后，万事开头难，尤其是筹款的问题需要解决。江西地方官府及一些善堂踊跃募捐，支援上海万国红十字会的救护活动。1904 年 3 月 17 日，上海万国红十字会办事各董事开会议事，会议达成 8 条有关募款的共识，如"各省督抚，由吕钦差领衔，电请分别捐助款项，仍由本会各寄捐册"；"各省各府善堂，均由本会尚请代收捐项"②。江西巡抚收到电函及捐册后，一面立即要求地方官绅筹办劝募之事，"一面先由司库垫拨银一万两"③。此外，南昌电报局捐鹰洋 30 元、南安府南康与崇义二县官绅捐洋银 350 元、敦本堂送英洋 10 元、赣州电局何租培捐助鹰银 30 元并募集鹰银 225 元④。虽然款项有限，但仍体现了江西地方官府及士绅对上海万国红十字会的支持。至少此时，江西接触到了红十字这个新鲜事物，对其有了一点了解。

其二，江西人通过红十字会第一次目睹了日俄战争的场景。日俄战争爆发，红十字会立即开展战争救护。近代著名诗人陈三立在《短歌寄杨叔玫，时杨为江西巡抚，令入红十字会观日俄战局》一诗中，刻画了

---

① 朱浒：《中国红十字会起源的本土化途径与晚清义赈》，见《〈红十字运动研究〉2007 年卷》，安徽人民出版社 2007 年版，第 55 页。

② 《二月初一日上海万国红十字会初次集议问答》，《申报》1904 年 3 月 21 日。

③ 《万国红十字会来函》，《申报》1904 年 5 月 8 日。

④ 《申报》1904 年 7 月 20、23 日，12 月 2、7 日，10 月 10 日。

江西巡抚杨叔玫[1]入红十字会参观日俄战局的场景，兹引如下[2]：

海涎千斛鼍龙语，血浴日月迷处所。
吁嗟手持观战旗，红十字会乃虱汝。
天帝烧掷坤舆图，黄人白人烹一盂。
跃骑腥云但自呼，而忘而国中立乎，归来归来好头颅。

当然，陈三立的这首诗，主要是表达自己的无限愤慨和伤痛[3]，与红十字会救护关系不大。

此后至辛亥革命之前，江西似乎与红十字会没有发生什么联系。红十字运动在中国登陆经年，对江西虽有所影响，但仍没有真正登陆赣鄱大地。江西红十字运动的开端应该从辛亥革命说起。

第二节 辛亥革命与南昌、九江红十字分会的成立

辛亥革命爆发之前，江西虽然与闻红十字运动，但江西境内并没有成立分会组织。辛亥革命之际，战地救护刻不容缓，江西境内的南昌、九江分会顺势成立，红十字人奔走战地，救死扶伤，为建立民国贡献了自己的力量。据1911年11月26日《民立报》、11月27日《申报》刊登的《红十字会第一届分会职员一览表》，江西已有南昌分会、九江分会被总会承认为分会组织[4]。因为这份职员表的截止时间是1911年11月16日，因此，可以说在1911年11月16日之前，南昌分会与九江分会已经正式成立并得到总会认可。南昌、九江分会的成立，是江西红十字运动的开端。

一、南昌、九江红十字分会成立的基础

南昌、九江在地理位置上处于赣北区域，近代以来，这两个城市的发展一直在江西省内处于领先地位。红十字组织率先在南昌、九江诞

---

① 根据史料记载，时任江西巡抚的是夏旹，陈三立可能有误。杨叔玫原名杨概，叔玫是其字。见陈玉堂《中国近现代人物名号大辞典续编》，浙江古籍出版社2001年版，第96页。

② 陈三立著，李开军点校：《散原精舍诗文集》（上册），上海古籍出版社2003年版，第106—107页。

③ 钱仲联编选：《明清诗精选》，江苏古籍出版社2002年版，第255页。

④ 《红十字会第一届分会职员一览表》，《民立报》1911年11月26日、《申报》1911年11月27日。

生，自有其经济、社会方面的基础。笔者觉得至少有以下几点原因。

（一）思想基础

鸦片战争之后，《五口通商章程》订立，广州的对外贸易地位逐渐被上海所取代，江西逐渐开始纳入以上海为中心的经济腹地范围。尤其是在1858年，清政府与列强签订《天津条约》，九江开埠成为通商口岸。从此，九江就成为西方资本主义势力进入江西的一个桥头堡。由于九江位于长江中游，是控扼上海、武汉的交通要冲，因此渐渐成为江西对外贸易的汇集点。

九江开埠之后，“它为封闭的江西地区打开了一扇对外的窗口，传递着外界的信息”①。九江不仅是江西与外界发生贸易联系的节点，而且是西方文明传播与本地风气开化的落脚点。九江最早的近代化报刊就是由传教士创办的 *The Church Advocate*（《护教者》），在西方报刊的影响下，九江陆续出现了《江西白话报》《浔阳晚报》《九江日报》等很有影响力的新式报刊②。这些报刊在开通风气、普及文化方面有很大的促进作用。特别是随着邮政网络的建立及1896年电报局的开办，九江与外界的信息传递速度大为加快。社会风气的逐渐开化，信息交流的加速，这些都为九江接受新生事物提供了社会思想上的准备。红十字是舶来品，只有在风气已开的城市才有生根发芽的可能。辛亥革命时期的九江已然具备了这种条件。而南昌一直作为江西的政治文化中心，其与九江及上海的联系也非常密切，同样具备了与九江类似的社会基础。

上海是红十字运动登陆中国的桥头堡，日俄战争时期，中外人士在上海成立了万国红十字会。在这个过程中，九江、南昌的政商人士通过与上海的经济、政治联系，流风所及，已经与红十字会这个新生事物有了一定接触，了解到红十字会的人道主义精神，认识到了红十字会在战场救护中的功绩，感受到了其魅力。九江光复以后，军政府都督马毓宝极力促成九江红十字分会的成立，也与红十字会的巨大影响力有一定关系。

（二）经济基础

作为一个中部省份，在历史上江西有过它的辉煌时代。尤其是两宋

① 陈晓鸣：《九江开埠与近代江西社会经济的变迁》，《史林》2004年第4期。

② 周飞、许海泉：《被迫开埠与九江城市近代化》，《江西师范大学学报》1998年第3期。

与明清时期，江西的经济文化达到鼎盛时期，位于全国前列。鸦片战争之后，广州的贸易中心地位逐渐被上海取代，赣南地区的贸易通道优势地位丧失。特别是九江开埠以后，以九江、南昌为中心的赣北地区的贸易优势更为明显。江西境内的进出口货物，虽然仍以赣江水系为主要通道，但已经形成了以九江为汇集点的赣州—吉安—樟树—南昌—吴城—湖口—九江的基本线路架构①。通过这条过路贸易道路，九江、南昌的经济发展在全省处于遥遥领先的地位。

九江开埠通商之后，其在江西的贸易地位逐渐提升，经济发展开始提速。开埠之后，九江成为江西物资输出的枢纽，“茶叶、大米、纸张、瓷器、靛青、苎麻、夏布、竹木等货物在这里装运出口。还有外国的鸦片、棉布、煤油、食糖、火柴、肥皂等又从此处输入内地”②。由此，九江的商业很快兴旺起来。以茶叶出口为例，在开埠之初，九江并没有茶商。开埠之后，江西各地的茶叶，都通过九江出口，甚至安徽等地的茶叶，也有不少经过九江出口。除了商业，九江的近代工业也开始起步。1899 年，涂子良创办了九江最早的近代工业之一——荣昌火柴公司。随后，一些纺织公司、织布厂、制面厂都逐渐兴办起来。与此同时，南昌的近代工业经济发展较为迅速。早在 1882 年，南昌就成立了罗兴昌机器厂，这被视为江西近代工业产生的标志。清末新政时期，南昌又产生了一批近代企业，如江西机器造纸厂、江西省城电灯厂、吉祥机器砖瓦厂等③。总的看来，虽然南昌与九江的经济发展仍然落后于沿海通商口岸的城市，但是相对于省内其他区域，其经济发展速度名列前茅。

九江、南昌经济较为发达，这是红十字运动诞生的重要经济基础。因为只有以一定的经济实力作为基础，才有可能转化成慈善事业的善款。亨利·杜南的父亲雅克·杜南有句名言：“财富可转化为仁慈的德行。”④ 明清以来，九江、南昌绅商一直就有乐助慈善的传统。在红十字会开办后，他们自然同样延续着乐善好施的理念，慨然捐助善款。这是

① 戴鞍钢：《港口·城市·腹地——上海与长江流域经济关系的历史考察（1843—1913）》，复旦大学出版社 1998 年版，第 192 页。

② 周飞、许海泉：《被迫开埠与九江城市近代化》，《江西师范大学学报》1998 年第 3 期。

③ 郑享清：《试论清末江西近代工业的兴起》，《南昌大学学报》（人文社会科学版）1994 年第 1 期。关于江西近代工业产生的标志，学者也有不同看法，参见刘义程：《发展与困顿：近代江西的工业化历程（1858—1949）》，福建师范大学 2007 年博士学位论文，第 46—49 页。

④ 参见池子华：《红十字与近代中国》，安徽人民出版社 2004 年版，第 27 页。

图 1－2　九江租界及江岸码头

红十字分会在九江、南昌成立的经济基础。

（三）西医基础

有学者指出，“在第一届分会中，传教士及教会医院扮演了重要角色”[①]。南昌、九江红十字会的创办，目的在于战争救护，自然少不了教会医院西医的协助。近代以来，江西的教会医疗事业有一定的发展，但是这种发展又是不平衡的。“全省七所教会医院中，除一所外，其余六所均设于南昌之北部与东部，各药房则分设于赣江与鄱阳湖以东地区，分布尚称适当。”[②] 赣北的教会医疗事业在全省中最为发达，并成立了教会医院，这是九江、南昌分会成立的重要基础。在九江、南昌分会创办过程中，特别要提到两位教会医生——石美玉和康爱德[③]。

石美玉，祖籍湖北黄梅，1873 年出生于九江。“石美玉的父母是华中早期的虔诚基督教徒，他父亲是江西九江卫理公会传教士，母亲是当地卫理公会的女校校长。”[④] 1872 年，第一批独身女传教士昊格矩（Gertude Howe）等人来到九江加入传教工作。翌年，她在九江开始创办

① 池子华：《〈红十字会第一届分会职员一览表〉跋》，见《〈红十字运动研究〉2008 年卷》，安徽人民出版社 2008 年版，第 263 页。

② 中华续行委办会调查特委会编：《中华归主——中国基督教事业统计（1901—1920）》上册，中国社会科学院世界宗教研究所 1985 年版，第 281 页。

③ 关于两位女医生的事迹，可参见刘志琴主编、闵杰著：《近代中国社会文化变迁录》第 2 卷，浙江人民出版社 1998 年版，第 20—22 页。

④ 中国社会科学院近代史研究所中华民国史研究室编：《中华民国史资料丛稿·译稿》“民国名人传记辞典”第 12 辑第 9 分册，中华书局 1980 年版，第 96 页。

半日女校，专招女生，首次招收了 12 名女生①。受家庭宗教信仰的影响，石美玉七八岁的时候，其父亲请求昊格矩给石美玉授课。昊格矩接受了他的请求，开始向石美玉、养女康爱德及另外领养的三名女孩特别授课②。在当时来说，中国女孩接受传教士的教育是一件非常罕见的事情，昊格矩也因此受到守旧势力的排挤，石美玉一家也面临很大的压力。但是石美玉和康爱德两人从此却成为一生的好朋友。1892 年，昊格矩将康爱德与石美玉送往美国密歇根大学接受高等医学教育。经过努力学习，石美玉与康爱德顺利毕业，成为最早获得美国大学医学学位的中国女性③。1896 年，两人毕业回到国内，这是中国最早回国的一批女留学生④。回国之后，石美玉、康爱德积极投身九江的医疗卫生事业，素为江西官绅所敬重。

1900 年，石美玉和康爱德在美国但福德医生的资助下，创办了九江但福德医院，石美玉任院长。1902 年，来医院就诊的病人已有 7000 多人⑤。义和团运动之后，康爱德应南昌豪绅官僚之请，来到南昌诊治病患，“首次把西医引进南昌”⑥。1911 年，在教会的帮助下，康爱德创办了南昌妇幼医院，并担任院长。可以说，在辛亥革命之前，石美玉和康爱德是江西最出色的教会西医。她们既在美国取得医学专业学位，又有在国内的多年行医经验，深受当地士绅的支持和

图 1－3　石美玉照片

① 黄志繁、周伟华：《近代基督教新教江西美以美会研究》，《南昌大学学报》（人文社会科学版）2008 年第 4 期，第 98 页。

② ［美］李可柔、毕乐思编：《光与盐：探索近代中国改革的十位历史名人》（单传航等译），中国档案出版社 2009 年版，第 51—53 页。

③ 参见梁启超：《记江西康女士》，《饮冰室合集》第 1 集，中华书局 1989 年版，第 119—120 页。

④ 刘志琴主编、闵杰著：《近代中国社会文化变迁录》第 2 卷，浙江人民出版社 1998 年版，第 20 页。

⑤ ［美］李可柔、毕乐思编：《光与盐：探索近代中国改革的十位历史名人》（单传航等译），中国档案出版社 2009 年版，第 56 页。

⑥ 黄志繁、周伟华：《近代基督教新教江西美以美会研究》，《南昌大学学报》（人文社会科学版）2008 年第 4 期，第 102 页。

关注。

九江红十字分会成立后，“又得石美玉医士慨任医务及看护妇，康医生（即康爱德）将自南昌来浔，金医生已自安庆来浔，共助红十字会之进行”①。有了西医及护士的加入，九江红十字会开展救护工作才有了可能。

综上所述，南昌、九江分会的成立，既与两地较早接触新式文化、社会风气较为开放有关，又离不开赣北较为雄厚的经济基础和教会西医的支持。

二、南昌、九江红十字分会成立的过程

1911 年 10 月 10 日，武昌起义爆发。各地纷纷起而响应，江西是全国第三个起来响应的省份，只比湖南、陕西晚一天。由于九江开埠较早，交通便利，革命党人在九江的活动非常活跃，这使九江成为江西首义之地。10 月 23 日，同盟会会员掌握的驻九江新军五十四标拥戴标统马毓宝为九江军政府都督，宣布独立。这是江西省内建立的第一个军政府机构。31 日，同盟会员蔡公时等人在南昌发动新军起义，建立了江西军政府。九江、南昌的独立，标志着江西省脱离了清政府的统治，从而开启了近代江西历史的新纪元。

国际红十字运动的宗旨就是秉持人道主义精神，尽最大努力减少战争给人们带来的苦难。辛亥革命爆发后，中华大地面临着严重的战争灾难，在人道力量的感召下，“民间社会涌动着一股认知、开办红会的热情”②。据统计，辛亥革命时期，全国共新设分会 51 处③。江西独立之后，赣省既面临着清政府军队的反攻，又有支援武汉革命斗争的需要，因此在江西开展战争救护、成立红十字分会的需求就更为迫切。九江、南昌分会就是在这种情况下诞生的。

首先看九江分会的创办。九江光复之后，江西宜丰人蔡蕙、浙江宁波人白坚、湖南人张俊向九江都督马毓宝陈述红十字会的开办方法，马毓宝非常赞成，并承诺给予开办经费。此为九江红十字会倡办之始。

蔡蕙，女，字仲兰，江西宜丰人。祖父为前清举人，父亲秀才出

---

① 《神州日报》1911 年 12 月 11 日，转引自全国妇联妇女运动历史研究室编：《中国近代妇女运动历史资料（1840—1918）》，中国妇女出版社 1991 年版，第 521 页。

② 孙柏秋主编，池子华等著：《百年红十字》，安徽人民出版社 2003 年版，第 58 页。

③ 池子华：《辛亥革命期间中国红十字会新建分会数量考》，《苏州科技学院学报》（社会科学版）2011 年第 3 期，第 29 页。

身，算是出身书香世家。蔡蕙受两位哥哥的影响，从小胆识过人。1907年，蔡蕙与两位哥哥一同赴日求学。次年，蔡氏兄妹经刘揆一、汤增璧介绍，一起加入了同盟会。辛亥革命前夕，蔡蕙回到国内，在上海受到黄兴、宋教仁的欢迎。蔡蕙以小孩为掩护，来到九江散发革命传单，宣传革命思想。九江光复后，她与黄兴、宋教仁乘船来到武汉，支援革命党人的斗争。11 月 2 日，蔡蕙受黎元洪的委派回九江请求援助。蔡蕙返回九江后，与九江都督马毓宝取得联系，告知黎元洪的请援之意，并建议九江炮台加强防御。九江军政府有了准备，果然将从南京开赴汉口增援的敌军打退①。

蔡蕙返回九江，挫败了敌军的阴谋后，受到英雄般的接待。马毓宝听闻蔡蕙等人报告红十字分会的开办方法，了解到红会“拯饥救亡”的功用，极力要求蔡蕙留在九江开办红十字分会，并请其担任会长②。但是，万事开头难，要创办红十字分会，工作千头万绪，需要从长计议。蔡蕙后来回忆当时的情况：

在这以前，为了加强九江方面的工作，武昌同盟会派丁立中同志由武汉回九江都督府工作。又为了在九江创办一个红十字会医院，在我完成请援兵的任务之后，马毓宝一定要留浔创办红十字会，由我担任会长，拨了三千两纹银作开办费，地址设在九江都天巷。由于同样都是革命工作，九江又是军事要地，我服从分配，开始筹办红十字会。一面派人会同九江商会会长往上海购买医疗器材、药品；一面写信到安庆同文大学聘请内外科医生，并与九江“妇幼医院”院长石美玉商量，请她介绍几个护士和男救护员。不料，红十字会医院成立不久，在红十字会内部竟有一个名叫白坚的女助理员，媚外求荣，提出将公家买来的医药器材分一半给“美以美”会办的妇幼医院，然后去说服石美玉我与（与我——笔者注）合作，为我们红十字会介绍几个护士和救护员。对于这无理要求，我坚决拒绝了。后来，白坚公然唆使石美玉这个美帝国主义的走狗伙同几个美国传教士到红十字会来向我交涉，胡说什么红十字会不是我个人的，如我不将医疗器材分给她们，就要把几个护士、救护员请回去，并威胁说，她们□□找当局，要求将红十字医院归并到妇幼医院，撤销我的会长职务，另选白坚为

① 朱祥清主编，廖震赓等编：《江西近现代人物传稿》第 1 辑，海南人民出版社 1989 年版，第 110—112 页。

② 中国人民政治协商会议江西省委员会文史资料研究委员会编：《江西文史资料选辑》第 6 辑，江西人民出版社 1981 年版，第 21 页。

红十字会会长。面对这场不容回避的斗争，我是无所畏惧的，何况还有都督府撑腰。于是，我一方面向当时都督府控制下的九江县政府诉“美以美”会倚仗美国实力压迫我们，干预我们的革命事业，另一方面准备以强硬手段对付她们的无耻讹诈。旧历九月十九日（1911 年 11 月 19 日），白坚竟然秘密地在基督教的礼拜堂召开红十字会全体会员大会，向我进攻。有两个会员因不明真相不肯去参加，并将她们准备在这天上午十时钟开会的消息悄悄地告诉我。为了不让她们的阴谋得逞，也为了表明一个革命的中国人的气概，我随身带了一支“白朗宁”手枪，以不速之客的身份去参加她们的秘密会。当我威风凛凛走进去的时候，她们个个面面相视，不知所措，有的竟偷偷地溜走。我站在她们的讲台上问：“今天开的是什么会？哪一个召集的？”其他人都不敢作声。唯独白坚站出来说：“会是我召开的。”我反问她，“你在我们的红十字会里，不经会长我的同意，有什么资格召开会员大会？”她说我不该将公款买的医疗器材，单独放到红十字医院使用，应分给“妇幼医院”。我据理对她说：“红十字会是政府拨专款为广大公民办好事，并没有说要和‘美以美’的‘妇幼医院’合办，这点你是知道的”……①

蔡蕙的回忆虽然有许多地方存在一定程度的谬误，但是对于我们钩沉九江红十字分会的历史具有重要价值。从其回忆中我们至少可以看出以下几点：

一、九江红十字分会是由马毓宝支持成立的，马毓宝指定蔡蕙为会长；

二、在红十字分会筹办时期，蔡蕙发挥了重要作用，既派人会同九江商会会长前往上海购买医疗器材、药品，又积极与安庆医生及石美玉等人联系，取得他们的支持；

三、在事后的回忆中，蔡蕙将自己与白坚、美以美会的矛盾提升到了反对帝国主义干涉红十字会事业的高度，显然有所失真；

四、农历辛亥九月十九日，白坚发起召开红十字分会全体会员大会，《江西文史资料选辑》误将此时间换算为公历 11 月 19 日。据查，该日公历实为 11 月 9 日。白坚等人召开全体会员大会，不可能是专门为了向蔡蕙“进攻”，很有可能是借此商讨红会各项事务办法，甚至可以大胆推测此次会议即为九江红十字分会的成立大会。

① 蔡蕙：《我是怎样参加辛亥革命的》，中国人民政治协商会议江西省委员会文史资料研究委员会编：《江西文史资料选辑》第 6 辑，江西人民出版社 1981 年版，第 21—22 页。

蔡蕙在九江分会的创办中发挥了重要作用，但是对她也不能一味拔高并全然相信其事后的回忆。显然，她是九江军政府指定的九江分会的会长，但并没有通过会员大会的选举程序，其主要工作是负责九江红十字医院。且在民国成立后，蔡蕙也逐渐脱离九江红十字会事务，转而投身女权运动，与红十字会关系不大。

在蔡蕙的回忆中，她与白坚等人的矛盾很深。但不知道由于什么原因，蔡蕙最终还是与白坚、九江美以美会等方面达成妥协，最终“于日前邀集各界，共开成立大会。到会者数百人，公推白君坚为男界正会长，兼任干事员，蔡女士蕙为女界正会长，张女士俊为庶务员。其余担任义务会员者颇多。至常年经费，则由各会员筹募云”①。白坚、蔡蕙作为九江红十字分会的创立者，自然是功不可没，可是负责红十字分会实际事务的并不是这两人，而是江楚鸣。“江系安徽婺源人，以红十字会有益于行军，出而任事，勤劳不倦，会众共推为理事长。”② 九江红十字分会成立后，随即发出募捐公启，争取社会各界的捐助，加上此前九江军政府3000两纹银的拨款，江楚鸣也独自捐助了千余两纹银，再有各地方士绅的踊跃助捐，九江红十字分会逐渐有了一定的资金基础。

南昌红十字分会的成立过程比较模糊，至今仍未有可靠资料佐证。据载，“南昌分会成立于辛亥十月十五日”③，此后，南昌、九江红十字分会一同发起募捐公启，谓“本分会已推饶君敬伯为名誉经理员，如有乐捐者，请迳向南昌塘塍上口公和盛钱庄转交”④。饶敬伯即饶孟任⑤，在政法两界颇有声誉，选他担任南昌、九江红十字分会的名誉经理员，希望能够扩大两分会的影响，争取更多的募捐。虽然具体成立过程不详，但可以确定的是南昌分会的首任正会长是傅春官。傅春官，字苕

① 《神州日报》1911年12月8日，引自全国妇联妇女运动历史研究室编：《中国近代妇女运动历史资料（1840—1918）》，中国妇女出版社1991年版，第520—521页。

② 《九江红十字会之进行》，《神州日报》1911年12月11日，引自全国妇联妇女运动历史研究室编：《中国近代妇女运动历史资料（1840—1918）》，中国妇女出版社1991年版，第521页。

③ 《中国红十字会成绩》，《中国红十字会杂志》第1号（1913年5月），第50页。

④ 《南昌、九江红十字分会募捐告白》，《申报》1911年11月12日。

⑤ 饶孟任（1882—1941），名敬伯，字伯舆，江西南昌人。庚子年间在上海震旦学院就读，痛恨朝政腐败，曾以“庸生”为笔名往各报投稿，被时论视为“狂”人。以后前往日本、英国学习法律，回国后任翰林院编修，后任陆军部主事。辛亥革命后，曾被推为南京临时国会议员，1912年任总统府机要秘书，参加进步党。后历任北京政府币制局副总裁、国会议员、法政大学校长等要职。饶敬伯曾翻译《斯宾塞尔哲学爻言原群》一书，也是《庸言》的主要撰稿人之一。1941年在武汉逝世，《新华日报》曾有报道。

生，清末江宁府（今江苏南京）人，历任江西实业学堂总办、江西劝业道、浔阳道尹[1]。南昌光复后，他躲避多日，正值南昌红十字分会成立之时，傅春官到会认捐1000元，“得奉为正会长”。

三、南昌、九江红十字分会的成立时间

如前所述，至晚在1911年11月16日，南昌、九江红十字分会已经成立，但是两分会具体成立时间是在什么时候呢？南昌红十字分会的成立时间，最可靠的史料依据是《中国红十字会杂志》第一号上所载的“南昌分会成立于辛亥十月十五日，集资设立医院，兵民并治。十一月初二日，联合九江分会组织救护团，开赴汉口”。依据武汉战场的战况进程，革命军于11月2日撤离汉口，坚守汉阳。显然，此资料所载的时间应该是现行公历，因为联合救护团开赴汉口的时间离革命军撤离汉口的时间应该不会太远。但是，这是否就能确定南昌分会成立于1911年10月15日呢？据当时的报纸报道：“前清劝业道傅春官当光复时，引避多日。嗣因红十字会成立，到会场认捐一千元，得举为正会长。”[2] 此条资料虽没有具体说明南昌红十字分会成立的时间，但据此我们至少可以确定，南昌红十字分会是在辛亥光复之后成立的。南昌光复的时间为10月31日，因此，南昌红十字分会的成立时间应该在10月31日之后。与前面资料显示的10月15日有明显矛盾。那么到底哪一个正确呢？

又据《申报》1911年11月12日报道，南昌分会与九江分会发布募捐公启：“本分会已推饶君敬伯为名誉经理员，如有乐捐者，请迳向南昌塘塍上口公和盛钱庄转交。”[3] 可以证明，11月12日前，南昌分会与九江分会都已经正式成立了。我们知道，红十字分会的正式成立，应该以会员大会的召开为最根本的依据。在正式召开大会之前，需要一定时间来进行筹备，解决人员、资金及组织机构等问题。显然，从10月15日至11月12日之前，南昌分会完成了这个成立过程。目前因资料所限，南昌分会到底哪天召开成立大会并不清楚。所以，笔者推测，10月15日可能是南昌分会发起成立的时间，此时的南昌分会组织、职员都没有确定。南昌分会正式召开成立大会，选举会长、职员至少在南昌光复之后，应该在10月31日到11月12日之间。

---

① 庞振宇、陈晓鸣：《清末新政时期江西农业改良举措探析——以傅春官〈江西农工商矿纪略〉为中心》，《农业考古》2009年第4期。

② 《洪州是非录》，《民立报》1911年12月5日。

③ 《南昌、九江红十字分会募捐告白》，《申报》1911年11月12日。

而九江分会成立时间好像没有问题，但目前的说法也存在一定的分歧：一是将其成立时间笼统地称为1911年12月[1]；一是将其成立时间前推为1911年11月[2]。两种说法到底哪种更为接近历史事实呢？

如前所述，蔡蕙从武汉回到九江请兵之后，应马毓宝的要求创办九江红十字分会。蔡蕙回到九江的日期，据其回忆为农历“九月十三下午”[3]（公历11月3日——笔者注），因此，九江分会的成立时间不会早于此日期。又从蔡蕙的回忆中我们知道，11月9日，白坚等人绕开蔡蕙召开了九江分会的全体会员大会。由于蔡蕙的回忆乃是一面之词，而且存在一些错误，如她将白坚称为“女助理员”，但是白坚在九江分会成立大会上被推举为“男界正会长”，按常理推测其在九江红十字会中至少具有较高的地位，且应该是一名男性，不应该是蔡蕙所称的“女助理员”，所以其回忆不能全然信之。如果我们大胆推测的话，白坚等人召开的全体会员大会很可能就是九江分会的正式成立大会。该大会“公推白君坚为男界正会长，兼任干事员，蔡女士蕙为女界正会长，张女士俊为庶务员”[4]。这个推测有没有依据呢？

九江分会曾与南昌分会共同推举饶敬伯作为名誉经理员，并在《申报》上发布募捐告白，说明至晚在11月12日之前，南昌、九江分会已经成立了。从11月9日白坚等人绕开蔡蕙召开会员大会至11月12日，时间相差不过3天，在这3天内，九江分会也很难再次召开第二次全体会员大会，而且，在成立大会上被选为女界正会长的蔡蕙，其回忆中也没有提及第二次会员大会的召开。所以，11月9日的全体会员大会的召开，很可能就是九江分会的正式成立日期。蔡蕙在其回忆中没有提及此事，主要是囿于与白坚及九江美以美会的矛盾，选择性地“失忆”，反而大谈其“斗洋奴”的光辉事迹。当然，九江分会的成立，也经历了一个发展过程。实际上，九江光复之后不久（10月23日光复），九江分会的筹办工作就逐渐开始了。从现有的资料来看，将九江分会的成立时间定为11月9日可能是比较切合史实的，如果说得模糊一点，也可以说成立于11月初。综上所述，九江分会成立于12月的说法肯定是不确切的。

---

① 如张玉法就将九江红十字分会的成立时间定位于1911年12月，见氏著《民国初年的政党》，岳麓书社2004年版，第528页。

② 江西省九江市政协文史委员会编：《九江之最》，九江市政协2001年印，第82页。

③ 蔡蕙：《我是怎样参加辛亥革命的》，中国人民政治协商会议江西省委员会文史资料研究委员会编：《江西文史资料选辑》第6辑，江西人民出版社1981年版，第21—22页。

④ 《神州日报》1911年12月8日。

第三节　江西红十字运动开端的意义

辛亥革命是中国近代史的重大事件，也是中国红十字事业取得重大发展的时期。沈敦和曾言：“吾国之有斯会十年矣，发轫于俄日之战，而大彰于武汉之师。”① 诚哉斯言，正是在辛亥革命中，各地纷纷设立红十字分会，改变了此前只有少数几个分会的局面。在江西，南昌、九江红十字分会的成立，宣告了江西红十字运动的开端，开启了江西红十字运动的新纪元。此后，江西终于有了自己的红十字会组织，赣鄱大地终于沐浴到红十字会的人道主义光芒，笔者觉得其意义主要有以下几点。

首先，江西红十字运动的开端，改变了江西传统的慈善组织格局。在南昌、九江红十字分会成立之前，江西的慈善事业主要有两大类：一是中国人自己开办的养济院、善济堂、育婴堂等等，这些慈善组织又有官办、民办之分；二是外国人在江西开办的教会医院所从事的医疗慈善事业，称为教办慈善事业。南昌、九江红十字分会的成立，标志着红十字运动在江西的诞生，改变了此前的慈善组织格局。红十字会作为战时救护伤兵难民，平时“振济水旱偏灾，防护疫疠及其他各项危害”的人道主义组织，逐渐发展成为近代江西慈善事业的重要组成部分。红十字运动这项新生事物在江西的生根发芽，也是江西慈善事业急遽近代化的重要标志。

其次，江西红十字运动的开端，改变了以往中国红十字运动的分布格局。在日俄战争的时候，上海万国红十字会曾设立一系列分会，如牛庄分会、奉天分会、辽阳分会、金陵分会、烟台分会等等，这些分会除金陵分会在南京外，其他分会都在北方。上海万国红十字会以及设立的分会也大都处于沿海地带。因此，在辛亥革命以前，国内的红十字运动大都发生于沿海开放口岸或者战事发生地带。而辛亥革命的爆发，导致一系列红十字分会的成立，新生的一系列分会，绝大部分在南方②。广大内地有了红十字组织，从而扩大了红十字运动的范围。南昌、九江分会的成立，与其他新生分会一同扩展了红十字分会的分布范围。

---

① 沈敦和：《中国红十字会杂志·弁言》，中国红十字会总会编：《中国红十字会历史资料选编，1904—1949》，南京大学出版社 1993 年版，第 104 页。

② 池子华：《辛亥革命期间中国红十字会新建分会数量考》，《苏州科技学院学报》（社会科学版）2011 年第 3 期，第 29 页。

最后，江西红十字运动的开端，显示了崇高的人道主义精神。南昌、九江分会是为了战地救护而设，但辛亥革命时期江西本地的战火较小，救护任务较轻，而武汉战场则承担了清政府进攻的主要压力。为了支援武汉战场，救护伤兵，南昌、九江分会联合组成救护团，开赴汉口进行战地救护，真正践行了不分畛域的人道主义精神。尤其是在清政府崩溃、新政府尚未站稳脚跟的混乱之际，红十字会中诸人如江楚鸣[①]等，能够竭诚尽力，恪尽职守，多方奔走，实在难能可贵。

江西红十字运动的开端显示了红十字人道主义精神的强大感召力，从此，近代江西的慈善事业开始进入了一个新的发展阶段。

但是，红十字组织毕竟是新生事物，也存在一定程度的不适应。尤其是在人员任免上存在一定失误，比如南昌分会就上演了一幕丑剧。南昌分会在召开成立大会时，曾经在清政府担任官职的傅春官，当场“认捐一千元，得奉为正会长”。可是，作为正会长的傅春官，没有去思考怎样更好地推进红十字事业，开展战地救护，“竟将该会捐册簿据携入私宅，匿而不见面”，暗中准备携款潜逃，后“于初五日，有挟捐款一千二百元并票根账簿连同眷属附轮潜逃”[②]。

“傅春官事件”乃是旧官僚借捐赠之名，以红十字会作为护身符，行贪污潜逃之举。由此可见，南昌分会成立之初，存在一定程度的混乱。为了扩大募捐效果，给予适当鼓励是应该的，但是如果有人捐赠巨款，就将“正会长”职位相赠，则有违人道主义的精神了。

① 江楚鸣被九江分会“会众共推为理事长”，乃该会灵魂人物，见前引《神州日报》1911年12月8日。但也有的说法谓：“公推江君友白（友白乃江楚鸣字——笔者注）为会长。”见詹鸣球：《报告：九江分会十七年纪略》，《中国红十字会月刊》第14期（1936年8月），第74页。揆诸史实，这种说法是不准确的。因为江楚鸣担任九江分会理事长除了有《神州日报》的报道为证之外，在黎元洪在给九江红十字分会的电报中称其为“九江红十字会理事长”，也可以证明江楚鸣确为理事长，而非会长，见《黎副总统（元洪）政书》，“近代中国史料丛刊”第67辑，（台北）文海出版社有限公司1973年版，第285页。

② 《洪州是非录》，《民立报》1911年12月5日。

第二章　江西红十字会的组织建设

红十字运动的扩展，一方面在于分会组织的扩大；另一方面，资金的募集和会员的招募亦是红十字会发展的生命力所在。从这个意义来说，“基层组织、会员、基金，就是中国红十字事业发展的不可或缺的三大支撑力量”①。辛亥革命时期，江西境内出现了九江、南昌两个红十字分会，是江西红十字运动的肇始。在北洋军阀统治时期，全国各地战事频繁，水旱灾害多发，从而促使各地红十字分会的纷纷成立。在这种历史背景下，江西红十字运动也逐渐走上了迅速发展的阶段，各地纷纷成立分会，至1924年分会数量达到顶峰。随着分会组织的扩展、经费的筹措、会员的征募及会长的选任，江西红十字会的各项组织建设逐渐完备，构建了江西红十字运动的基础。

第一节　红十字分会的演变

一、参加“统一”大会

辛亥鼎革，民国肇兴。中国红十字会“大彰于武汉之师”，不管是在分会数目还是在社会声誉上都取得了长足进步。由于战时条件所限，各分会名目不一，手续互歧，不“统一”的局面令人眼花缭乱。正如沈敦和所言：“民军起义于武昌，战祸蔓延于全国，热心救济之士，投袂奋发，争先组织慈善团体，救死扶伤。或以赤十字会命名，或以红十字会命名，不下数十起，其博爱恤兵之大旨，与本会如出一辙，于是普通人民，始知红十字会关系之重要与其立会之精义，会务发达，遂有一日千里之势。”但如此之多的红十字名目，“苟不谋统一，必至各自为政，

① 池子华：《红十字与近代中国》，安徽人民出版社2004年版，第438页。

办法纷歧，既无团结之精神，即无巩固之基础，对内对外，能力薄弱，如是而欲期发达，不其难欤？”[①] 有鉴于此，在1912年9月29日召开首届会员大会时，中国红十字会即决定预期召开“统一”大会。

为了召开“统一”大会，在中国红十字会总会的协助下，内务部开始调查“各省红十字会处所地址以及办事人员姓名”[②]，并通电各省，要求“各省红十字会派代表与会，携带现时办事规则及一切成绩报告以备研究”[③]。此外，为了方便外埠代表与会，中国红十字会商允沪宁铁路、津浦铁路，给予半票乘车的优待[④]。

“统一”大会召开在即，九江、南昌分会自当选派代表远赴上海参会。九江分会原拟代表为江楚鸣、孙多奋，南昌分会为丁瑾臣[⑤]。但实际到会的代表：九江乃胡蕴岳、吴永焯二君；南昌为谢邦庆、张寿慈二君[⑥]。吴永焯曾为清政府候补知县；谢邦庆精通中医药，曾在南昌经营中医药店。

1912年10月30日下午2时，“统一”大会准时在上海大马路黄埔滩汇中旅馆五楼大会堂隆重开幕。值得一提的是，在第二日的大会上，来自九江但福德医院的女院长石美玉博士做了《女界赞助本会并筹款法》的演讲，“现身说法，字字真切，合座鼓掌不置”[⑦]，赢得与会者的强烈共鸣。惜其演讲具体内容无法得知。

在统一大会上，红会参照在首届会员大会上通过的《中国红十字会章程》制定了《中国红十字会分会章程》，获得大会一致通过。该《分会章程》共5章16条，规定：分会名称为“中国红十字会某处分会”，“分会所用旗帜袖章，均由中国红十字会总会发给”，“分会须遵照总会章程办理”，“在战时应遵守本国海陆军部定章及临时军司令官命令，协助医队救护病者伤者”，“在平时应募款项，设立医院，造就医学人才，置办医务材料，并预备赈济水旱偏灾、防护疫疠及其他各项危害之用”，

① 《副会长沈敦和宣布开会宗旨》，中国红十字会总会编：《中国红十字会历史资料选编，1904—1949》，南京大学出版社1993年版，第266页。

② 《部查红十字会员》，《民立报》1912年10月22日。

③ 《北京电》，《申报》1912年10月13日。

④ 《中国红十字会商允沪宁铁路、津浦铁路半价优待券》，《申报》1912年10月23日。

⑤ 《红十字会开会忙》，《申报》1912年10月16日。

⑥ 《中国红十字会首次统一大会》，中国红十字会总会编：《中国红十字会历史资料选编，1904—1949》，南京大学出版社1993年版，第260、262页。

⑦ 《红十字会继续开会纪事》，《大公报》1912年11月10日。

以及分会会员交纳会费数目，分会各部事务的具体事项等[1]。这样一来，《分会章程》规定了分会的名称、明确了分会的义务、理清了分会与总会的关系，分会被置于总会的统一领导之下。以后分会的成立需要遵照《中国红十字会组织分会申愿书》的程序向总会提出申请，经总会批准后方得成立[2]。因此，“统一”大会之后，新设的分会需要履行程序才能够正式成立，已有的分会也需要重新备案或者补办手续，才能够得到总会的承认。

此次“统一”大会制定并通过了《中国红十字会分会章程》，使中国红十字会实现了全国组织的统一与规范，奠定了红会“万年不拔之基”，实为一次成功而圆满的大会。

二、红十字分会的分布

1912 年，“统一”大会制定了《中国红十字会分会章程》后，各地红十字分会的设立就有章可循。民国成立后，江西最初为革命党人所控制。1913 年秋，“二次革命”失败，北洋军阀入主江西，开始了对江西长达 14 年的统治[3]。这一时期，频繁的战事给江西人民带来了深重的灾难。战乱频仍的环境，也是红十字分会纷纷成立的现实需求。至 1924 年，江西已成立红十字分会达 13 处，其具体分布情况如下表：

表 2－1　江西红十字分会分布情况表（截至 1924 年）

名称（简称）	成立时间	地　址	会　长
九江分会	1911 年 11 月	九江西门都天巷	张世镛
南昌分会	1911 年 11 月	南昌风神庙八号	罗兆栋
吴城分会	1912 年	吴城全楚会馆	胡廷辉
临川分会	1916 年	抚州城内旧府学前	戴其高
鄱阳分会	/	鄱　阳	蒋士荣
宜黄分会	1918 年	宜黄潭坊	邹祖培

① 《中国红十字会分会章程》，《中国红十字会杂志》第 1 号（1913 年 5 月），第 52—53 页；另见中国红十字会总会编：《中国红十字会历史资料选编，1904—1949》，南京大学出版社 1993 年版，第 226—228 页。

② 《中国红十字会组织分会申愿书》，中国红十字会总会编：《中国红十字会历史资料选编，1904—1949》，南京大学出版社 1993 年版，第 227—228 页。

③ 钟起煌主编、何有良著：《江西通史・民国卷》，江西人民出版社 2008 年版，第 1 页。

（续表）

名称（简称）	成立时间	地　址	会　长
赣县分会	1918 年	赣县火帝庙左侧	曹厚源
万安分会	/	万安滩头镇万寿宫	陈元英
吉安分会	1918 年	吉安正大街	罗凌云
黎川分会	1918 年	黎川悦善堂	刘明夫
河口分会	/	铅山河口一堡大街	罗羽宣
玉山分会	1921 年	同仁施医局	黄融恩
南城分会	1922 年	南城西街学道背道生堂	邓　炅

资料来源：《中国红十字会总分会一览表》，《中国红十字会月刊》第 28 期（1924 年 3 月），第 3—4 页；（民国）《赣县新志稿》，赣县县志局 1946 年编印，第 140 页；（民国）《吉安县志》，卷十四《庶政志》，第 18 页；《分会成绩》，《中国红十字会月刊》第 23 期（1923 年 9 月），第 15 页；玉山县志编纂委员会：《玉山县志》，江西人民出版社 1985 年版，第 548 页；抚州市志编纂委员会：《抚州市志》，中共中央党校出版社 1993 年版，第 476 页。

上表为江西红十字分会全盛时期的分布情况，此后分会数目都没有突破此范围。表中可见，九江、南昌分会乃是在辛亥革命中成立，如前文考证以 1911 年 11 月初为两分会成立的时间最为可靠；南城分会成立于 1922 年，时间最晚；鄱阳、万安、河口三分会成立时间不详。如果去掉成立时间不确定的三处分会，1918 年成立的分会有 4 处，是分会成立时间最密集的一年，这明显与此时期的政治局势，即中国陷入军阀混战、江西境内战事非常频繁有关。13 处分会的相继成立，是江西红十字运动逐渐开展的组织基础。

红十字分会的成立虽各有原因，但总的说来有以下三个共同点：

一是分会所在城镇大都具有雄厚的经济基础。如吉安、吴城、河口、鄱阳都属于传统商路上的重要贸易城市，商业贸易发达，经济发展水平较高①。而黎川、河口、吉安、万安、南城等处，有的出产具有较好经济价值的物产，如南城从明清至民国，其商业“一向以药材为大宗”②；有的经营转运商品贸易，如河口。总之，这些城镇都具有较为雄

① 陈晓鸣：《九江开埠与近代江西社会经济的变迁》，《史林》2004 年第 4 期。

② 中国人民政治协商会议江西省南城县委员会文史资料研究委员会编：《南城文史资料》第 3 辑，第 47 页。

厚的经济实力。

二是地方绅商在其中发挥了重要作用。地方绅商一直是传统慈善的主要支持者及行动者，随着西风东渐的普及，士绅对于新式慈善事业的兴趣也非常浓厚。江西各地的红十字分会的创办，大都可见士绅的活跃身影。如赣县分会，“始由邑人前礼部主事刘君景熙，前赣县商会会长萧君文循等发起”[①]。又如吉安分会会长康桂林，乃吉安富商，独自捐赠万元[②]。其他分会也不外如是。

三是传教士及教会医生扮演了重要角色。在这些地方分会所在的城镇里，都有教会力量的存在，而且在当地颇有影响。各地分会的成立，或多或少都得到过传教士或教会医生的助力。其中，以临川分会最为典型。民国建立后，江西美以美会逐渐从美以美会华中传教区独立出来。初期，江西美以美会下辖5大教区和10个牧区，临川就属于其下辖的建昌教区[③]。美以美会在江西兴办新式学校、医院，极大地改变了当地士绅的观念。建昌教区的负责人江明志在1914年的报告中曾经提道：当地士绅不仅没有反对教会开办学校，反而给学校提供资金支持。在1914年，抚州遭受了严重的水旱灾害，传教士们开展医疗救治工作。“当地的士绅也积极配合，甚至还非常热心地想在抚州建立一个红十字分部。”[④] 虽然此次动议没有成功，但是随着1916年美以美会在抚州兴办福音堂（教堂）后，其慈善事业发展非常迅速，影响力大为增加。美以美会除了在福音堂开办学校，还组织成立了红十字分会[⑤]。正如论者指出的：“中国近代慈善事业的兴起，是以西方教会慈善活动的介入及中西慈善文化的冲突和融汇为标志的。”[⑥] 临川分会的成立，充分反映了西方教会慈善活动对红十字会的影响。

当然，也有的分会比较独特，如黎川分会与传统善堂共用会址，共办善举。“黎川有悦善堂，乃邑人士醵资营造，历有年所，岁仰各慈善家输捐，施送孤贫米、棉、衣、时疫药品为主义。民国七年春，本堂诸同人以中国红十字会诚慈善之枢机，发起组织设筹备处，公推理事长，

---

① 《中国红十字会会务通讯》第28期（1944年5月），第44页。

② （民国）《吉安县志》卷十四《庶政志》，第18页。

③ 黄志繁、周伟华：《近代基督教新教江西美以美会研究》，《南昌大学学报》（人文社会科学版）2008第4期，第99页。

④ 黄志繁、周伟华：《近代基督教新教江西美以美会研究》，《南昌大学学报》（人文社会科学版）2008年第4期，第104页。

⑤ 抚州市志编纂委员会编：《抚州市志》，中共中央党校出版社1993年版，第476页。

⑥ 周秋光、曾桂林：《中国慈善简史》，人民出版社2006年版，第236页。

举议员及各职员，比取得正会员资格三十名（均另有表），照章呈报总会，准予成立。仍假悦善堂地址开办，已阅五寒暑。凡悦善堂向办各项善举，合并进行，以节各职司靡费。”① 黎川分会的案例，反映了红十字会与传统善堂的融合与交汇，也是传统善堂向新式慈善团体转变的缩影。黎川分会与临川分会是两种截然不同的成立模式。

此后直至1937年全面抗战爆发，江西红十字分会的发展逐渐陷入停滞，数量甚至有所减少。全面抗战爆发后，中国红十字会一面派遣救护队往各地进行战地救护，一面调整组织，以适应局势的发展。但是因受战争影响，“各地分会因沦陷而仍能与总会保持联系者，已属罕觏”②。抗战初期，江西有南昌分会、九江分会、赣县分会、吉安分会、玉山分会、浮梁分会6处。到1945年抗战胜利前夕，江西只剩下南昌分会（迁兴国办公）、赣县分会两处。虽然分会数量有限，但是南昌与赣县分会仍然开办医院及诊疗所各一所，并组织一个救护队③，为抗战胜利做出了一定贡献。

抗战胜利后，中国红十字会开始进入“复员”时期。分会是中国红十字会的基层组织，“复员”时期最重要的一项任务就是恢复分会组织。到1948年，随着上饶、九江分会的重新设立，南昌分会迁回省会，赣县分会经过调整完成改组，江西分会组织恢复到4处④。总会在调整分会工作时，于各大城市已有分会中选定40处作为核心，要求能够达到“（一）高度征募会员及基金之能力，（二）高度服务热忱之干部，（三）完全合乎时代需要之服务事业，其会员人数最低限度须达成一万人至三万人以上，俾能予附近各地分会发生示范作用”⑤。根据这三个标准，南昌、九江分会成功入选。

综上所述，江西红十字分会组织在1924年达到极盛，以后由于各种原因，分会数目有所变化。总的看来，1911—1949年，江西红十字分会数目变化如下表：

① 《分会成绩》，《中国红十字会月刊》第23期（1923年9月），第15页；

② 行政院新闻局印行：《中国红十字会》，1947年，第14页。

③ 行政院新闻局印行：《中国红十字会》，1947年，第15页。

④ 《中华民国红十字会事业设施》，中国红十字会总会编：《中国红十字会历史资料选编，1904—1949》，南京大学出版社1993年版，第212页。

⑤ 《中国红十字会新闻》，《红十字月刊》第9期（1946年10月），第36页。

表2-2　江西红十字分会分布情况表（1912—1949）①

时间（年）	分会名（××分会）	分会数（个）	分会医院（只显示城市名）
1911	九江、南昌	2	南昌、九江
1924	南昌、九江、临川、赣县、鄱阳、宜黄、吴城、万安、吉安、黎川、河口、南城、玉山	13	/
1933	南昌、九江、临川、赣县、鄱阳、宜黄、吴城、万安、吉安、南城、玉山、浮梁景德镇	12	/
1936	南昌、九江、赣州、鄱阳、宜黄、万安、吉安、玉山、景德镇	9	南昌、九江、赣县、吉安
1940	南昌、九江、赣县、吉安、玉山、浮梁	6	九江、南昌、赣县、吉安
1945	南昌（迁兴国办公）、赣县	2	赣县、南昌（诊疗所）
1948	南昌、九江、赣县、上饶	4	南昌、赣县

资料来源：《中国红十字会总分会一览表》，《中国红十字会月刊》第28期（1924年3月），第3—4页；《全国分会一览表》《中华民国红十字会各地分会地名录》《中华民国红十字会事业设施》，见中国红十字会总会编：《中国红十字会历史资料选编，1904—1949》，南京大学出版社1993年版，第157、182、212页。

由表2-2可见，1933年江西红十字分会有12处，比1924年减少河口与黎川分会2处，但增加了1个新分会——浮梁景德镇分会。至全面抗战爆发前的1936年，江西分会又减至9处，比1933年减少南城分会、临川分会、吴城分会3处。这一时期，江西处于土地革命战争的中心区域，在“围剿”与反“围剿”的激烈战争中，江西省损失之严重在全国首屈一指。1934年10月，中央红军开始长征后，国民党基本控制了赣南中央苏区。江西虽然逐渐摆脱战乱，但是原有的分会组织并没有很快恢复起来，这恐怕与国民政府已将红会收归官办有所关系（后文将有所论述）。1937年抗战爆发，随着国土沦陷，江西大部区域逐渐被日寇占领。至1940年，全省分会只剩下6处，由此可见日军的侵略给江西分会的发展带来的重大打击。至抗战结束前，分会只剩下2处，即南昌分会（兴国办公）、赣县分会。抗战胜利后，红十字会进入“复员”时

① 由于时间跨度较大，分会名称有所变化，前期一般直接称某某分会，国民政府改组红会后，称某某市、县分会，为了避免麻烦，本文中一律统称某某分会，而不称某某市、县分会。

期，江西分会共有4处，仍然没有恢复往日的元气。

综上，民国前期，江西红十字运动从无到有，发展迅速，并一度成立了13处分会，在战争救护、灾害救济、疾病防治等方面做了许多工作。但整体来看，江西红十字分会的数量与沿海省份（如江苏省）是无法相提并论的。如果从分会组织的数量占全省行政区域数量的比例来看，以1924年的数据为准，江西分会达到13处，江苏有分会30处；而江西共有81县1市[①]，红十字分会的数量占到全省市县总数的16%；同时期江苏省有61县2市[②]（其中的启东县、连云县、灌云县、徐州市都属于新设），红十字分会的数量占到市县总数的50%左右。因此，从这个比较中可以看出，江苏省的红十字分会分布的普遍程度要比江西高很多。以后，江西红十字分会数目下降到个位数，即使抗战胜利后也只有4个，而江苏有24个[③]，这就更无法相提并论了。

第二节　经费的募集

红十字会要有所发展，就少不了经费的募集和会员的征求。经费是红十字会的组织营养，是红十字会事业发展的生命源泉。分会组织设立后，经费的募集自然就成为其发展的重要内容。

一、经费的来源

作为全国性的慈善机构，中国红十字会在战争救护、灾害救济中所费浩繁，经费的募集自然是红会建设的重要议题。周秋光认为，中国红十字会经费的具体来源大致有各团体常年捐、会费、中央及地方政府拨款、官绅捐款、华侨捐款、外国红会捐款、宝塔捐这7个方面[④]。这是对中国红十字会的经费来源的很好概述，江西也不例外。揆诸史实，江

① 按：此处选用的是1947年的江西、江苏的行政区划数据，虽然是1947年的数据，但是因为县数没有大的变化，因此可以作为1924年江西、江苏进行红十字分会数量比较的标准。内政部编：《中华民国行政区域简表》，商务印书馆1947年版，第27页。

② 内政部编：《中华民国行政区域简表》，商务印书馆1947年版，第9页。

③ 池子华、郝如一：《近代江苏红十字运动研究（1904—1949）》，安徽人民出版社2007年版，第198页。

④ 周秋光：《民国北京政府时期中国红十字会的会内宣传与经费筹措》，《湖南师范大学社会科学学报》2004年第4期。

西红十字会的收入来源主要有以下几个方面。

图 2－1　南昌红十字分会会长罗兆栋

一是绅商捐款。近代以来，地方绅商手中拥有颇为可观的财富，他们的资金支持对于红十字会来说是相当重要的。九江红十字分会成立之初，筹得“八千余金”善款，除了九江军政府补助的“三千金”与江楚鸣捐赠的“千余金”之外，大部分为绅商捐款[①]。赣宁之役，九江分会设立野战医院、掩埋队，所费不赀，所有善款“除当局补助半数外，多赖本埠各商号维持”[②]。1922 年，黎川分会除了“本会会员经手募捐洋一千一百余元”外，还接受“黎川商会捐助五百元”[③]。南昌分会会长罗兆栋曾经担任南浔铁路协理，也开办钱庄票号。1922 年，赣南战事爆发，南昌“殷室富户迁徙一空”，分会筹款苦难，“罗君明知会费支绌，且所开之益和洋货号，历年垫用甚多。际此时迫款巨，并不稍为却顾，即由号内垫洋一千余元，尽两日内组队驰救”[④]。吉安分会会长康桂林是吉安盛名一时的大慈善家，早年经营木业，开设“隆昌木行”，所获利润大部分捐给慈善公益事业。为了支持红会发展，他“先后共捐万余元，以为之倡”[⑤]。各地分会接受绅商捐款的事例仍有很多，不再逐一枚举。这类捐助应该是江西分会募款来源的大头。

二是政府及各机关团体的补助。中国红十字会接受政府补助款项由来已久，早在上海万国红十字会时期，清政府就拨内帑银 10 万两予以资助。《中国红十字会修正章程》规定，分会“如有军事时，得受总会及地方官厅之补助费”[⑥]。随着南京国民政府将红十字会收归官办，分会

① 《神州日报》1911 年 12 月 11 日。

② 詹鸣球：《报告：九江分会十七年纪略》，《中国红十字会月刊》第 14 期（1936 年 8 月），第 74 页。

③ 《中国红十字会月刊》第 23 期（1923 年 9 月），第 15 页。

④ 《中国红十字会月刊》第 23 期（1923 年 9 月），第 21 页。

⑤ （民国）《吉安县志》卷十四《庶政志》，第 18 页。

⑥ 《中国红十字会修正章程》，《中国红十字会二十周年纪念册》，1924 年刊，第 7 页。

接受所属行政官署的补助更是理所当然。

江西红会接受这种补助包括两个方面：（一）直接补助。九江红十字分会创办时期，军政府都督马毓宝就慷慨援助“三千金”。癸丑之役，九江红十字分会救助颇为得力，副总统的黎元洪“遵拨三千元饬由财政司设法汇寄”①。1922年，江西发生赣南战事，南昌分会组织救护队出发救护，中国红十字会总办事处致电江西督军陈光远，请求“即于地方公款中酌拟若干，交该分会长具领应用”②。另外，蔡成勋督理向黎川分会“先后捐助洋一千二百元”，孙师长也“捐助洋五十元”③。南昌分会会长罗兆栋凭借其在南浔铁路任职的经历，为红会争取到“南浔铁路局捐洋五千元作为存储，月致息金”④。九江分会每月也从南浔铁路局领取捐助医药费100元⑤。在30年代国民政府改组红会之后，直接补助应该有所增加。（二）税收补助。这类补助主要是南昌分会与九江分会。南昌分会在1921年请求省议会“议决地方税项下补助常年费五百元”⑥，获得通过。此项补助在北伐之后编入省议会的常年预算当中⑦。九江分会由九江商会会长吴荫卿提倡“九江总商会及米业公会赞助”获得同意，“乐捐五厘出口米捐，以资挹注，收入不下三万”⑧。这类捐助对分会具有非常重要的作用，尤其是像南昌分会争取到的南浔铁路局常年息金补助，持续时间长，对分会的补助作用尤大。

三是会员会费及会员捐助。各地分会的成立，有赖于会员的积极协助，红十字会资金很大一部分也来源于会员会费的缴纳。1912年，红会统一大会通过的《中国红十字分会章程》规定，“凡纳年捐五元满六年者，或一次纳捐二十五元者，均认为正会员”，“凡独捐洋一千元以上或募捐洋五千洋以上或办理分会会务异常出力者，均由本分会函请总会办事处议决举为总会名誉会员”，“凡纳捐洋二百元以上或募捐洋一千元以上或办理分会会务一年以上者，均由本分会函请总会办事处议决举为总

① 《覆九江红十字会江理事长》，《黎副总统（元洪）政书》，第285页。

② 《慈善近录》，《中国红十字会二十周年纪念册》，1924年刊，第33页。

③ 《中国红十字会月刊》第23期（1923年9月），第15页。

④ 《中国红十字会月刊》第23期（1923年9月），第20页。

⑤ 参见南浔铁路月刊事务所：《南浔铁路月刊》第4期（1923年6月），“会计处报告”，第7页。

⑥ 《中国红十字会月刊》第23期（1923年9月），第20页。

⑦ 参见《江西省政府公报》，1927年第2期，第21、36页。

⑧ 詹鸣球：《报告：九江分会十七年纪略》，《中国红十字会月刊》第14期（1936年8月），第74—75页。

会特别会员”[①]。以后章程虽有所变化，但基本上沿袭了这种依据捐款多少及办理会务的勤勉程度确定会员资格的精神。各地分会所收会员会费虽然须将一半缴纳给总会，但是仍可处置另一半的会费收入，这笔资金也是分会经费的重要来源。1918 年，南昌分会“计入正会员二百五十六名，特别会员六名，共银元七千九百余元”[②]，数额颇为可观。黎川分会从成立至 1922 年，“总会办事处先后补助入会金半费洋六百八十七元五角”[③]。除了会费之外，各地分会会员在有事之时，纷纷慷慨解囊，捐助资金，以助事业的开展。1922 年，赣南战事发生，黎川分会“初以经费无所出，会员各解己囊”[④]。九江分会兴建新式楼舍，“一面公同筹募，一面由金君浩如先行垫款二千余元”[⑤]。特别值得一提的是，1919 年，南昌分会议事员包发鸾慨然捐助 11000 元，以助分会医院的建设，超过了授予有功章需要的 5000 元捐助标准；总会除赠给有功章一座以资鼓励外，还专门呈请江西督军颁给勋章[⑥]。此外，各地分会历届会长垫付资金的例子也不在少数，在此不一一列举。

四是总会补助。总会对于分会的补助资金也是江西分会经费的重要来源。除了前面所提及的黎川分会接受总会一半会费补助外，1922 年《中国红十字会修正章程》正式规定，分会“如有军事时，得受总会及地方官厅之补助费”。因此，各地分会有事之时，依此规定纷纷向总会求援。1922 年，江西战事剧烈，省内各分会纷纷向总会发电求援。赣县分会 5 月 29 日求援电称：“恳请钧鉴迅速协拨救护医队，携带药械来赣，督赴前方，拯此伤痍”；6 月 1 日又电，“现战事仍急，乞速拨巨款接济为祷”[⑦]。6 月 17 日，总会电复吉安分会，“查救护药品，本会业已购就两大箱，运往南昌分会，转赣应用。希与赣分会接洽为盼”[⑧]。1931 年，长江水灾，江西属于重灾区，总会伸出援助之手，将募集赈款分配江西 3000 元，由地方分会会同地方各机关团体，共同放赈[⑨]。江西分会虽不致全赖于总会的经费补助，但在经费困难之际，这种补助犹如雪中

① 《中国红十字会分会章程》，《中国红十字会杂志》第 1 号（1913 年 5 月），第 52—53 页。

② 《中国红十字会月刊》第 23 期（1923 年 9 月），第 19 页。

③ 《中国红十字会月刊》第 23 期（1923 年 9 月），第 15 页。

④ 《中国红十字会月刊》第 23 期（1923 年 9 月），第 16 页。

⑤ 詹鸣球：《报告：九江分会十七年纪略》，《中国红十字会月刊》第 14 期（1936 年 8 月），第 76 页。

⑥ 《红十字会常议员会纪事》，《申报》1919 年 4 月 19 日。

⑦ 《慈善近录》，《中国红十字会二十周年纪念册》，1924 年刊，第 30 页。

⑧ 《慈善近录》，《中国红十字会二十周年纪念册》，1924 年刊，第 37 页。

⑨ 《红会分配赈款》，《申报》1931 年 9 月 26 日。

送炭，弥足珍贵。南京国民政府将红十字会收归官办后，地方分会归所属地官署管辖，总会对地方分会的资金补助有了一些微妙的变化。1934年，总会开会通过了三项补助分会的原则，张建俅认为："原则上总会从此对各分会的求助将不再有求必应。"[①] 以江西红十字会的经验来看，此判断也属正确。抗战时期，"南昌分会前因战事关系，退至兴国，顷在该地创办义童小学。赣教厅曾酌助经费，本会已准予备案"[②]。由此可见，南昌分会创办义童小学，江西省教育厅曾予以经费补助，而总会似乎仅仅备案而已。

二、经费短缺问题——以南昌分会为例

各地分会经费来源如前所述，其中绅商及普通个人捐款是分会资金来源的最主要部分，政府机关及各团体补助、会费及会员捐助、总会补助也是江西红十字会资金的重要来源。由于各分会经费收入渠道有限，除了要应对战事救护、灾害救济等慈善活动外，还要筹资建设分会屋舍等。如果分会募捐无术，很有可能出现经费困难、各项事业陷于停顿的局面，这在民国前期尤其如此。由于各地分会的资料散佚不全，此处仅以南昌分会的经费状况来一窥究竟。

南昌分会在罗兆栋担任会长之前，"以财源枯竭，发展无由"。据报载，1916年初，"本省红十字分会朱会长（即朱侠平）以会中近来经费异常支绌，凡各军警、商民等前往诊治者概不收取诊金、药资等费。日昨特详请巡按使恳乞量予拨款，以资补助而维善举"[③]。但可惜的是，江西巡按使戚扬以国家财政困难为由，没有支持该会经费。朱侠平会长奉批后，大失所望，只能先由自己垫付各项开支用款。一年多后，南昌分会的经济情况并没有好转，导致"会中经费往往不敷，现在困难已达极点，以致内容一切办理多不完善"[④]。不得已，南昌分会又向时任督军的陈光远求援，陈光远以军队分布在外，不便输捐，只自行捐洋200元，聊胜于无。南昌分会托钵募款，几近于乞，经费确实困难到了极点。至1918年南北战争之时，南昌分会拟组织救护队出发战地实施救护，由于经费短绌，罗兆栋会长踌躇难决。据知道内幕的人透露："该会常年收

① 张建俅：《中国红十字会初期发展之研究》，中华书局2007年版，第150页。

② 《会务旬报》（1940年10月），第5页，贵阳市档案馆藏：《救护总队档案》：40-3-466。

③ 《碍难补助会费》，（上海）《民国日报》1916年2月28日。

④ 《红会经费支绌》，《申报》1917年10月1日。

入只有慈善总会十三万元之息金，约分得数十元，此外则毫无进款。乃忽发起此大善举，开支浩繁，初企望请款补助，目下未奉准予拨款之明文，故尚无把握。”[①] 虽然此种揣测不一定完全切实，但也印证了南昌分会缺乏经费的事实。

面临如此困难局势，罗兆栋会长“对于会务积极进行，本其婆心，发为苦口，由是财产增加，基础巩固，范围扩大，事业光昭”[②]。罗兆栋“本商场巨擘，为慈善大家，声名卓著，物望攸归”[③]，又曾经担任过南浔铁路协理，人际交往非常广泛。他长袖善舞，多方奔走，利用自己的人际关系积极为红会筹措基金。首先是筹办常年经费。（一）经过他的多方联络、奔走，江西省议会终于同意将地方税项下补助常年费500元。（二）他还力劝南浔铁路局捐银洋5000元作为本金存储在路局，每月息金由红会支取。这两项收入每月加起来达到1100元，对于南昌分会来说可是一个不小的补助。其次，罗兆栋利用自己的影响力，大力募捐。“或自行筹垫，或演戏募赈，或挟册求助，或劝人入会”[④]，使南昌分会有了一定的经济基础。1919年，南昌分会筹建医院，需款甚巨。罗兆栋为做表率，首先捐助巨款，“一时踊跃输将，巨细毕集”。特别是本地大慈善家包发鸾[⑤]，深信罗兆栋“实事求是”，故单独捐助11000元。在罗兆栋的苦心经营之下，南昌分会的资金筹措有了一定眉目，各项事业发展迅速，成绩显著，“论者谓南昌分会为本省各属之冠，洵非溢美”[⑥]。此一时期，由于会长经营有道，分会的经费问题得到很好解决。

但是到了1926年，当北伐军兴、饮马长江之时，江西战场成为主战场之一。时“南昌南北军两度易位，地方混乱不堪，而南昌红十字分会早已停顿”[⑦]，江西省垣的救济甚至只能依赖于邻近的九江红十字分会。南昌“同人不忍坐视”[⑧] 难民伤兵弃掷于道，重建南昌红十字分会，

---

① 《救护队出发消息》，《大公报》1918年3月29日。该报道将南昌红十字会误认为是江西“赤十字会”，但笔者根据文章中“陈督军”与“罗会长”可以肯定其确为南昌红十字会。陈督军应是陈光远，时任江西督军；罗会长即为罗兆栋，其接任朱佚平为会长。

② 《中国红十字会月刊》第23期（1923年9月），第19页。

③ 《中国红十字会月刊》第23期（1923年9月），第19页。

④ 《中国红十字会月刊》第23期（1923年9月），第20页。

⑤ 包发鸾，字竺峰，主要从事盐业及锡箔纸生意，积累财富后创建江西大旅社，是南昌有名的富商。

⑥ 《中国红十字会月刊》第23期（1923年9月），第20页。

⑦ 詹鸣球：《报告：九江分会十七年纪略》，《中国红十字会月刊》第14期（1936年8月），第76页。

⑧ 《南昌红会乞赈电》，《申报》1926年11月2日。

称为“南昌临时红十字会”。值此战乱之际，“南昌临时红十字会”的经费更是捉襟见肘，“敝会同人虽乐于解囊，究以财力单薄”，为此，专门向上海总商会发电劝捐，称“仰贵会勇于为善，慈善为怀，恳祈广为劝募，以全善举，不胜企祷之至”①。

北伐战争之后，因政局转换，南昌红十字分会的常年经费也随之出现问题，特别是北伐战争期间“战事耗费甚巨，异常竭蹶，而一般抱病伤者踵门求诊，每日百数十号，所有医药材料无款购买，筹措维艰”，于是，南昌分会呈请省政府继续按照1919年江西省议会议决由地方税慈善费补助常年经费500元的办法，将补助南昌红十字分会常年费500元列入省政府财政厅预算之内，江西省政府主席朱培德批示“提交第四十四次省务会议议决”②。但经过省政府“第五十一次省务会议讨论，议决不准”③，这对南昌红十字分会来说，损失了一笔常年经费，不啻为晴天霹雳。更为窘迫的是，前任会长罗兆栋在任时，1922年联络南浔铁路局捐银洋5000元作为本金存储在路局，“立有息折为据”，每月息金50元由红会支取使用。但北伐战争之后，南浔铁路局改组，此项息金并未如常拨付。南昌红十字分会请求江西省政府转咨铁道部饬令南浔路局将此项存款本息如数拨还，但南浔铁路局认为：“此款系民国十一年蔡儒楷总理所捐慈善基金现银元五千元存放南浔路局一节，经职局统查全卷，确系前坐办张毅于将交卸时与该会长罗朗山私相串通，故出此徇情不轨之举。案卷具在，无可掩饰。乃该会以蔡易张，情亏畏究，欲盖弥彰。至该会前虽按月支领息金，查系前总公司时代按月拨付，大都历任总协理瞻徇情面，不顾后患所至。自革命军莅赣，将总公司改为管理局，力求整理，所有从前总公司时代欠款概系经管理局核准方能动放。如该项欠款，原来性质迥异，历任主管均未核准，早已停付息金。况职路负债累累，百孔千疮，军运甫停，燃煤、五金等费在在需款，无法筹措，何得有此巨款，擅付该会。”④ 此5000元存款之事遂不了了之。不过，南浔铁路局仍然每月补助南昌红十字会50元。但从1931年12月开始，南浔铁路局每月50元的补助金也停止发放，导致南昌红十字分会

① 《南昌红会乞赈电》，《申报》1926年11月2日。

② 《令：江西省政府令：第一二零八号》，《江西省政府公报》1927年第2期，第21–22页。

③ 《批：江西省政府批：字第一九六二号》，《江西省政府公报》1927年第4期，第47页。

④ 《南浔铁路路月刊》1929年第7卷第5期。

不得不请求市商会转催南浔铁路局[①]。

南昌分会的情况不是特例，其他分会的经济状况可能更为糟糕，如黎川分会曾经也“基金未能筹备，经常费因之缺乏”[②]，吉安分会甚至“费绌停办”[③]。所以，江西红十字会缺乏经费的情况是普遍存在的。那么造成分会经费普遍短缺的症结在哪里呢？笔者认为，有以下几个因素：

首先，分会经费有限，但开支浩繁，明显入不敷出。北洋时期，江西战乱频繁，除了“二次革命”、北伐战争、土地革命战争、抗日战争几次大的战争外，还有多次地方军阀混战。自然灾害也不在少数，几乎每年都有水灾，旱灾及其他灾害也常有。红会职责所在，遇有战争，组织救护队出发战地救护，医药、夫役支出都需大宗款项；发生灾害，组织救济，购买粮食、衣服的各项开支也不在少数。因此，开支较多自然给红会造成巨大的经费负担，甚至导致善举无法实施。在 1918 年南北战争的时候，南昌分会拟组织救护队出发战地，但时人推测，南昌分会进款有限，“乃忽发起此大善举，开支浩繁，初企望请款补助，目下未奉准予拨款之明文，故尚无把握”[④]。

其次，近代江西经济发展较为落后，发展慈善事业的经济基础较差，由此导致红会的收入有限。鸦片战争以后，随着上海的开埠，中外贸易的中心由广州转移到上海，江西经济在全国的地位逐渐下降。虽有九江开埠的刺激，但对于全省来说，经济的逐渐衰落却是普遍性的，“故随着经济重心的转移，地区区位优势就成为经济发展的重要因素”[⑤]。江西丧失了商业干道的优势，导致经济发展滞后，而在这种社会经济背景下，开展各项事业的财力就必然有限。红十字会的各项活动，需款浩繁，常需要社会各界人士的捐助。但由于经济滞后、财力有限，社会捐助必然也很有限。当然，这并不是说，江西红会的发展没有任何经济基础。换言之，在经济发展普遍滞后的情况下，能够流入红会成为其经费支持的资金比较缺乏。比如，北伐时期，九江分会曾向总会求援时也自

① 《红十字会请市商会转催浔路局补助经费已欠发十二个月》，《南昌新闻日报》1932 年 11 月 27 日。

② 《中国红十字会月刊》第 23 期（1923 年 9 月），第 15 页。

③ （民国）《吉安县志》卷十四《庶政志》，第 18 页。

④ 《救护队出发消息》，《大公报》1918 年 3 月 29 日。

⑤ 温锐：《背离与错位——近代江西衰落原因的再认识》，《江西师范大学学报》（哲学社会科学版）2000 年第 4 期。

称“拯救有心，点金乏术”[①]。

最后，导致经费短缺的最根本的原因是分会普遍缺乏常年经费。常年经费是指红十字会在较长时期内能够连续获得的可观经费，能够对红会事业发展提供持续性的、不间断的资金支持。除了南昌分会、九江分会能够争取到这类常年经费外，其他分会的常年经费付之阙如。而即使这些能够得到的常年经费，也有可能随时被取消或拖欠。分会经费的主要来源可能还是会员会费及捐款。首先来看会费。会费是指会员入会时缴纳的费用，此费用一半需上交总会，分会只能存留一半。而且，由于中国红十字会的会员征求成绩一直不理想，中国红十字会的会员人数，在1943年的时候还不过20万人。有人指出：“以我国幅员之大，人口之□，各地红十字会之设立，尚未能普遍，会员之数额，犹未见其众多，其发展情形，较之欧美各国，相形见拙（绌），实毋庸讳言。”[②] 红会的总体情况如此，江西也不外如是。翻检史料，除了南昌分会的会费征收情况较为优异之外，其他分会都较为沉寂。有限的会员人数，必然导致会费的缺乏。再看捐款。捐助款项更多在灾害、战争发生之后，此种捐助也大都是应付急需，对于红会的经费保证非常有限，更多分会是寅吃卯粮，由会长或有财力的会员直接补垫。分会垫款的情况非常普遍，如南昌分会会长罗兆栋就屡次垫款。黎川分会也是如此，1923年，黎川分会“统共收入洋三千余元，统共支出洋九千余元，约计亏短六千余元，暂且由会长理事长措垫”[③]。

南京国民政府成立之后，由于红会在北伐战争中的“消极”表现，遭到国民革命军总司令部的专门彻查，红会名誉大受影响，红会的社会募捐受到沉重打击，正如论者所说：“这种源自社会的支持有削弱的现象。”[④] 对各地分会来说，社会募捐的削弱也很明显，经费困难更成为一个严重问题。因此，经费筹措问题一直是困扰江西红十字会各项事业发展的重要瓶颈。各地分会为了筹措经费，颇费脑筋，例如南昌分会为了5000银元捐款的拨还问题曾与南浔铁路局发生了一场笔墨官司[⑤]。不过，需要指出的是，国民政府将红会收归官办以后，红会的经费来源有了一定的变化，政府拨款逐渐占据重要地位。江西红十字会的经费困难

① 《九江红分会请募灾赈》，《申报》1926年11月12日。

② 杜镛：《三届红十字周小言》，《大公报》1943年10月1日。

③ 《中国红十字会月刊》第23期（1923年9月），第16页。

④ 张建俅：《中国红十字会经费问题浅析（1912—1937）》，《近代史研究》2004年第3期。

⑤ 此纠纷乃是由于南浔铁路收归国有整改之后，不承认此捐款的存在，从而拒绝拨还此款而产生。

有了一定程度的缓解，再加上分会数量的锐减，经费问题倒不是特别突出。

第三节　会员的征募

一、会员的一般征募

红十字分会成立之始，就开始了会员的征募。会员历来被视为红十字会的“细胞”，是红十字事业的生命之源①。作为红会组织的基础之一，会员是红会赖以生存的根基所在。没有会员，红会的工作就是纸上谈兵。正如论者指出的：“红十字会的生命力量，就是要会员健全，就是要基金充足。”②

1912年夏，中国红十字会筹备召开第一次全国会员大会时，为了扩大声势，发布广告称只要曾经纳捐或经手募捐者，一概认为会员③。但是，几天后的新闻又改称捐款“凡廿五元以上者，经本届董事会认可，一律认为会员”④，这说明此时的会员制度仍未固定，属于草创时期。10月，“统一”大会结束，通过《中国红十字会章程》与《中国红十字分会章程》的规定，总会与分会的会员制度正式固定下来。

分会会员主要有正会员、名誉会员、特别会员三种。缴纳年捐5元满6年，或一次纳捐25元者，认为正会员；独捐洋1000元以上，或募捐洋5000元以上，或办理分会会务异常出力者，均由分会函请总会办事处议决举为总会名誉会员；捐洋200元以上，或募捐洋1000元以上，或办理分会会务一年以上者，由分会函请总会办事处议决举为总会特别会员。这三种会员都是终生会员，正会员由分会自己决定，名誉会员与特别会员需要获得总会批准。1922年，《中国红十字会修正章程》新增加了会员种类，即普通会员与学生会员。普通会员以10年为期限，学生会员以修业时间为期限⑤。

---

① 参见曾大钧：《中国红十字会之新机运》，《红十字月刊》第1期（1946年1月），第2页。

② 池子华：《红十字与近代中国》，安徽人民出版社2004年版，第389页。

③ 《中国红十字会第一次会员大会广告》，《申报》1912年8月7日。

④ 《中国红十字会会员捐户诸公鉴》，《申报》1912年8月12日。

⑤ 参见《中国红十字会修正章程》，中国红十字会总会编：《中国红十字会历史资料选编，1904—1949》，南京大学出版社1993年版，第230页。

传统的会员征募形式比较被动，主要依靠个人关系推荐或登报征募为主，而在江西这个传媒相对落后的地区，会员的个人推荐更占主体。对此，《申报》上时有记载，如九江分会“特别会员郑植卿、郑旭初、郑伟生、曾莲卿、童叚钦、玉女士系童秉煦君介绍入会，马承烈、柳耀堂、何定勋、李宗虞、马伯驹系童秉谦君介绍入会”①；“吴城分会郑良琨君介绍段时鉴君、蓝国隆君，又刘子寿君介绍刘和夫君、刘慎五君，又黄炳光君介绍程懋椿君、刘有道君，又廖篪卿君介绍廖墨舫君、谌树声君、雷舜渔君，又黄笑侯君介绍黄韵笙君，又查镜眉君介绍吴洪畴君，又胡养新君介绍邹嫩芝君，以上各捐洋二十五元，均推赠为正会员”②。分会成立之初，往往较为集中地介绍新会员入会，以临川分会为例，据《申报》1915 年 5 月报道，抚州临川分会筹备成立时，“江辅吾君筹备分会介绍会员四十人，各捐洋廿五元，共交到入会费洋一千元”，“除江君募捐及格，照章推赠特别会员外，其余乐输诸君一律推赠为正会员”③；11 月，“抚州分会（一般称临川分会）介绍卢霁孙君洋二百元，推赠特别会员”④；1916 年 3 月，“抚州分会介绍戴步兰女士、江学愚君、饶潜庵君、饶芝甫君、詹寅寿君、詹拜庚君，福康庄介绍俞志益君，以上各捐洋廿五元，推赠正会员”⑤；4 月，“抚州分会介绍杨汉辉君、陈石奇君、游高科君、黄肩吾君、饶崇厚君、范友轩君、郭成女士、艾宝生君，……以上各捐洋廿五元，推赠正会员”⑥；11 月，“抚州分会介绍杨汉辉君、陈石奇君、游高科君、黄肩吾君、饶崇厚君、范友轩君、郭成女士、艾宝生君，……以上各捐洋廿五元，推赠正会员”⑦。从《申报》上的报道来看，临川分会在一年半内，共征募正会员 62 名，特别会员江辅吾、卢雯孙 2 名，征收会费总计 1750 元。

由上可见，通过征求会员来征收会费，成为各分会经费收入的重要途径。不仅如此，通过征收会员，还扩大了分会的社会影响，因为分会会员在各项事务中积极发挥作用，举凡战争救护、灾害救济、疫病防治等，都活跃着普通会员的身影。以九江分会为例，在北伐战事正酣之

① 《红十字九江分会启事》，《申报》1912 年 11 月 14 日。
② 《中国红十字会志谢》，《申报》1913 年 11 月 14 日。
③ 《中国红十字会敬谢抚州分会筹备处江辅吾君》，《申报》1915 年 5 月 7 日。
④ 《中国红十字会志谢》，《申报》1915 年 11 月 15 日。
⑤ 《中国红十字会志谢》，《申报》1916 年 3 月 29 日。
⑥ 《中国红十字会志谢》，《申报》1916 年 4 月 25 日。
⑦ 《中国红十字会志谢》，《申报》1916 年 11 月 27 日。

际，九江红十字分会却正处“一文莫名，几至不能举火”之困境，为了救助伤病，九江分会会员“金君籽农、余君讱安、韩君毓棠、张君清泉、盛君景唐、万君宏泰、曾君嘉麐、王君试蓉、金君浩如、陈君静滋、方君仲盘、邹君秉松等热心互助，四处呼吁，一面劝募会员，一面量力筹垫，用款亦达万元”①。善举越多，越可见各会员之出力，也越扩大了红会的社会影响。

二、抗战前的会员征求运动

如前所述，招募会员一般靠个人关系介绍，但从实际效果看，招募情况并不理想，方法需要进行改变。有鉴于此，红会开始了规模庞大的三次征求会员运动。1934 年 9 月 24 日，中国红十字会第一次全国代表大会在上海召开，此次大会乃是红会直辖内政部之后的第一次全国代表大会。大会通过了征求会员案、舟车免费案、发行月刊案、章程修正案等诸多议案，其中有一个要点即是降低会员会费②，以此促进会员征收数量的扩大。内政部次长甘乃光在会议致辞中说：“红十字会应以全力普遍征求会员，为完成其一切计划之根本要件。中华民国红十字会现仅有会员十万余人，为数过少，应于最近期间，努力征求会员，至少一百万人以上。尤须注意于青年会员之征求，使青年认识红十字会之精神，养成其个人之健康习惯与服务社会之训练。”③ 这表明中国红十字会接下来的任务是重点发展会员。此次大会上，南昌分会会长胡敏堂被选为审查章程条例细则委员会 15 位委员之一。

经过 30 年的发展，中国红十字会的会员人数仍不过 10 万余人，这与中国红十字事业的发展要求极不相称。而要想“合乎时代之需要”，“重开以新纪元”，就必须扩大会员数量，改进会务。因为会员数量的增加，既能提高红会的社会地位，又能为红会提供可观的经费收入。红会 30 年来之所以没有得到充分发展，经费捉襟见肘，各项事业难以开展，在很大程度上是由于“会员无多，资力薄弱，所办种种事业，终不免有力不从心之慨”④。而在江西，九江分会曾经会员星散，处于混乱不堪境

① 詹鸣球：《报告：九江分会十七年纪略》，《中国红十字会月刊》第 14 期（1936 年 8 月），第 75 页。

② 参见池子华：《红十字与近代中国》，安徽人民出版社 2004 年版，第 285 页。

③ 《中国红十字会全国代表大会昨开幕》，《申报》1934 年 9 月 25 日。

④ 《中国红十字会第一次全国会员代表大会宣言》，中国红十字会总会编：《中国红十字会历史资料选编，1904—1949》，南京大学出版社 1993 年版，第 100 页。

地，甚至差点引起会外之干涉[①]。因此，1934—1937 年，中国红十字会掀起了三次大规模的征求会员运动。

第一次征求会员运动实际上在全国代表大会召开前已经开始。1934 年 2 月，中国红十字会“奉内政部令，于三月一日开始征求会员，并批示各项办法”，规定入会费“学生会员每人一元，普通会员十元，正会员二十五元，特别会员二百元，名誉会员一千元”。“各省市长、县长，因所辖地境有分会者，概为委员长，其给奖办法：一百分以上者推为普通会员；五百分以上者推为正会员；一千分以上者推为特别会员；五千分以上者推为名誉会员；一万分以上者推为名誉会员，并呈请内政部褒扬。凡能建筑会所、医院、学校之全部或一部分者，得分别勒石铸象（像），以垂不朽；凡分会及各队总分在一千［以］上者，赠奖旗；五千分以上者赠匾额；一万分以上者，赠奖旗及匾额；五万分以上者，呈请内务部褒扬。”[②]

这次征求会员运动于 9 月 30 日全部结束，总共征求新会员 5055 名，征得会费约 8 万元[③]。在此次征求会员运动中，江西分会表现突出，特别是南昌分会，总计征得会费 3422 元，在全国各地分会中独占鳌头，被赠予奖旗一面。赣州分会也征得会费 325 元，在参加征求会员运动的 81 个分会中排在第 28 位，属于前列[④]。

从总体上看，第一次征求会员成效不佳，红会遂决定发起第二次征求会员运动。此次征求会员运动的征求办法主要有：降低入会会费，各类会员除正会员一次缴入会费 10 元外，其余均按第一次征求会员入会收费标准的一半核收；各地分会设立中华民国红十字会某省市县征求会员委员会，进行征募，仍以行政官署长官为委员长；另外，特别加大了奖励的力度[⑤]。征求运动从 1935 年 8 月 1 日开始，至 1936 年 6 月 30 日

① 詹鸣球：《报告：九江分会十七年纪略》，《中国红十字会月刊》第 14 期（1936 年 8 月），第 75 页。

② 《内政部颁发红会征求会员章则》，《申报》1934 年 2 月 25 日。

③ 参见胡兰生：《中华民国红十字会历史与工作概述》，中国红十字会总会编：《中国红十字会历史资料选编，1904—1949》，南京大学出版社 1993 年版，第 504 页；《中国红十字会第一次征求会员成绩报告》，中国红十字会总会编：《中国红十字会历史资料选编，1904—1949》，南京大学出版社 1993 年版，第 321—325 页。

④ 《中国红十字会第一次征求会员成绩报告》，中国红十字会总会编：《中国红十字会历史资料选编，1904—1949》，南京大学出版社 1993 年版，第 322 页。

⑤ 参见《准内政部咨送中华民国红十字会第二次征求会员章程暨酬赠给奖办法令仰遵照》，《江西省政府公报》，1935 年第 214 期，“民政”，第 6—10 页。

结束，共征得会员68326名，征得会费70151元[①]。在此次征求运动中，南昌分会成立了胡敏堂、胡敦义、胡思义等7人组成的征求委员会，并由刘钟蕃、汤忆平、李文星等24人担任征求队长[②]。但是实际征求工作是“雷声大雨点小”，南昌分会总计才征得80元会费。与此同时，赣县分会征得会费110元，赠予奖状一份[③]。此次征求会员运动，南昌分会的表现令人失望，征得会费尚未过百，与第一次的3422元相差太多。

第三次征求会员运动，未见到江西分会参与的资料。

三、抗战时期的会员征募

全面抗战之前，中国红十字会曾开展过三次征求会员运动。江西各分会中有南昌、赣县两处积极参加。进入抗战时期以后，各地分会组织受到沉重打击。为了更好地开展战争救护，亟须发展会员，但是由于政府与总会拨款有限，甚至有时总会与分会之间失去联络，各地分会缺少固定的经济来源，常常导致会务中断，“故分会为达到自身所负神圣任务计，若欲打破经济难关，唯一办法，最好是征求会员”[④]。各地分会除照章将一半会费交给总会外，尚有一半会费可以自己支配，日积月累，自然是一笔可观的收入。

红会在抗战时期的工作，虽受到友邦及海外侨胞的大力援助，但“至于国内同胞，比较的仅占少数，犹不免遗憾”，这种情况“实因我们过去缺少普遍而广泛的运动，去迎握国内同胞的援手”[⑤]。为了改变这一局面，总会在迁往重庆之后，在整建分会组织的同时，开始了广泛的会员征募运动。不过，此时的会员征募，是以“红十字周”的形式开展的。

“红十字周”是选定一个固定时间举行（1942年起以每年的10月1日为“红十字周”开始之日），一般为期10天（1944年为一个月）。首届“红十字周”于1941年1月1日至10日举行。红十字周之在中国，“尚为破题儿第一遭，恰巧又系在战时举办的，须知战时各地情形，变

① 参见胡兰生：《中华民国红十字会历史与工作概述》，中国红十字会总会编：《中国红十字会历史资料选编，1904—1949》，南京大学出版社1993年版，第504页；《中国红十字会第一次征求会员成绩报告》，中国红十字会总会编：《中国红十字会历史资料选编，1904—1949》，南京大学出版社1993年版，第321—325页。

② 《第二次征求会员各省市县委员会题名录》，《中国红十字会月刊》第5期（1935年11月），第80页。

③ 《中国红十字会第二次征求会员成绩报告》，中国红十字会总会编：《中国红十字会历史资料选编，1904—1949》，南京大学出版社1993年版，第329—330页。

④ 冯子明：《分会努力之途径》，《中国红十字会会务通讯》总第5期（1941年9月），第1页。以下简称《会务通讯》，恕不一一说明。

⑤ 杜镛：《红十字周的展望》，《会务通讯》总第11期（1942年10月），第1页。

化多端，断不能如承平时代之得以从容筹备”，所以总会通令各分会“暂斟酌各该地情形分别举办，不拘仪式，不尚铺张，以实际的宣传，作初步的推动”①。首届“红十字周”，征得会员20000余人，会费收入45029元。之后，1942—1944年，从每年的10月1日开始，红会还举办了三次“红十字周”，这四次“红十字周”会员征求运动，总的说来，第一次效果差强人意，其余三届收效甚微，但是毕竟取得了一定的成绩，增加了一些新生力量，对于抗战救护不无裨益②。

由于抗战的影响，江西大部沦陷，分会只剩下南昌（迁至兴国办公）与赣县两处，下面主要看一下南昌分会征求的具体情况。在接到举办第一届“红十字周”的消息后，南昌分会积极响应。一面电请总会速寄征求章程、给奖办法及宣传刊物；一面积极筹备，争取各机关团体的协助。分会会长周子实为江西省商业联合会前主席，因此，南昌分会将征求清单、征求会员启各100份寄送江西全省商业联合会，希望其“代为征求会员，并请通函各县、市、镇商会一体代为征求”，“一俟征到会员，即希先开名单”③。通过各征求人员的努力，总计征得会员140人，其中特别会员17人、正会员47人、普通会员5人、青年会员71人，会费总计2276元④。第二届“红十字周”开始后，南昌分会函电江西全省商业联合会，说明征收会员办法：“每一纪念会员收会费五元，由会发给收据、徽章，不发证书。为简捷起见，碍难所有纪念会员收据、徽章及应用各种宣传品先由本会（即总会——笔者注）发交各分会，以便于收费时立即填写，事后再由分会将会费及收据存根连同剩余徽章一并送交总会核收”，并称南昌分会素仰江西全省商业联合会“热心慈善，即希予以赞助并乞转函各县商会代为征求”⑤。通过分会人员及各赞助团体的努力，南昌分会征得纪念会员215人。此后的“红十字周”，南昌分会都积极参与，响应总会的征求号召，取得了一些效果。南昌分会的会员征求情况如下表：

① 王正廷：《为什么要举办红十字周》，中华民国红十字会总会编印：《中华民国红十字会征募手册》（1946年内部印行），转引自池子华：《红十字与近代中国》，安徽人民出版社2004年版，第390页。

② 池子华：《红十字与近代中国》，安徽人民出版社2004年版，第395页。

③ 《中国红十字会南昌分会征求会员来文》，江西省档案馆藏档案，档案号：J013-1-00258。

④ 《第一届红十字周会员题名录》，《会务通讯》第8期（1942年6月），第33、39—40页。

⑤ 《中国红十字会南昌分会征求会员来文》，江西省档案馆藏档案，档案号：J013-1-00258。

表 2－3 南昌分会会员征求情况表（1941—1944）①

时　间	正会员	普通会员	名誉会员	特别会员	青年会员
第一届“红十字周”（1941.1）	47	5	/	17	71
1942 年 4 月②	4	23	/	/	/
第二届“红十字周”（1942.10）	纪念会员 215 人，募集捐款 1000 元				
第三届“红十字周”（1943.10）③	/	2	3	10	/
1943 年④	229	23	3	32	/

资料来源：《会计工作报告》，《会务通讯》第 17 期，“会费收入明细表（附表二）”，无页码；《会计报告》，《会务通讯》第 19 期，“会费收入（附表二）”，无页码；《会员征信录》，《会务通讯》第 18 期，第 57 页；《会员征信录》，《会务通讯》第 20 期，第 61—62、71 页；《会员征信录》《会计报告》，《会务通讯》第 21、22 期合刊，第 82 页“会费收入明细表（附表二），无页码；《会员征信录》，《会务通讯》第 23 期，第 68 页；《会员征信录》，《会务通讯》第 27 期，第 72 页；《会计报告》，《会务通讯》第 31 期，“捐款收入明细表（附表一第二页）”，“捐款收入明细表（附表一第四页）”。

表中可见，1941—1944 年，南昌分会总计征得各类会员 688 名，其中有 6 名团体会员，总计向总会上缴 49885 元的会费⑤。需要指出的是，在战火纷飞的环境中，会员征求遇到很多困难。有的地方是由于经济凋敝而无法征求，如崇义县商会就称：“本县交通梗阻，商业凋敝，征求会员甚感困难”，只能将册据寄还⑥。有的受战局影响，册据或遭战火焚毁，导致征求不利。光泽县商会称：“过去因本会之务纷繁，未暇兼顾。嗣正着手进行，间又遭遇七二六敌机轰炸之灾变”，“前次册据亦遭焚毁”⑦。吉安县商会甚至连册据都没有收到，无从征募。如此看来，南昌分会能取得如此成绩，实属不易。另据资料显示，南昌分会在抗战以

① 此表根据各种资料统计所得，可能有所遗漏。

② 不包括 1942 年“红十字周”所征求的会员。

③ 另有 5 名团体会员。

④ 另有江西实业银行、南昌市商会 2 名团体会员。不包括 1943 年“红十字周”所征求的会员。

⑤ 通过以上各类资料统计所得。

⑥《中国红十字会南昌分会征求会员来文》，江西省档案馆藏档案，档案号：J013－1－00258。

⑦《中国红十字会南昌分会征求会员来文》，江西省档案馆藏档案，档案号：J013－1－00258。

前，总计征求会员名额达2000人之多[①]。这个成绩在江西各分会中应该属最优秀的。

四、“复员”时期的会员征募

抗战胜利后，中国红十字会进入“复员”时期。中国红十字会自成立至抗战胜利，会员总数不过22万人。与发达国家相比，差距太大，所以有人评论说：“美国红十字会之所以发达，因为美国平均每四人中就有一个人是红十字会会员，而我们中国红十字会呢，差不多每一千五百人中才有一个红十字会会员，这是中国红十字会的事业不如人家的最大原因。”[②] 要发展红十字事业，非大力征求会员不可。

《复员期间中华民国红十字会分会组织规程》明确规定：“分会办理之事务，以征求会员、筹募基金为中心”，“复员期间分会暂分为甲、乙、丙三级，以征求会员之多寡为标准”。征得会员在3万人以上者为甲级分会，在1万人以上3万人以下者为乙级分会，在1000人以上1万人以下者为丙级分会[③]。因此，各地分会为了提升等级，都积极行动起来，以求征得更多会员。“复员”时期，会员分为5种：团体会员，一次缴纳会费国币10万元以上；名誉会员，一次缴纳会费国币5万元以上；特别会员，一次缴纳会费国币1万元；普通会员，每年缴纳会费国币1000元；青年会员，每年缴纳会费国币500元[④]。

“复员”时期，江西分会恢复的有南昌、赣县、九江、上饶4处，但在会员征求当中表现最为出色的当属南昌分会。1946年，南昌分会接到总会恢复“红十字周”的电令后，立即成立征求会员委员会，开始了一系列的征求活动。

首先，发布征求宣言。在宣言中，南昌分会回顾了自身抗战中的历程：全面抗战爆发后，分会迁往兴国，“继续施行医疗工作，并创办义童学校，救济难童，成绩斐然”；抗战“胜利后，于上年冬奉令复员，迁返南昌”。随后，宣言中提出了征求申请，“我们为保持过去的声誉和发展今后的业务，日前奉总会电令明定每年十月一日至十日为红十字宣传周，扩大征求会员，使人人都有机会加入红十字会工作，共同负起了

---

① 《江西省教育厅、红十字会南昌市分会关于扩大征募问题的训令、请示》，江西省档案馆藏档案，档案号J046-03-02351。

② 朱子会：《红十字周与征募运动》，《红十字月刊》总第32期（1948年8月），第4页。

③ 《复员期间中华民国红十字会分会组织规程》，中国红十字会总会编：《中国红十字会历史资料选编，1904—1949》，南京大学出版社1993年版，第246页。

④ 池子华：《红十字与近代中国》，安徽人民出版社2004年版，第450页。

服务人群的一次任务”。特别值得注意的是，为了吸引会员的加入，南昌分会明确了红十字会员的权利：“到红十字会诊病，可预先挂号”，“到红十字会的医院、诊所治疗，享有特别优待”，“每年免费作健康检查”，“对于团体会员，红十字会可以派员指导环境、卫生，供给医药、治疗”，“个人如有缺陷，可获得补救和指导营养、饮食、卫生”。这与蒋梦麟会长所提出的工作精神是一致的，这个变化非常值得关注①。宣言末尾提出期望：“我们尤其希望各界□□援助，朋友请立刻加入本会做一个会员吧。这是最有意义而且最有利益的事。同时，也请你尽量介绍亲友子弟加入，使本会的会员日益增多，本会得以开展胜利后第一年的新计划。”② 这个宣言，富有感情，旨在吸引更多会员的加入。

其次，发出征求启事。在启事中，南昌分会指出，红会一直得到人们的赞助与支持，但是“同盟各国如英、法、苏会员名数占全国人数之半，而我国会员现额尚不满四十万人。揆厥原因，非恻隐之心、慈善之念不逮他族，实缘内地风气未开。半由于不明本会之宗旨，视同漠不相关，半由于深恐入会之后，加重年年负担。无怪裹足不前，瞠乎人后也”。其实，红十字会“年年所办慈善之事业皆关从切身之痛苦，己饥己溺”，至于红会所收会员会费，为救灾恤难、慈善医疗所用，间接受惠者不知凡几，而且会员“只须入会时缴纳一次捐金，即获享终身会员之美名，毋庸年年缴纳会费，亦无其他消耗”。入会后，会员享有各种待遇，“至会员家属平日来本会医院或诊所就诊，一概免费，种种优待，笔难尽述”③。南昌分会的解释与宣传，对打消人们的质疑有很好的帮助。

最后，南昌分会也尽力取得省政府及教育部门的协助，以此促进会员的征求。为此，南昌分会除电请江西省政府主席担任征求委员会名誉委员长外，还致电省教育厅，“拟请贵厅长担任名誉副委员长，赐予提倡。并恳分电所属各学校及各单位一体协助，以宏征募成绩，而收美满

---

① 蒋梦麟指出：“以往我们征求会员，而会员缴纳会费是尽了义务的。可是会员的权利呢？简直没有。虽然会员所出的会费，足以增进会的事业，这有些近于施舍。所以，我们要推广新的征募运动，要使全体会员有义务也有权利，合大家的力量，来试行保健制度。”《大公报》1946 年 2 月 17 日。

② 《江西省教育厅、红十字会南昌市分会关于扩大征募问题的训令、请示》，江西省档案馆藏档案，档案号 J046-03-02351。

③ 《江西省教育厅、红十字会南昌市分会关于扩大征募问题的训令、请示》，江西省档案馆藏档案，档案号 J046-03-02351。

效果”。省教育厅接电后，立即发布训令，“转饬所属一体协助，以宏征募”①。有了省教育厅的协助，对于青年会员的征求将大为促进。

在南昌分会及各团体的努力之下，此次会员征求取得很大成绩。由于征求成绩优良，总会在1947年6月18日依据发奖办法第四条规定发给南昌分会奖状②，南昌分会也被列为乙等分会③。虽然我们不清楚征求会员人数到底有多少，但根据乙等分会的标准，应在1万~3万人。

第四节　分会会长选任及奖惩问题

有了资金和会员作为基础，选任职员即成为红会事业发展的重要内容，因为职员的选择关乎红会事业发展的方向及水平。江西红十字运动从小到大，都离不开各分会会长、职员及诸会员的努力。会长作为分会的首脑，担负着领导整个分会的重任，是分会事业发展的关键所在。但是，即使分会各项组织建设都很健全，如果离开了普通职员及众多会员，再优秀的会长也独木难支。作为人道主义的慈善组织，红会对职员要求严格，尤其是在道德上提出较高标准。如1922年南昌分会组建救护队时，其简章规定：“队员应尊重本会及一己之名誉，各宜廉洁自爱、待人诚敬、处事谦和”，“队员如行为暴戾、操守难信及有一切不端之事者，查明斥革外并赔偿本分会损失。如情罪较重违犯法律者，送有司惩办。对于附带私诉亦由本人负责，如有保证人者，上列情事概归保证人担负责任”④。红十字会作为慈善组织，自身名誉至关重要。所以，红会也制定了一系列奖惩办法，旨在奖优罚劣。一方面是为了鼓励红会人员积极奉献，廉洁自爱；另一方面也是为了避免职员肆意妄为，出现影响红会声誉的事情发生。下面从分会会长的遴选及分会人员奖惩两方面来做一番考察。

① 《江西省教育厅、红十字会南昌市分会关于扩大征募问题的训令、请示》，江西省档案馆藏档案，档案号J046-03-02351。

② 中国红十字会总会编：《中国红十字会历史资料选编，1904—1949》，南京大学出版社1993年版，第548页。

③ 《中国红十字会新闻》，《红十字月刊》第14期（1947年2月），第46页。

④ 《中国红十字会南昌分会出发赣南组织救护队简章（民国十一年）》，《中国红十字会月刊》第13期（1922年11月），第18页。

一、分会会长人选——以南昌分会为例

江西红十字运动的发展，离不开分会会长及职员的努力，会长尤为重要。1922 年通过的《中国红十字会分会通则》规定，各地分会应择定地点为会所，定期开会公举会长、副会长、理事长，“随将履历报告本会总办事处，经常议会审查确定分别发给通知书后方得就职”，“其余各职员由各该分会长聘任后陈报本会总办事处备案”①。分会会长三年一任，可连任，负责处理一切事物，是各分会的领导核心。那么，到底哪些人可以担任会长呢？我们以南昌分会为例来做具体说明。

从辛亥革命至新中国建立，南昌分会历任会长有：傅春官、朱侠平、罗兆栋、胡敏堂、单黎川、万培章、周子实②。傅春官作为南昌分会首任正会长，其具体情况在第一章已经有所论述，由于此时南昌分会正值草创时期，傅在任时间很短，故可以忽略不计。朱侠平，事迹不详。所以，主要讨论之后的 5 位会长：

罗兆栋，字朗山，江西南城人。晚清时期担任过江西商务总会的评议员③。此后又担任过南浔铁路协理，并曾“立商帮协会于章水，一以救济灾难，恒存己饥己溺之怀；一以调剂市场，昭示至公平之道，临财勿苟见义勇为，邦之士商农工，咸以为法”④。

胡敏堂，1910 年与其兄弟胡庆余创办胡源兴金号，胡敏堂任经理。在 1949 年前的南昌，胡源兴金号属于资金雄厚、生意较好的一家。他还担任江西省商会联合会理事长。

单黎川，曾经担任过江西省屠宰税总局正局长一职⑤。

万培章，曾短暂担任靖安县知事一职⑥，其他事迹不详。

周子实，曾经营绸布业，拥有恒源仁店号，是典型的殷商富户，后来担任过江西省商会联合会主席（1941 年 9 月—1943 年 11 月），在抗战中积极参加抗敌后援会。

虽然由于资料限制，我们并不完全清楚各位会长的履历，但是只就

---

① 《中国红十字会月刊》第 12 期（1922 年 10 月），第 14 页。

② 这 7 位会长只是笔者所能找出来的，按照时间先后顺序排列，傅春官与朱侠平之间、万培章与周子实之间可能有所缺漏，但是缺漏总共不会超过两位，所以可以作为一实例来考察。

③ 参见李平亮：《卷入大变局：晚清至民国时期南昌的士绅与地方政治》，经济日报出版社 2009 年版，第 86 页。

④ 《中国红十字会月刊》第 12 期（1936 年 6 月），第 91 页。

⑤ 《江西政府公报》1929 年第 4 期，第 38 页。

⑥ 江西省靖安县志编纂委员会编纂：《靖安县志》，江西人民出版社 1989 年版，第 457 页。

上述介绍来看，这几位会长至少有两点共同之处。其一，这些会长大都具备比较雄厚的经济实力。罗兆栋“本商场巨擘，为慈善大家”；胡敏堂创办胡源兴金号，资金雄厚；周子实本为殷商；单黎川与万培章虽属政界人物，但家资应该不菲。会长拥有较强的经济实力，也为分会的募捐提供了一个很好的财源。如1922年赣南战事发生时，罗兆栋“明知会费支绌，且所开之益和洋货号，历年垫用甚多。际此时迫款巨，并不稍为却顾，即由号内垫洋一千余元，尽两日内组队驰救”①。周子实在抗战时期任代理会长，积极发展会务，“乐于为善，南昌分会之工作完全为其一手支持”②。其他几任会长支援分会资金的事例想必也常有。其二，各任会长都具有较强的社会关系网络，能够调动各种社会资源。罗兆栋曾经担任过南浔铁路协理，正是通过他的多方奔走，1919年省议会才议决通过将地方税中拨出500元，以此补助会费，1922年南浔铁路局又捐赠5000元作为储金，每月支付息金，“两共年可收入一千一百元”。胡敏堂与周子实曾经担任江西省商会联合会理事长、主席，通过商会组织，募捐便利。在几次征求会员活动中，两位会长也都得到商联会的大力协助。

从以上分析可见，分会会长除了具有慈善为怀的博爱精神外，至少还需要拥有一定的经济实力及较强的人际交往能力。如果分会会长人选不当，很可能会导致会务无法顺利开展，如南昌分会在罗兆栋任会长之前，“历届主任每以财源枯竭，发展无由，思维风雨飘摇，绸缪未逮”③。另外，吉安分会在康桂林会长的主持下，一度发展较为良好，在北洋时期多次开展战地救护，“康桂林先后共捐万余元，以为之倡”④。但是在康退职后，吉安分会一度因费绌停办。

二、分会人员的奖惩

红会为了规范职员及会员的行为，制定了一系列的奖惩办法，这些办法在各个历史时期有所变化，但大旨基本一致。这里以1922年《中国红十字会分会通则》为例。关于奖励办法，该《通则》规定：“凡捐款在二百元以上，募捐一千元以上或对于会务有异常劳绩者，得由分会详报本会总办事处，照章推赠会员或分别情形陈请政府呈明大总统从优

① 《中国红十字会月刊》第23期（1923年9月），第21页。
② 《中国红十字会月刊》第32期（1938年2月），第55页。
③ 《中国红十字会月刊》第23期（1923年9月），第19页。
④ 《吉安县志》卷十四《庶政志》，第18页。

奖励”，“凡捐款在二百元以上，募捐一千元以上或对于会务著有成绩者，得由分会陈报本会总办事处，照章推赠会员或分别优奖以资鼓励”[①]。关于惩罚办法，该《通则》也有规定：“本会会员犯有刑事或有违背会章得由议事会公决，详叙事由，报明本会总办事处取消其会员资格。如有假冒本会名义招摇诈欺，损害本会名誉者，应即报告本会总办事处函知该地方官厅查明，按律严办”，“分会长、副长及各职员如有品行不正违法营私，一经本会总办事处查觉，得知照该分会改选或撤换，情节重大者并予以相当之处分”[②]。赏罚分明，才能做到令行禁止。

分会会长尽职尽力，贡献特别重大，自应给予特奖。南昌分会会长罗兆栋善绩颇多，该分会在其办理下，“为本省各属之冠”。南昌分会报告称：“在罗君孳孳为善，并不求名，若论事实，即予以名誉会员，恐不足以称其功德。”因此请总办事处交常议会公决，推奖罗兆栋为一等纪念章，以襄善绩[③]。

一般会员若有捐款，即登报致谢。此外，红会还根据具体规定，对贡献尤大者予以特别奖励。如南昌分会会员李卓吾急公好义，慷慨乐施，特捐洋200元汇寄总会。总会办事处“除推赠本会特别会员外，谨此登报，奉扬仁风”[④]。1919年，南昌分会名誉会员包发鸾听闻分会募款筹建医院，独自捐洋11000元。总会办事处接到分会呈请奖励后，“佥以向章独捐五千元以上者得赠有功章，包君所捐数复倍之，除由红十字会赠给有功章外，应专案呈请政府奖给勋章，以资激劝”[⑤]。于是，南昌分会转咨江西督军，请由政府特别颁给勋章。

医生若有优秀者，也予以奖励。南昌分会伤科医士余自典，“擅长推拿按门，手术灵巧，药亦精良。年来服务该会，凡遇难治之症，无不着手成春，且素以博爱为怀，于会纯尽义务，是以颇得社会所称誉”[⑥]。南昌分会呈请总会给予奖励，赠予正会员。

有奖就有罚。红会作为慈善组织，若有不法或违背慈善精神的行为发生，对其信誉的打击是致命的。早在1915年，《中国红十字会条例施行细则》就规定：“本会会员如受公权褫夺，同时失其会员资格”，“本

---

① 《中国红十字会月刊》第12期（1922年10月），第18页。

② 《中国红十字会月刊》第12期（1922年10月），第17—18页。

③ 《中国红十字会月刊》第23期（1923年9月），第21—22页。

④ 《中国红十字会敬谢南昌分会》，《申报》1916年4月27日。

⑤ 《红十字会常议会纪事》，《申报》1919年4月19日。

⑥ 《两医各有所长》，《南昌新闻日报》1932年10月28日。

会会员违背本会规则或有损本会名誉者得由本会除名。”[①] 在江西红十字运动的发展历程中，虽然善绩突出者众多，但是也不乏败类。对于后者，红会需从重从快进行处理。

1915 年，南昌分会理事长兼特别会员曾纪祐，本来就经分会会员“禀讦有案”，总会办事处念其在辛亥、癸丑两次救护中颇有劳绩，仅令其退职，并未予以深究。不料曾纪祐变本加厉，竟伙同吴晖等人冒用红会名义私自前往修水组建支会，甚至招摇撞骗，以此聚敛钱财。这种行为严重违反红会各项规章制度，总会办事处“除函修水县知事追缴佩章凭照并取消该支会外，合亟依据本会章程第三章第七条，褫夺其特别会员资格，以昭儆戒”[②]。

前车之鉴虽让人警醒，但却并没有杜绝此类事件的继续发生。1917 年，南昌分会中医彭立生招摇撞骗，无所不为，因拐骗某银行巨款被控至法庭，畏罪逃匿庐山后被抓。彭初极力否认拐骗钱款之事，后经证人对质发现属实，未料其竟然“诡称彼在红十字会担任职务甚重，每日必诊病百余号”，幸被检察官识破伎俩，仍予严加看管。“闻红会会长以彭如此行为，大与名誉有碍，已将其中医名目取消矣。”[③]

综上所述，江西红十字运动，离不开各分会会长、职员及众多会员的辛勤努力，他们的慈善懿德将永载史册。分会会长人选至关重要，关乎分会事务发展的方向与好坏，所以会长一般都具有较强的经济实力及人际交往能力。当然，奖罚制度的建立对于分会的发展也很重要，任何组织都是如此。以南昌分会为例，该分会既有被赠予一等纪念章的优秀典型，如会长罗兆栋，也出现过招摇撞骗、聚敛钱财，最后被开除会员资格的败类，如理事长曾纪祐。只有奖优罚劣，严格执行各项规章制度，红会的建设才可能行之有道。

① 《中国红十字会条例施行细则》，《大公报》1915 年 10 月 15 日。

② 《中国红十字会褫夺会员公告》，《申报》1915 年 8 月 21 日。

③ 《彭立生案近讯》，《申报》1917 年 10 月 1 日。

第三章　江西红十字会的人道活动

《中国红十字会月刊》发刊辞中曾说："夫天下之大变有三：攻城杀人，喋血遍野，莫如刀兵；天昏札瘥，死亡俄顷，莫如疫疠；至如河决海溢，淫潦为灾，则莫如水。叹乾炎熇，赤地千里，火山爆裂，陵谷易位，则又莫如火。凡一遇此，摧残人类，至深且酷。思消其沴，澹其灾，以冀补救于什一，此红十字会所以踵行于中国也。"① 在辛亥革命及其后的民国时期，江西红十字会在战地救护、灾害救济等方面开展了一系列的人道活动，为减少战争及灾害造成的损失、保障人民生活做出贡献。

第一节　战地救护

国际红十字运动的起源与战争有关，中国红十字会的创办也正是在日俄战争的催生下才开始的。由于红十字会秉持人道、中立的宗旨，在两国交战之时，能够无分畛域地救伤瘗亡，这是其他慈善组织无可比拟的。正如时人所说："红十字会之事业，在准备于平时，至战时而实行之，即红十字存在之意义，必待战争而后生。"②

江西北控长江，地处要冲，历来是兵家必争之地。"从辛亥革命到中华人民共和国成立的38年间，在江西进行的战争共8次，规模在万人以上的重大战役有40次以上，小规模战斗则连年不断，没有哪一年不打仗的。"③ 其中重大战事就有"二次革命"、北伐战争、土地革命战争、抗日战争、解放战争。兵燹频繁，造成重大生命财产损失。红十字

① 《中国红十字会月报发刊辞》，《中国红十字会月刊》第1期（1921年10月），第1页。

② 君实：《红十字事业与战争》，《东方杂志》第15卷第8号（1918年8月），第33—34页。

③ 廖信春：《民国时期江西的战争与江西社会》，《江西师范大学学报》（哲学社会科学版）2000年第3期，第152页。

会以“博爱恤兵”为宗旨，在历次战事中积极投入战地救护，救伤恤难，恪尽天职。

一、辛亥革命战争救护

武昌起义爆发后，清政府极力镇压革命，矛头直指武昌。10月12日，清政府派陆军大臣荫昌统帅北洋军李纯第六镇及王占元、陈光远等两协开往湖北进行“讨伐”，并令海军提督萨镇冰派遣兵舰协同作战。10月27日，湖北前线的北洋军奉袁世凯密令向汉口猛烈进攻，11月27日汉阳失陷，民军退守武昌①。双方往来厮杀，浴血奋战，“惟是战殁，军民积尸遍野，不下五六千人，血肉狼藉，雀狗争食，惨不忍言，且臭气熏蒸，恐酿疫疠”②，亟须开展人道救援。1911年10月25日，在收到武汉方面求救电报的第二天，沈敦和倡议成立中国红十字会万国董事会，宣布“红十字会救人宗旨：不分革军、官军。凡革军受伤医治送还革军，官军亦然”③。随后，以总会医院医生柯师为领队的中国红十字会救护医队溯江西上，开赴武汉战场，开展救护行动。

作为全国第三个起来响应武昌起义的省份，江西的独立壮大了革命阵营的声威与力量。九江、南昌分会成立之后，除在本地救治兵民外，因武汉战事激烈，受创最惨，赣省作为湖北的邻居，自应互相协助，因此江西红十字会也准备驰援武汉，开展战地救护。

战地救护首在做好人力、物力的准备。九江红十字分会在创办之初，蔡蕙“派人会同九江商会会长往上海购买医疗器材、药品”④，具体事宜由江楚鸣赴沪操办⑤。除了购办医药外，九江分会还与石美玉、康爱德医生联络，取得她们的协助。有了石、康等医生的加盟，九江分会成立了红十字医院，并制定了医院简章。该简章共23条，规定“本院一以治疗军民、强健种族为宗旨”，“每天上午八时三十分起至十一时止诊内号，下午二时至四时诊外号，星期天停诊”，“新号每名收挂号钱四十文，旧号收挂号钱二十文，随号收四百文（随到随诊并不挂号——引者注）”，“本院西药暂不取值，惟鱼油及治花柳病各种药品须酌收药

① 姜克夫：《民国军事史》第1卷，重庆出版社2009年版，第38—39页。

② 《红十字会理事总长沈敦和报告》，《申报》1911年11月19日。

③ 《红十字会大会志盛》，《申报》1911年10月25日。

④ 蔡蕙：《我是怎样参加辛亥革命的》，中国人民政治协商会议江西省委员会文史资料研究委员会编：《江西文史资料选辑》第6辑，江西人民出版社1981年版，第21—22页。

⑤ 《神州日报》，1911年12月11日。

本”，“无论何人入院就医，不得携带武器”，“出门救吞鸦片烟及一切毒药，每次取洋三元，贫户减半，赤贫不取分文”等等①。该简章规定比较详细，西药免费及对贫苦民众的优惠之举，体现了红十字医院的人道主义精神。总之，该红十字医院章程完备，开江西红十字分会医院之先声。此外，南昌分会也“集资设立医院，兵民并治”②，惜具体情况不详。

由于九江、南昌分会刚刚成立，人员和器械并不是非常齐全。为了增强救护力量，双方加强协作，联合组织救护团，开赴武汉战场。据九江分会史载：“溯自辛亥秋，武昌起义，九江继之，本会乘时而起”，遂由江楚鸣等人发起组织救护队，“出发武汉，设临时事务所于汉口皓街，推设野战病院于京汉铁路之祁家湾”③。此段记载将其与南昌分会联合组织救护队的事实给隐没了，似有掠美之嫌。联合救护队出发武汉后，在祁家湾设立野战医院（即临时医院——笔者注），“值两军休战，遂兼治平民，曾由各国红十字医院拨重伤军士数十人留院治愈”④。

虽然力量有限，但九江、南昌分会的人道主义精神值得赞扬，救护成绩有目共睹。两分会在武汉战场的救护，很好地协助了总会的战地救护，彰显了不分畛域的人道主义精神。

二、北洋军阀时期的战争救护

（一）“二次革命”救护

辛亥革命后，江西政权最初为革命党人所掌握。李烈钧督赣后，在政治、经济、军事、文化、教育等方面进行了一系列的改革，逐渐巩固了革命党人在江西的势力，使江西成为南方革命党人阵营的核心地区之一⑤。袁世凯篡夺辛亥胜利果实后，为了实现帝王梦，暗杀了国民党领袖宋教仁，引起了国人的极大愤慨，革命党人也逐渐从“政党政治”的美梦中惊醒，开始准备武装反抗。1913年6月9日，袁世凯以“不称厥

① 《九江红十字医院简章》，《医学世界》第17期（1912年10月），第73—75页。

② 《辛亥革命时中国红十字会暨各分会活动成绩》，《中国红十字会杂志》第1号（1913年5月），第50页。

③ 詹鸣球：《报告：九江分会十七年纪略》，《中国红十字会月刊》第14期（1936年8月），第74页。

④ 《辛亥革命时中国红十字会暨各分会活动成绩》，《中国红十字会杂志》第1号（1913年5月），第50页。

⑤ 钟起煌主编、何有良著：《江西通史·民国卷》，江西人民出版社2008年版，第9页。

职”“不孚众望”为由，悍然下令撤免李烈钧江西都督职，14 日撤免胡汉民广东都督职，30 日撤免柏文蔚安徽都督职[①]。以此为导火索，革命党人决定武装倒袁。7 月 12 日，李烈钧在湖口宣布独立，组织“讨袁军”，并发布讨袁通电。“二次革命”（又称“癸丑之役”“赣宁之役”）正式爆发。江西独立后不久，江苏、安徽、广东、福建、湖南、四川各省及上海纷纷独立响应。袁世凯随即调兵遣将，镇压各地反抗势力，战争由此全面展开。

李烈钧在江西反袁最为激烈，赣省成为北洋军队进攻的重点。7 月 12 日，赣军与北洋军在沙河镇南交战，双方互有伤亡。据报道，九江开战以来“北军死伤甚多，附近商民尤极震恐”。消息传到上海后，中国红十字会总会总办事处“先电南昌该分会急赈医队前往，并拟更由申添派专员赴浔”[②]，同时发电请求南北两军保护红会的救护医队。

江西此时已经成立了 3 处红十字分会，分别是九江分会、南昌分会、吴城分会，都靠近战场，各分会责无旁贷，纷纷开展了战地救护行动。战事最早在湖口开始，九江分会立刻组织救护掩埋队赶赴战地进行伤兵救护，并设立野战医院[③]。但由于救护力量有限，九江分会遂向总会连续发出求援电报：“九江红会医院医生缺乏，星夜派医协助外，再发医队。”[④] 由于不清楚战地状况，总会总办事处随即发电询问鄂省都督黎元洪：“九江分会来电乞援，究竟现状若何，应否组织医队，请示方针。”[⑤] 得到黎元洪的肯定回答后，总办事处一面拨款资助九江分会，一面组织医生、医队赴浔协助救护。然而战事极为剧烈，时间不等人。无奈之下，九江分会一边自行继续开展战地救护，医治伤病，一边再连续向总会发出求援，“两日来无战事，医院人满为患，速派医生药物，迅来九江”，“伤兵甚多，速派医队星夜西上”，“湖口之战，死伤甚众，德安战争尚烈，医队何日来浔，速复”[⑥]。九江分会在德安设立野战病院，疗伤救死，不遗余力。除此之外，由于九江及周边地区处于战争中心区域，“人民避难扶老携幼，深藏山中七日不敢越雷池一步。饥饿待毙，

① 来新夏：《北洋军阀史》，南开大学出版社 2000 年版，第 267 页。

② 《红十字会赴浔记》，《民立报》1913 年 7 月 16 日。

③ 参见《覆九江红十字会江理事长（附来电）》，《黎副总统（元洪）政书》，第 285 页。

④ 《红会紧要会议》，《申报》1913 年 7 月 20 日。

⑤ 《覆上海沈仲礼君（附来电）》，《黎副总统（元洪）政书》，第 264 页。

⑥ 分见《申报》1913 年 7 月 22、26、31 日报道。

惨不忍睹"[1]。九江分会便携带熟食前往救护出险，生还者达300余人。

随着战事的不断发展，北洋军逐渐向省城南昌方向推进。据报道，"德安、沙河战争剧烈"，南昌分会"已派救护队往救"[2]。战事推进到吴城后，南昌分会救护队随即开赴吴城展开救护[3]。而吴城分会成立不久，"猝遭战事，即设病院，疗治受伤兵民"[4]。随着德安、吴城、南昌的相继陷落，"二次革命"在江西失败，红会的救护也暂告一段落。

此次战事救护，九江分会、南昌分会、吴城分会相继组织救护、掩埋各队，奔赴战地，救死扶伤，"成就颇著，且办事核实，不虚美，不浮夸，良足嘉也"[5]。中华民国副总统兼鄂省都督黎元洪欣闻九江分会开展救护掩埋行动后，"愿宏效溥，与感同深""厚爱战士，泽及枯骨"[6]，并拨款支援。虽然江西分会数量少、力量有限，但这次战争救护却为以后的战地救护积累了经验。

（二）第一次北伐战争救护

"二次革命"后，北洋军阀入主江西，开始了长达14年的统治。在这一时期内，北洋军阀的残暴统治和多年战乱给江西民众带来了沉重灾难。1922年，孙中山在广东重建革命政府后，再次举起护法旗帜，发动第一次北伐战争，江西成为北伐军进攻的重点。5月份以后，随着战事的推进，北伐军相继占领赣州、遂川、吉安等地。不久，陈炯明在广东发动叛乱，北伐军南归平叛，相继撤出江西，第一次北伐战争宣告结束[7]。

战争发生后，红会职责所在，纷纷开展救护。此次战事，赣州首当其冲，成为双方激战的第一个重要城市。赣县分会（又称赣州分会——笔者注）成立于1918年，当年5月即设立临时病院疗治伤兵[8]，值此危难关头，自然不忍坐视。赣县分会首先致电总办事处，"恳请转电南北

① 詹鸣球：《报告：九江分会十七年纪略》，《中国红十字会月刊》第14期（1936年8月），第74页。

② 《红十字会纪事》，《民立报》1913年7月26日。

③ 参见《红十字会纪事》，《申报》1913年8月9日。

④ 《中国红十字会癸丑成绩撮要》，《中国红十字会杂志》第2号（1914年6月），第12页。

⑤ 《中国红十字会癸丑成绩撮要》，《中国红十字会杂志》第2号（1914年6月），第12页。

⑥ 《黎副总统（元洪）政书》，第285、287页。

⑦ 参见钟起煌主编、何有良著：《江西通史·民国卷》，江西人民出版社2008年版，第32—33页。

⑧ 《赣县新志稿》，1946年印行，第34页。

当局，通饬前方军队照约保护”[①]。随后，招募“救护队四十名”，进行简要训练后准备开赴战地，并向总办事处求援，“恳请钧鉴迅速协拨救护医队，携带药械来赣，督赴前方，拯此伤痍，尽我职责”[②]。赣县分会随即开展了一系列行动：一是战地救护及掩埋，“改平时医院为临时病院，设分院及救护队各四”，“实施战地救护及病院收容，凡千数百人”，同时组织40人的掩埋队，共掩埋尸体约千具[③]；二是联合地方人士及天主教会信徒，在城内外分别设立临时妇孺救济所11处，至6月1日，各处共收容避难妇孺6000～7000人，至战事结束总计收容妇孺达9000余人[④]。6月8日，由于战事紧张，当局严令闭城，导致南郊救济所与赣县分会交通断绝，赣县分会理事长熊景章、理事曹厚源偕同天主教和主教面谒当局，请求开城准许避难者入城，“妇孺之保全者盖千余人”[⑤]。

除了赣县分会，吉安、南昌、黎川分会也都行动起来。5月31日，赣县分会急电总会总办事处，请求“电催南昌、吉安分会迅派救护队”[⑥]。在此之前，南昌、吉安分会就已经开始组织医队准备出发。总会在接到消息后立即通知赣县分会，“希迳联合办理”。吉安分会先是“设立妇孺救济所十一区”，收容避难妇孺2000余名，“日施茶饭，夜给睡处”。6月5日，吉安分会正式出发救护队，赶至“泰和及万安之百嘉该处分设临时医院，实行疗治”。不久，由于药物告罄，加上战局发生变化，吉安分会“乃在本街（应属吉安市区——引者注）添设临时医院共计三处、军官养病所二处、军士养病所五处”。当时正值炎夏，“疫痢正盛”，住院者200多名，经费告绌。吉安分会理事长胡邦宪“一面设法筹款，一面派人往乡办米，以资接济。每日必亲身赴各医院暨养病所，慰问病伤军民。凡入所养病者，视病之轻重分别安置，以免轻者传染。常嘱看护、工役勤加服侍，洒扫洁净”[⑦]。

① 《赣州分会来电（五月二十六日上午十时到）》，《慈善近录》，1924年刊，第29页。

② 《赣县分会来电（五月念九日上午九时到）》《赣州分会来电（五月三十一下午八时到）》，《慈善近录》1924年刊，第30页。

③ 《赣县分会医院记》，《会务通讯》第28期（1944年5月），第44页。

④ 《赣州分会来电（六月一日下午三时到）》，《慈善近录》1924年刊，第32页；《会务通讯》第28期（1944年5月），第45页。

⑤ 《赣县分会医院记》，《会务通讯》第28期（1944年5月），第45页。

⑥ 《赣州分会来电》（五月三十一日下午八时到），《慈善近录》1924年刊，第32页。

⑦ 《吉安分会理事长胡邦宪之善绩》，《中国红十字会月刊》第19期（1923年5月），第29—30页。

图 3－1　吉安红十字分会救护队在乡村引导妇孺入养病所

由于战事离省城尚远，南昌分会准备出动救护队时，会内曾有不同意见。有的主张等南方军队进至吉安或者樟树镇附近时再出动，有的主张战事激烈，不如作壁上观。南昌分会会长罗兆栋认为：“现战线虽远，总在江西境内，职责攸关，曷能趋避。且吉、赣两分会盼助甚急，若不往应，殊乖本旨。”[①] 6 月 1 日，南昌分会救护队正式出发战地，并且还制定救护队简章及救护队役规则，使之规范[②]。此后，南昌分会运送伤兵至省城，络绎于途，寄宿军人充塞分会及病院。

① 《中国红十字会月刊》第 23 期（1923 年 9 月），第 21 页。

② 参见《中国红十字会南昌分会出发赣南救护队简章》《南昌红十字分会出发赣南救护队役规则》，《中国红十字会月刊》第 13 期（1922 年 11 月），第 17—18、21 页。

黎川分会成立于1918年，初与悦善堂合并进行。战事爆发后，黎川分会照章组设临时医院、医队，出发救护。由于黎川地处偏僻，缺乏西医，而伤兵却非西医治疗不可。黎川分会遂聘“邵武冯君仲泉为西医主任，将乐俞君振俭为医队长，本邑杨君鹄夫为助医员兼看护妇，备办药品进行一切手续，出发南城、南丰”①。据报道，黎川分会“计在安济桥下□拯粤军两名”，“嗣因枪弹如雨，未能前进，乃引□难民四百余人出险”②。此后，黎川附近战事渐息，会长刘慎五“督率救护人员，所经战线十五里”③。时军队中虽设有军医，但是“就分会医院诊治者十居八九”，咸称奏效，总计治愈治疗军民逾万④。

除了赣县、吉安、南昌、黎川分会外，吴城分会亦出队组织救护，宜黄分会设立妇孺救济会，抚州临川分会也预备出队救护，甚至湖北汉口分会也来赣助救⑤。各分会纷纷行动起来，实为一时之佳话。

图3－2　抚州红十字分会分设临时时疫医院

此次赣战救护，江西各分会表现极为出色。江西督军陈光远致电总会办事处称：“赣南发生战事，承两分会（赣县、吉安分会——引者注）

① 《中国红十字会月刊》第23期（1923年9月），第18页。

② 《万县黎川分会之来电》，（上海）《民国日报》1922年7月12日。

③ 《江西红会之服务报告》，（上海）《民国日报》1922年7月18日；又见《红会所得之江西战讯》，《申报》1922年7月18日。

④ 《中国红十字会月刊》第23期（1923年9月），第18页。

⑤ 《覆汉口分会电（六月十七日十二时发）》《抚州分会来电（六月廿一日上午八时到）》《江西总司令来电（七月四日上午九时半到）》，《慈善近录》1924年刊，第37、38页。

驰往救疗，深为心感。”[①] 红会践行博爱恤兵之宗旨，虽为应尽职责，但造福地方匪浅。有诗赞云：“枪林弹雨霎时空，卷地腥氛血溅红。忍见疮痍惊满目，那堪叱咤还雄慈。慈云普济深资护，苦海超升不计功。寄语双方诸健者，共筹方略早和戎。”[②]

此外，北军溃败途中的焚掠之举，更给民众带来沉重灾难。据报道，“北军退出赣州时，将大街三条烧尽，退至吉安时，又将河街全行烧尽”[③]。各分会积极设立妇孺救济所，救济妇孺难民，全活生命无算。特别可贵的是，各分会能够相互协助，统一救护行动。南昌、吉安分会在接到赣县分会报急后，一面积极准备出队救护，一面相互协商救护之法[④]。总办事处也希望各分会能够相互协助，在得知南昌、吉安分会出队救护时，致电赣县分会称：“南昌、吉安分会已报出队救护，希迳联合办理，双方保护。”总会购置药品两大箱，也先通过南昌分会再转往其他分会[⑤]。

（三）赣粤战争救护

孙中山第一次北伐之后，赣南战事一度沉寂。随后，江西政局发生变化，赣督陈光远辞职，北京政府任命蔡成勋节制全省军士。蔡成勋入赣之后，任命方本仁为赣南镇守使[⑥]。方本仁与陈炯明联络，在 1923 年先后多次从赣南攻击广东。黎川分会、吉安分会、赣县分会在此役中的救护颇有成绩。

战事虽由赣南而起，但是蔓延而东，黎川等地也有战事发生。黎川分会由于经费支绌，只能由会员各自解囊，设立临时医院，并延请医生、购置药品、组织救护队准备出发战地。随着战事的发展，6 月底，南北两军在黎川城的西安济桥展开战斗。黎川分会一方面派出救护队设立临时医院，开展救护；一方面在城内设立妇孺救济所。7 月中旬，战事逐渐向南城、南丰等地蔓延，会长刘慎五率领救护队四处奔走，设立军民疗养医院，开展救护及掩埋等事，总计住院“病者伤者已达五千余

---

① 《江西陈督军夏电（六月六日上午八时到）》，《慈善近录》1924 年刊，第 34 页。

② 《红十字记事诗》，《中国红十字会月刊》第 19 期（1923 年 5 月），第 33 页。

③ 《赣省北军溃退大焚掠》，（上海）《民国日报》1922 年 6 月 10 日。

④ 《南昌分会来电（五月念八日下午三时到）》，《慈善近录》1924 年刊，第 30 页。

⑤ 《复赣州分会（六月一日上午十时发）》《电复吉安分会（六月十七日发）》，《慈善近录》1924 年刊，第 31、37 页。

⑥ 参见钟起煌主编、何有良著：《江西通史 · 民国卷》，江西人民出版社 2008 年版，第 34 页。

名之多，均经医治痊愈”①，战地救护遂告一段落。

战事爆发后，吉安分会随即派出医队救护伤兵、掩埋尸体。“无论军民门诊，不取挂号，住院概未收膳宿、药资，遇有病故或漂尸等均由分会购具衣棺掩埋”，而且由于战事激烈，吉安分会派医生往船上救治受伤士兵②。随着战事告一段落，10 月 29 日，吉安分会理事长胡邦宪携医院及掩埋汇册十本向总会办事处报告成绩：

（一）医院诊断及收治伤病数：

第十二师属旅团营连官长士兵就诊，自六月二十起至八月二十日止，计门诊三千九百五十九人，住院一百六十四人，系分会三处医院集缮；

第九旅属团营连官长士兵就诊，自六月二日起至八月三十一日止，计门诊一千九百二十三人，住院四十二人；

第九旅属团营连官长士兵就诊，自九月一日起至十月三十一日止，计门诊三千一百六十四人，住院三十四人；

援赣军近畿一师属旅团营连及输送队、药弹护送队等官长士兵就诊，自六月二十四日起，至八月三十日止，计门诊二千二百五十二人，住院二百三十八人；

第三混成旅属团营连官长士兵就诊，自六月二日起，至八月三十日止，计门诊以前五百零七人，住院一百三十五人；

江西陆军第二旅属团营连，六月二日至二十日，就诊四十六人，住院五人；

省院三团，六月三日至八月四日，就诊二十三人，住院二十人；

援赣军绥远第一混成旅八月七日至十八日，就诊九人；

江西宪兵营六月六日至十六日，就诊五人；

警备队第五营，六月七日至八月二十八日，就诊二十七人；

赣南镇守使署，六月十七日至二十九日，就诊十九人；

广西陆军及广西边防军，七月二十六日二十七日两日，就诊三人，住院七人；

吉安警察所及水上警察队，六月一日至八月二十九日，就诊一百二十五人，住院二人；

商民农工商挑差役各等人，六月一日至八月三十一日止，门诊一千三百二十八人，住院八十八人；九月一日至十月三十一止，门诊一千五

① 《中国红十字会月刊》第 23 期（1923 年 9 月），第 16 页。

② 《吉安分会医院及掩埋队之列册陈报》，《慈善近录》，1924 年刊，第 119 页。

百五十六人，住院十一人；

十月一日起至月底止，江西陆军及第九旅及近畿一师兵站司令部及江西第五警察及吉安警察所及人民等，门诊一千二百五十三人，住院二十人。

（二）掩埋尸体数：

六月七日起至九月十七日止，吉埠水面救护队捞获浮尸及掩埋路毙一百六十四人；

救护队出发泰和、万安等处，顺道所捞浮尸及掩埋路毙，六月五日至十七日，七十六人，皆无姓名可查，仅将尸状列入册中，均为备棺掩埋，或有实体膨胀，难装入棺，则以杉板盛埋之①。

此外，万安分会也出动救护队展开救护。8 月，万安分会即向总会办事处致函称："时局杌陧，地方不靖，兵匪窜扰，时有死亡，除照章出队救护外，乞通饬保护为感。"②

早在 1922 年 12 月，正值粤北战事激烈，军事当局电促赣县分会出发救护。不料，赣县分会因理事长熊景章刚刚病逝，代理事长又因病休假，一度处于一片混乱之中。值此关键时刻，分会代议事长张逸凡召集常议事会，公推刘佐尧为临时理事长，古可庄为医院院长③。因受援粤军总司令多次敦促，赣县分会于 1923 年 5 月 9 日由古院长率领救护队出发，并在大庾设立临时病院，"截至七月十七日止，计共收容住院伤病一千零一十四人"④。8 月事平，医院撤回。进入 12 月，粤北战事又趋激烈。12 月 10 日，赣县分会致电总办事处称："粤省北江战事激烈，所有伤兵来会日多。现在将平时医院改为临时医院并拟组织救护队，请分电江西蔡督理，广东孙大元帅，迅速转令前敌各军司令照约保护，并乞复电遵办。"⑤ 12 月 12 日左右，战事向始兴、南雄一带蔓延，赣省震动。12 月 27 日，总办事处接到赣县分会致电称："至初八日，援粤总司令部李副官长在敝分会商拨医员三人往后方医院协助医疗，并接前方陆续送来伤兵多名，当将分会平时医院改为临时病院收容治疗并一面组织救护队，准备出发。"⑥

---

① 《吉安分会医院及掩埋队之列册陈报》，《慈善近录》1924 年刊，第 119 页。

② 《万安分会出发救护队（请赣督通饬保护）》，《慈善近录》1924 年刊，第 104 页。

③ 《会务通讯》第 28 期（1944 年 5 月），第 45—46 页。

④ 《赣州分会大庾临时病院救疗伤病之多》，《慈善近录》1924 年刊，第 116 页。

⑤ 《江西赣县分会救护粤边战事往来电》，《慈善近录》1924 年刊，第 135 页。

⑥ 《江西赣县分会救护情形之函报》，《慈善近录》1924 年刊，第 141 页。

（四）福建军阀战争救护

赣南战事刚刚沉寂下去，赣东战事反而激烈起来。1922年，直系常德盛部在曹锟、吴佩孚的督促下，取道赣东进入福建作战。11月中旬，先后占领光泽、邵武、建宁、长乐等县；12月中旬，所占地区又被福建军队王永泉部收复，率师退往江西，福建局势基本稳定下来。但是，吴佩孚重新调动孙传芳部队开往福建，福建战事又起①。

闽战发生后，主要战场虽不在江西境内，但黎川乃"军队经过之地"，救护职责并不稍减。1922年10月29日，常德盛部与王永泉部在杉关接触，战斗打响，双方互有伤亡。黎川分会将受伤兵士均抬回分会留守疗养院医治，每日伤兵病兵平均计达百余号②。后由于战事甚为激烈，黎川分会立即组织三支救护队，"第一支救护队出发洵口，第二支队出发德胜关，第三支队由慎五躬率驰赴光泽邵武，设立临时疗养院于邵邑城内之宝林寺"，临时医院开办一月有余，"计医愈伤病兵达六千余名"③。常德盛部进展颇为顺利，逐渐占领光泽、邵武、建宁、长乐，战事暂告一段落。不久，双方军队再次集结于赣闽边境，战事再发。黎川分会收治伤兵"每月门诊在一百名以外"④。随着常部渐渐失利、退却，黎川分会集中精力主要用于收治伤兵。从1923年的3月初到月底，"每日门诊平均仍在百号左右"；从4月开始到5月，伤兵收治逐渐减少，"每日就院疗治之伤兵在七十□左右"⑤。时当夏季，天气炎热，伤兵易患疫症。黎川分会遂组织筹办时疫医院，收治疫症士兵，"其均平之号数仍在七十余号左右。"⑥

除了战地救护及伤兵救治外，黎川分会在维护地方稳定方面也有许多成绩，试举三例：一是常部军队驻防黎川时，满城士兵，乡人畏葸，不敢露面经营商业。会长刘慎五两面奔走周旋，苦口婆心，劝告恢复市面，商民稍幸。二是常军曹营部下意图哗变，居民异常恐慌，还是刘慎五不避危险，躬诣营部报告，经过营部出队巡逻，哗变士兵无从着手，

① 吕秋心：《北洋军阀统治时期福建各派势力的军事斗争》，《福建史志》1993年第3、4—5期。

② 《中国红十字会月刊》第23期（1923年9月），第17页。

③ 《中国红十字会月刊》第23期（1923年9月），第17页。

④ 《黎川分会救护伤兵》，《慈善近录》，1924年刊，第60页。

⑤ 分见《黎川分会救护兵灾之续报》《黎川分会治疗援闽病兵》《黎川分会治疗留守黎川孙周军队》《黎川分会救疗病兵之报告函》，《慈善近录》1924年刊，第66、71、72、90页。

⑥ 《黎川分会救疗病兵之报告函》，《慈善近录》1924年刊，第90页。

遂解散，地方得保安全。三是常军由福建溃败至赣境，散兵游勇有两千余之多，危害地方安全。刘慎五设法维持，将各溃散士兵妥为收容、招待，将危机化解①。黎川分会的善绩得到地方的一致赞颂。

这次赣粤战争救护和与福建军阀混战的救护，主要由黎川分会、吉安分会及赣县分会开展。其中，黎川分会除出发救护队、设立医院疗治伤兵外，还多次为地方排忧解难，维持了当地的稳定；吉安分会救护掩埋，不遗余力；赣县分会设立临时病院，派救护队出发战地救护，医治伤兵，成绩斐然。总之，各分会表现优秀。但是这时期的救护活动以分会自行救护为主，相对来说，分会之间缺乏一些合作。

（五）北伐战争救护

1924年，孙中山在共产国际及中国共产党的帮助下，在国民党内确立了“联俄、联共、扶助农工”的三大政策。1925年3月，孙中山逝世。为了推翻北洋军阀的残暴统治，国共两党继承孙中山的遗志，毅然在1926年7月开始进行北伐。起初，北伐战争的主战场是两湖，从1926年9月后，北伐军从赣西、赣南、赣西北攻入江西，开辟了江西战场。由于战事激烈，双方损失惨重，以10月3日的德安之战为例，北伐军第七军死伤2000余人，阵亡团长一员，歼敌千余人，俘虏无算。是役为该军北伐以来争战最为惨烈的一次战役②。此外，南昌城历经两军三次争夺，受损严重，民房商店尽数烧毁，大火延烧两日不灭，滕王阁亦在大火中化为灰烬，这是滕王阁于1909年重建以来的又一次焚毁③。

战事发生后，江西红十字会天职所在，立刻组织救援。首先行动的是吉安分会。9月29日，吉安分会致电总办事处称：“吉安军事紧急，现组织医队就绪，整装待发，并已添设野战医院、妇孺救济所，务恳钧处火速分电双方各军事长官通饬部属切实保护为感。”④ 进入11月，战事逐渐北移，吉安本地无事。但邻县军事紧急，吉安分会便不分畛域，仍准备组织医队出发救护⑤。

吴城分会地处要冲，也立刻组织救护队，开办妇孺救济所，并致电

---

① 《中国红十字会月刊》第23期（1923年9月），第23—24页。

② 李宗仁口述、唐德刚撰写：《李宗仁回忆录》（上），华东师范大学出版社1995版，第396页。

③ 钟起煌主编、何有良著：《江西通史·民国卷》，江西人民出版社2008年版，第109页。

④ 《赣战声中红会救济讯》，（上海）《民国日报》1926年9月30日。

⑤ 《赣省红会救护战事之来电》，《申报》1926年11月13日。

总办事处请求转电军事长官保护。中国红十字会总办事处随即致电孙传芳称："现因战事发生，分会出发救护，并设医院及收容所，以资救治，请为电恳饬属妥为保护等情，相应电请，务祈俯准，凡在该处沿战线分会出发救护队，饬属一体保护，感甚。"① 至11月27日止，吴城分会"业经疗治伤病二千余号，并设立妇孺救济所八处，收容战区避难妇孺，并每日备薄粥两顿，以维生命"②。

由于南昌城是两军交战争夺的重点，双方数次易手，"战事之烈，实所罕见。溯自阴历八月起，截至于今，犹未结束，伤亡满目，流离载道，惨不忍睹"。激烈战事导致损毁非常严重，南昌分会也一度陷于停顿状态，但红会同人不忍坐视，重新出来收拾局面，"曾经敝会掩埋者，竟达二千余人，收容难民伤兵，亦在四千以外"③。北伐军占领南昌城后，由于俘虏甚多，于是便转托"（南昌）红十字会将老弱伤病者解回原籍，俾免随军受苦"④。

九江分会的救护成绩最为卓著。北伐战争爆发后，九江分会正处于"一文莫名"之窘境。为了筹集资金，各资深会员如金籽农、余讱安、韩毓棠、邹秉松等"热心互助、四处呼吁"，一面劝募会员，一面量力垫款达万元左右。资金粗备，万事易举。就在北伐军即将攻破九江的前夕，10月16日6时许，一艘载满孙传芳联军千余士兵及武器弹药、棉被棉衣、卫生材料等军需品的"江永"轮船刚抵达九江港，突然起火爆炸，延烧一昼夜后逐渐沉入江底。据统计，该船船员死亡88人，士兵死亡不少于1000人，船上物品尽数烧尽⑤。"江永"轮失事后，爆炸不断，虽救护不易，但红会天职所在，立刻采取行动。首先会同其他慈善机构，如九江卍字会等一同打捞收葬尸体，九江分会"捞获尸身掩埋四百余具"；其次是救治幸存船员、士兵出险，"给以衣服御寒，赠以川资回籍者三百余人"⑥。此后，北伐军攻占九江，但仍有北军士兵持械留守，九江分会"当此出生入死之时，冒险四出，宣传劝导弃械东归者尽

① 《红会吴城分会请保护》，（上海）《民国日报》1926年9月26日。

② 《江西会馆董事会纪》，（上海）《民国日报》1926年11月27日。

③ 《南昌红会乞赈电》，《申报》1926年11月2日。

④ 《蒋总司令爱护俘虏之周至》，（上海）《民国日报》1926年11月28日。

⑤ 中国人民政治协商会议江西省九江县委员会文史资料研究委员会编：《"江永"轮爆炸事件始末》，《九江县文史资料选辑》第1辑，1985年版，第43—50页。

⑥ 詹鸣球：《报告：九江分会十七年纪略》，《中国红十字会月刊》第14期（1936年8月），第75页。

量收容，不使挺（铤）而走险，地方赖以安全”①。九江分会总计在九江收容伤兵经救治痊愈者达 2000 余人。

除了在九江的救护及掩埋行动，九江分会还前往南昌等地实施支援。由于南、北两军在南昌城展开多次争夺，地方混乱不堪，仅靠南昌的善团组织很难支撑局面。因此，九江分会“不分畛域，由曾君嘉麐等垫省券洋二十元，偕同黎君舫琴、范君仲文、于君振寰不避危险，驰往省垣，会同各公团筹设妇孺收容所，全活数百”②。此外，为了避免疫病的发生，九江分会还派掩埋队沿南浔路直达永修境内收埋尸体 2000 余具。

此次北伐战争救护，江西各分会面临着严重困难：一是资金困难。如九江分会称：“敝会职责所在，一面疗治疮伤，一面分运食粮。拯救有心，点金乏术。”③ 南昌分会也称：“敝会同人虽乐于解囊，究以财力单薄，诚恐半途而废，有负初心。”④ 因此不得不请求上海慈善人士施以援手。而且，中国红十字会总会由于各种原因，在此次战地救护中表现消极，既没有组织、协调分会的战地救护，也几乎没有组织募捐等活动，更遑论支援江西红十字会的救援了。二是环境恶劣。前几次战灾救护，各分会所在城市很少有剧烈战事发生。但是这次北伐战争，各分会所在城市无一幸免，都处于战火之下，尤其是南昌与九江。如九江分会电称：“章贡不幸，连年水旱偏灾，加以今庚惨罹兵戈，江轮浩劫。南昌省会当时坐困危城，惨遭劫掠，十室九空，城外精华，惨付一炬，陈尸数万，焦火盈途，较之武昌更甚。刻下穷苦者嗷嗷待哺，饥寒交迫，若不救济，靡有孑遗。”⑤ 此言所说不虚。在克服严重困难的情况下，江西红十字会及其他慈善组织仍尽力实施救护掩埋等活动，成绩斐然，值得称赞。

三、抗日战争救护

1937 年 7 月 7 日，日本悍然发动卢沟桥事变，开始了全面侵华战争。在这场全民族的抗战中，中国红十字会作为人道主义团体，展开了规模宏大的战地救护行动，为抗战胜利做出了巨大贡献。江西红十字会也力所能及地开展救护活动，为抗战尽一分力量。

---

① 詹鸣球：《报告：九江分会十七年纪略》，《中国红十字会月刊》第 14 期（1936 年 8 月），第 75 页。

② 詹鸣球：《报告：九江分会十七年纪略》，《中国红十字会月刊》第 14 期（1936 年 8 月），第 75 页。

③ 《九江分会请募灾赈》，《申报》1926 年 11 月 12 日。

④ 《南昌红会乞赈电》，《申报》1926 年 11 月 2 日。

⑤ 《九江分会请募灾赈》，《申报》1926 年 11 月 12 日。

（一）总会救护总队的战地救护

1938 年春，总会成立了救护总队，专门负责军事救护工作。由于战事关系，救护总队先迁长沙，继迁祁阳，最后迁至贵阳图云关。救护总队向各地分派工作队，以收救护之效。在 1938 年 6 月，江西分布救护队、医疗队等共 17 支。1938 年 11 月底，江西驻有救护总队第三、第四大队以及第 9 中队，都暂驻吉安，第三、第四大队大队长分别是汤蠡舟和尹弈声，第 9 中队的队长由尹弈声兼任，共下辖 66、76、77、72、17、27、33、4、26 队①。因战局变化，医疗队、救护队也因时制宜加以调整。1940 年，第三大队仍然驻在吉安，大队长汤蠡舟兼任第 12 中队队长，驻马安权，下辖 77、71、48、4、58 各队。其中，77 队随师部驻奉新。58 队随师部驻高安，48 队驻上高兵站医院，4 队驻峡江兵站医院，71 队驻后方之永和，每队定额为 3 名医师、6 名护士、8 名助理员、1 名事务员。但是由于人手有限，48、4 两队暂时缺少 1 名医师，71 队也仅有 2 名医师、6 名护士、5 名助理员②。1942 年 12 月下旬止，救护总队驻江西的医疗队分布如下表：

表 3－1　救护总队医疗队在江西分布表（1942 年 12 月）

中队	中队长	区队	区队长	工作		驻在地
				军	医　院	
31	黄兴汉	311	黄兴汉兼	25 集团军		江西江山
		312	魏　方	19 师		江西南丰
33	李昊盘	331	李昊盘兼		民众诊所	江西浮梁
		331	潘立人	100 师		江西黎川
35	田曾基	352	罗玉森	21 军		江西婺源
17	陈生白	191	陈生白兼		民众诊所	江西上饶
		192	黄英兰			江西上饶
74	周家声	741	周家声兼		民众诊所	江西赣州
		742	敖国辉			江西赣州
11	李景泌	111	李景泌兼	73 军	34 收容所	江西修水
		112	冯作新			江西修水

① 《本会救护委员会工作报告》，中国第二历史档案馆档案，编号：苏 038，转引自池子华：《红十字与近代中国》，安徽人民出版社 2004 年版，第 326 页。

② 贵阳市档案馆编：《战地红十字——中国红十字会救护总队抗战实录》，贵州人民出版社 2009 年版，第 148 页。

（续表）

中队	中队长	区队	区队长	工　作		驻在地
				军	医　院	
13	周知礼	131	周知礼兼	11 集团军		江西上高
		132	杨玉初	2 挺进队		江西靖安
14	王文浚	141	王文浚兼	58 军		江西分宜
15	侯崧生	151	侯崧生兼		138 后院	江西万安
		152	钱兆元	吉泰师营处		江西吉安

资料来源：《中国红十字会救护总队部各医疗队配属表》，贵阳市档案馆编：《战地红十字——中国红十字会救护总队抗战实录》，贵州人民出版社 2009 年版，第 493—498 页。

从表 3 - 1 中可见，1942 年，在江西一共分布有 16 个区队，分别配属军队或自设诊疗所，进行医疗救护。其中，第 31、33、35、17 中队属于第三大队，服务于第三战区；第 74 中队属于第七大队，服务于第七战区；第 11、13、14、15 中队属于第九大队，服务于第九战区。救护总队向江西分配各医疗队后，各队开展了一系列战事救护行动。例如，1941 年 3 月，日军为了消灭第九战区第 19 集团军主力，巩固对南昌的占领，发动了上高战役。此次战役，中国军队奋勇反击，浴血奋战，以伤亡 9000 余人的代价，毙伤日军约 15000 人。何应钦在抗战总结中认为："依过去作战敌我军数量比较，不能不认为此次战果相当伟大也。"①

救护总队负责此次战役救护工作的是第 12 中队。其中，第 771 医疗队随军实施战地救护，后随新 3 军进驻宜台，在此从事诊疗及环境卫生工作。至 12 月，该队总计施行手术 3 次，敷伤 130 次，门诊军人 58 人，门诊平民 10 人，治愈传染病伤寒患者 1 人、痢疾 3 人、疟疾 51 人，施行特别营养 32 人。第 581 队在 58 师野战医院工作，每日随野战医院施行敷伤工作，并为伤兵进行救治、换药。第 481 队担任第 19 集团军总部门诊工作。该队在战事激烈时，随军部野战医院施行敷伤工作，并在道所设立茶水站及制作简单的特备营养，以供过境伤病兵饮食。战事结束后，该队在分宜随军进行医疗护理及环境卫生工作。此外，该队还设立灭虱站，设法清洁伤病兵衣被，施行清洁护理工作。经过该队的护理，74 军野战医院环境卫生有了很大改善，传染病也得到有效控制②。

① 何应钦：《八年抗战之经过》，金文图书有限公司 1982 年版，第 164 页。

② 戴斌武：《中国红十字会救护总队与抗战救护研究》，苏州大学 2011 年博士后出站报告，合肥工业大学出版社 2012 年版，第 137—138 页。

第77中队成立于1939年2月，此时正随军队医院在高安前线服务。战事结束之后，全队赶赴永和后方医院，协助救护战场伤兵。4月19日，前线转来重伤兵士90人，伤兵20人，由该队分别治疗。“手术室由马中队长、王钰队长负责，每日早六时开始治疗，每日工作甚为紧张”，马中队长甚至由于工作劳累而病倒。第77中队工作两月有余，共计救治重伤病员108人，痊愈归队者60人，伤员基本痊愈归队①。

抗战时期，由于战事进行极为激烈，而分会力量有限，战地救护往往无从着手，因此救护总队成为这时期战争救护的主力。当然，江西仅有的南昌、赣县分会也开展了力所能及的战地救护活动。

（二）江西红十字会的救护

全面抗战爆发初期，日军铁蹄尚未进逼江西。作为抗战后方，江西各分会积极做好收治伤员的工作。1937年11月—1938年1月，南昌分会总计收容伤病人数达到2651人②。收容伤兵的费用，除伙食由国民政府军政部发放外，一切衣被、药品都由分会自筹③。南昌分会处置有方，得到总会视察专员的好评。

为了进一步做好战地救护的准备，1938年初，南昌分会还与救护总队驻赣第九大队合作，举办了5期红十字卫生急救训练班，吸收了南昌、新建、丰城、安义、永修、德安、星子等县的青年医生300人参加学习。通过培训班，南昌分会将战地救护知识传授给这些青年医生及当地人民群众，并组织成立了民众救护队。1938年6月以后，日军开始溯江而上侵犯武汉，并沿南浔线南进占领江西，随即中日两国军队在赣北发生战斗。赣北战事爆发后，南昌分会组织救护队并偕同民众救护队参加了隘口、万家岭、万埠、高安、南昌城郊等地的战场救护④。

随着战事的发展，日军压境，南昌分会一方面积极协助难民迁离南昌⑤；一方面向省政府民政厅呈准迁往兴国办公，并于1938年11月20日起程，12月5日到达兴国，驻在北门城外曾家祠内⑥。随后，南昌分

---

① 《会务通讯》第20期（1943年9月），第29—30页。

② 《红十字南昌分会收容伤兵人数表》，贵阳市档案馆藏：《救护总队档案》，40-3-205。

③ 《中国红十字会月刊》第32期（1938年2月），第55页。

④ 《江西省卫生志》编纂委员会编：《江西省卫生志》，黄山书社1997年版，第348页。

⑤ 《中国红十字会月刊》第39期（1938年9月），第17页。

⑥ 《中国红十字会月刊》第43期（1939年1月），第12页。

会继续担任后方医务工作，并设立救护队实施战地医疗救护①。

图 3－3　九江分会救护队成立合影

在历次战争中，江西红十字会组织救护掩埋各队，救伤恤难，罔不用力，真正实践了“博爱恤兵”的人道主义精神。江西红十字会的救护掩埋活动，减轻了伤兵肉体上的伤害，也给江西民众带来了精神的慰藉。此外，江西红十字会的救护行动，是中国红十字运动的重要组成部分。江西红十字运动的兴衰荣辱，也是中国红十字运动发展的一个侧面。

第二节　灾害救济与医疗服务

晚清时期，人们就认识到红十字会宗旨，“在平时救灾恤邻，以辅行政之不及，战时扶伤拯弱，以补军臣之缺憾”②。救伤瘗亡自然是红十字会的天职所在，而拯饥救难、赈灾扶困也是红会分内之事。1912 年，《中国红十字会章程》规定，红十字会“在平时应募集款项，设立医院造就医学人才，置办医务材料，并振济水旱偏灾，防护疫疠及其他各项危害”③。

近代以来，江西水旱灾害频繁，疫疠丛生。因此，赈灾救荒与疫病防治也成为继战地救护外江西红会的主要工作内容。总会及江西红十字会广泛参与灾害救济与疫病防治活动，为江西慈善事业做出积极贡献。特别是总会，在灾害救济中，总会发挥的作用可能比分会更为重要。

① 《江西省卫生志》编纂委员会编：《江西省卫生志》，黄山书社 1997 年版，第 348 页。

② 《军谘处奏详核红十字会原奏敬陈管见折》，《申报》1910 年 6 月 19 日。

③ 《中国红十字会章程》，《中国红十字会杂志》第 1 号（1913 年 5 月），第 50 页。

一、灾害救济

（一）历次水灾救济

1915年7月中旬以来，江西"大雨如注，山洪暴发，冲毁城垣，平地水深丈余，淹毙人口无算"①。万安、泰和、吉安等处损失最为惨重，吉水、新干、丰城、南昌、新建等县也遭波及。水灾过后，灾民众多，饿殍载道。11月初，江西巡按使戚扬致电中国红十字会总办事处求援："赣省近年水患频仍，今夏灾情尤巨，万安、泰和、吉安、临江等县灾民十余万之多，村社田庐，漂没殆尽，哀鸿载道，惨不忍言。虽请帑筹捐藉资补救，惟将届冬令，民情困苦，饥则无食，寒则无衣，来日方长，嗷嗷待毙。环顾灾众，寝馈难安。因思贵会好善为怀，对于粤浙等省，一经呼吁，无不立沛甘霖，毅力热心，钦仰无既，赣省事同一律，定荷哀矜，若蒙派员调查，协筹赈抚，则昏垫余生，悉受嘉惠。"②

红会"营救灾难，一视同仁，自应继续进行，拯兹痛苦"③。接到乞赈电文后，总会总办事处一面在《申报》上刊登募捐启事，一面派苏筱斋前往灾区调查灾情。据该调查员电称："该埠灾民嗷嗷待哺，当此隆冬，无衣无褐，露宿荒郊，饥寒交迫，号哭之声，惨不忍听，务乞速汇巨款以放急赈，并寄棉衣以御寒冷。"④ 同时，《大公报》上也刊登了江西的灾情惨状，并请求社会各界捐款，"兹据该员详报泰和灾情用亟，照录以供众览，想世之好行其德者，当必慨解囊金，以拯此垂毙灾黎也"⑤。通过广泛的宣传与动员，社会各界捐赠踊跃。如丁梅庵先生已将身后余资指定捐给红会以助灾荒，此时则指定捐给江西洋300元；名誉会员黄涵之先生特捐助棉衣200件给江西灾区⑥。

12月21日，总会特制的第一批棉衣运往南昌交由省公署发放，第二批棉衣也正在赶制中。江西巡按使复电总会办事处称："万邑灾重，贵会悯念哀鸿，运散棉衣千领，温同挟纩，铭感良深，除饬万安县迳向

① 《中国大事记》，《东方杂志》第12卷第9号（1915年9月），第3页。

② 《赣省乞赈电文》，《申报》1915年11月11日。

③ 《中国红十字会敬募江西万泰吉临等县水灾急赈》，《申报》1915年11月10日。

④ 《中国红十字会敬募江西水灾赈款棉衣》，《申报》1915年12月2日。

⑤ 《赣省水灾之惨状》，《大公报》1915年12月5日。

⑥ 分见《中国红十字会敬谢张君》《中国红十字会敬谢本会名誉会员黄涵之大善士》，《申报》1915年12月9日、16日。

南昌分会领受外，谨代灾黎九顿以谢。”[①] 除此之外，为了久安之计，总会还决定以工代赈，修筑堤圩[②]。

1920 年，江西河水暴涨，南昌墨山村一带地处低洼，复与赣河相接，河堤决口数处，尽成泽国，“附近居民之嗷嗷待哺者，不胜其数”。南昌分会会长罗兆栋“购有海参饼、回饼、午时茶、藿香丸、洋火多数，去钱二百余串”，“派庶务周奏乡等带护兵四名，雇舟往河西一带散赈”[③]。

1922 年 5 月下旬，吉安阴雨连绵，洪水暴发，沿河乡村田庐多被淹没。吉安分会临时设立水面救护船只，“救济甚多”。到了夏秋雨季，吉安分会亦在水面捞获上流浮尸 200 余具，均施薄棺殓埋[④]。

1922 年 6 月，刚刚经历战祸的赣县适又暴发山洪，“城东西北，并成泽国”。赣县分会急推会员虞寿丞、刘子宏组成救护队。一面由虞、刘两人督饬救护队扎好五具木排，分赴灾区，救护难民出险；一面购办 1 万余只面包，由曹厚源督率王树庭等会员分别散放急赈，拯救难民[⑤]。

1924 年 6 月以来，江西“霪雨为灾，山洪陡发，河水暴涨，赣江泛滥，已逾千里。省城外百里，尽成泽国，堤溃屋坍，生畜淹毙。灾情奇重，诚近五十年来所未有”[⑥]。南昌分会随即与江西慈善总会、江西总商会等团体组织江西水灾筹赈会，一面“购买实用物品等，分赴各灾区散给，一面积极募捐”[⑦]。同时，南昌分会还派员调查具体灾情，准备施放急赈各事。但是杯水车薪，无济于事。南昌分会遂向总会上海办事处求援，“分会经费困难，心余力薄，际兹浩劫，曷胜感激，况职责攸关，不能不尽力募赈，敢为赣省无数灾黎代呼将伯。……倘蒙助捐接济，当汇送江西水灾筹赈会登报征信，并明谢悃”，总会表示自应筹济募捐[⑧]。当时全国水灾形势严峻，总会上海总办事处分电各地分会，“对于灾区救济事务，嘱为极力进行”，并将应用药品赈款，直接汇寄各处分会散放[⑨]。此后，中国红十字会还联合华洋义赈会、救灾总会成立全国水灾募赈会，继续劝募赈济水灾。

---

① 《赣巡按对于红十字会之感谢》，《申报》1915 年 12 月 23 日。

② 《中国红十字会二十年大事纲目》，中国红十字会总会编：《中国红十字会历史资料选编，1904—1949》，南京大学出版社 1993 年版，第 464 页。

③ 《江西被灾情形之调查》，（天津）《大公报》1920 年 7 月 7 日。

④ 《中国红十字会月刊》第 19 期（1923 年 5 月），第 30 页。

⑤ 《会务通讯》第 28 期（1944 年 5 月），第 45 页。

⑥ 《江西水灾为近五十年来所未有》，《晨报》1924 年 7 月 11 日。

⑦ 《赣省水灾》，《晨报》1924 年 7 月 22 日。

⑧ 《赣四十县被水》，《晨报》1924 年 8 月 18 日。

⑨ 《红会对各省灾区之救济》，《申报》1924 年月 31 日。

1935年，长江流域“淫雨为灾，山洪暴发”，江西洪水再次肆虐。南昌分会随即着手进行赈济灾民。一方面，南昌分会派代表参加江西省党部召开的各界救济水灾会议，由省党部转报省政府速予赈济；另一方面，南昌分会向总会发电求援称：“窃查迩来因雨水过多，山洪暴发，各处多被水灾，如武宁县六月感日报告水位高出城围，庐舍中毁，田禾淹没，人民转徙溺毙者更不计其数，灾民露宿啼饥为状至惨。又鄱阳县六月艳日报告，最近大雨兼旬，水位激增，所有夹山及沿湖之田地，多被沙淹水。圩堤溃决，日前所闻灾民流离失所。同日广丰县报告入霉以来，霪雨不止，迨至上月敬日山洪暴发，城内低处水深近尺，庐舍坍塌，流民载途。丰溪沿岸，人畜漂流，禾稼淹没，损失尤重。弋阳、瑞昌、贵谿、永修、上饶、余干等县均有同时被水成灾流民惨状之报告到省。”①

由于长江流域水灾情况非常严峻，总会专门制定《中国红十字会总会救济各省水灾募捐办法》，共7条，主要内容有：“由本会编造捐簿一百册，呈请内政部盖印发还分送本会救济各省水灾募捐委员会，正副会长暨全体委员分别劝募”，“募捐日期定自二十四年九月一日起至十月三十一日止，期满截止，即将捐簿一律收回”，“一俟募捐有成数，即由本会组织放赈委员会，决定各灾区振款数额之分配。前项放振委员会之人选额数由理监事联席会议决议推定之”，“各灾区振款数额之支配，一经决定后，即由本会将振款分发各该灾区之分会承领该款，并请各该分会主管官署会同当地高级党部监督办理，协助一切。如未设分会之各灾区，即将振款送请各该县政府承领散放。”② 救济办法有了，赈灾就事半功倍。

此外，中国红十字会登报乞赈，请求诸大善士“慨解仁囊，广为劝募，多多益善，源源而来，共济时艰，缨冠往救”③。赈款募集后，总会汇寄善款给各地方分会，其中通过江西红十字会在本省散放急赈，缓解了灾民的痛苦，使不少民众免于死难。

（二）1931年长江水灾救济

在水灾救济中，1931年特大水灾的救济最具有典型性，这里作为“个案”进行较为详细的呈现。

1931年6—8月，长江流域发生了百年罕见的全国性大水灾，合计全

① 《中国红十字会月刊》第3期（1935年9月），第29页。
② 《中国红十字会月刊》第4期（1935年10月），第23页。
③ 《红十字会昨招待新闻界》，《申报》1935年8月9日。

国水患波及者达23省，灾民1亿，遭洪灾吞没者370余万人[①]。其中，受灾最重的是鄂、湘、皖、苏、赣、浙、豫、鲁八省。赣省属于重灾区之一，据报道："赣省连日霪雨为患，低洼之处，因山洪暴发，尽成泽国者，以永修、德安、九江、湖口、丰城、新淦、峡江为最甚，他如吉安、安福、万安，亦皆苦雨，田禾类多淹没。"[②] 九江是江西的重灾区，时任驻德公使的蒋作宾此时途经九江，他在日记中记载了当时的灾情："九江连日山水暴发，沿途水涨二尺余。到九江时，街市多被淹没。赴大东旅社须用船渡，大街小巷多系船只来往。"[③] 据《江西年鉴》后来的统计，全省冲倒房屋两万余栋，淹没冲毁田稼200余万亩，总计损失财产在2000万元以上[④]。与全国其他省份相比，江西情况比较特殊。江西刚刚经过了两次反"围剿"战争，而国民党军队在1931年7月1日又开始了对中央苏区的第三次"围剿"。天灾加上人祸，江西的灾难越发沉重。

早在水灾暴发之前，受国共内战的影响，江西灾民遍地。1931年初，中国红十字会迭接江西慈善团体的乞赈电报，如江西省赈务会称："'赤匪'出没，几遍赣省，灾情实甲全球，积骸全野，流离载途，有家难归，有田难种，千疮万孔，十室九空。千恳组织赣灾视察团，携款来赣援救，迫切陈情，谨代灾黎呼吁。"[⑤] 救灾如救火，1931年5月27日，淞沪警备司令、江西安义人熊式辉发起成立江西急赈会，"计即席募得总数达十一万五千元"[⑥] 的捐款。江西急赈会办公地点附设于中国红十字会，"所有内部办公人员，由红十字会理事长王培元分配指派，任由红十字会职员义务办理"[⑦]。随后开始筹划募捐及赈济办法，并派代表卫锐锋、吴甲三等赶赴江西进行实地调查。

令人始料未及的是，进入6月以后，江西突遭大水侵袭，救灾形势越发严重。九江分会一面着手赈济，一面致电中国红十字会报告灾情："其幸而得生者，扶老携幼，日夜露宿高阜，日炙水蒸，忍饥待毙不下数十万人，遍野哀鸿，惨不忍睹，实为数十年来未有之奇灾。"[⑧] 九江分

① 李文海等著：《近代中国灾荒纪年续编》，湖南教育出版社1993年版，第291页。

② 《一片水灾呼吁声——红十字会》，《申报》1931年8月4日。

③ 《蒋作宾日记》，第343页，转引自李文海等著：《中国近代十大灾荒》，上海人民出版社1994年版，第211—212页。

④ 根据江西省政府统计室1936年出版的《江西年鉴》第708—709页数据统计而来。

⑤ 《江西省赈务会之呼吁》，《申报》1931年5月4日。

⑥ 《熊司令发起赣灾》，（上海）《民国日报》1931年5月27日。

⑦ 《赣振会开始办公》，（上海）《民国日报》1931年5月28日。

⑧ 《中国红十字会月刊》赈灾特号，第1卷3、4、5、6、7期合订（1931年11月发行），第36页。

会请求中国红十字会能够“速予急赈拨款若干，以资救济”。南昌分会一面准备进行赈济，一面也与中国红十字会联系，互通消息。

为了拯救江西难民，中国红十字会计划出动救护队及设立妇孺收容所。6月11日，中国红十字会致电南昌分会询问是否可行[①]。得到肯定的答复后，中国红十字会筹划赈济江西灾民办法，“赈济方法，分为缓、急二种。关于急赈，除已组织救护队开拔来赣，分赴被灾各区，救护灾民外，并派卫秘书携带巨款来赣，前往各灾区按名散赈；至缓赈办法，决定以工代赈，拟乘政府着手办理地方善后时，决在南昌设立工厂，各区设立分厂，实行收容难民做工”[②]。

同时，中国红十字会积极募捐款项，以济灾民。7月28日，中国红十字会向全国发出乞赈公电：“国之不幸，人祸接踵，天灾又降，全国各省无地无之，益以连日大雨，各省水灾又成，来电乞赈，急如星火，灾成难至，惟望国内外各大慈善家，群起挽此浩劫，速解仁囊。”[③] 并推出捐款奖优办法：“为酬答各慈善家善举起见，凡捐款十元者，推赠普通会员；捐款二十五元者，推赠为正会员（即永久会员——引者注）；捐款二百元，或代募捐款一千元以上者，推赠为特别会员；捐款一千元，及代募捐款五千元以上者，推赠为名誉会员；如曾经入会之会员捐款或代募者，则增进其会员阶级，或转赠其父母兄弟妻子与亲友；其特别出力者，由本会常议会酌议嘉奖。”[④] 红会并做出专款专用的承诺。

为了便于赈济，江西当局将全省灾区划分为9个区，分区进行赈灾。红会查灾员吴甲三、卫克强以第5区赣县、兴国一带“灾民云集，待哺嗷嗷”，将所拨赈款提出5000元散放急赈，以免饿毙[⑤]。9月12日，中国红十字会召开常议会，王培元在会上报告江西急赈会事宜，并议决将赈务进行情况向外宣传，俾得各界助力及理解。中国红十字会在赈救灾民的同时，不断筹资募款，并根据各灾区情况进行适当分配[⑥]。9月24日，中国红十字会对所筹赈款进行分拨：江苏、安徽、湖北、湖南各7500元，江西3000元，河南5000元，浙江、广东、四川各2000元。“其散放手续，

① 《上海江西急赈会调查赣省灾情》，《南昌新闻日报》1931年6月11日。

② 《中国红十字会派员来赣赈灾》，《南昌新闻日报》1931年7月25日。

③ 《中国红十字会为各省水灾乞赈》，《申报》1931年7月28日。

④ 《中国红十字会为各省水灾乞赈启事》，《申报》1931年8月24日、9月3日。

⑤ 《江西天灾人祸之救济》，《申报》1931年8月6日。

⑥ 孙柏秋主编，池子华、杨国堂等著：《百年红十字》，安徽人民出版社2003年版，第195页。

由各该地红十字分会，会同地方公私机关团体，共同散放。”[1]

此次水灾救济，凸显了总会与分会的协作。水灾发生后，江西红十字会一面组织各种救济，一面将灾情报告给总会，请求总会援助。总会在救济水灾的时候，更多地依靠地方分会作为救济的组织基础，比如调查灾情、散发赈款。二者相互配合，相得益彰。由于地方分会往往能力有限、资金不足，而总会在筹措善款、调动资源方面的能力较为突出。所以，在救灾中，总会对地方分会的援助至关重要，没有总会的善款助力，分会的救济则可能捉襟见肘。

（三）其他灾害救济

水灾之外，旱灾、风灾也是造成重大损失的自然灾害。此类灾害一旦发生，红会自然义不容辞。在民国初年就爆发了一场旱灾。1913 年，江西刚刚经历“二次革命”战火，突遭旱灾，灾民枕藉。黎元洪会同江西民政厅长汪瑞闿、宣抚副使赵唯熙致电袁世凯报告旱灾情形，并请求“蠲赈兼施”[2]，以免流民无法还乡，可见灾情之严重。同时，总会也接到求援电报。9 月 10 日，副会长沈敦和致电黎元洪暨江西汪、赵民政长电称：“青电敬悉，赣民兵燹余生，复遭灾旱，悯恻弥深。沪市凋敝，筹捐弩末，矧际本会救济孔亟，经费尤艰，兹承钧命，敢不勉竭绵微，汇补万一。谨就本会拨捐洋五千元，车薪杯水，愧疚莫状，应缴何处，请即示复遵汇。”[3] 接电后，黎元洪“转饬南昌汪民政长与赵宣抚副使查收该款”[4]。此外，为了能使灾民顺利过冬，总会还一面赶制新棉衣裤，一面购买旧棉衣，运往江西灾区救济灾民。

旱灾之外，风灾也偶有发生。1936 年 8 月，南昌市发生飓风，造成严重的生命财产损失。南昌分会立刻进行施救，并函电中国红十字会报告灾况：“南昌市于八月六日晚飓风成灾，业经立时施救，并电呈灾况大概在案。兹将调查所得倒塌房屋及伤亡人口确数详列于后：（一）南昌省会统计风灾处所共五十四处；（二）倒塌房屋共四百八十六幢；（三）被风灾户数共一千另十八家；（四）死亡人口共男女一百二十七人；（五）墙压瓦击受重伤者共三百八十八人；（六）失踪未明生死者九人；（七）伤轻

---

① 《红会分配赈款》，《申报》1931 年 9 月 26 日。

② 《会同汪民政长赵宣抚副使上大总统兼致国务院内务部财政部》，《黎副总统（元洪）政书》，第 343 页。

③ 《红十字会纪事》，《申报》1913 年 9 月 12 日。

④ 《红十字会纪事》，《申报》1913 年 9 月 13 日。

幸获安全者共五千另四十八人。而乡村如中洲地方（距省约六十里），亦于鱼日傍晚发生同样惨剧，凡飓风掠过之处，无一幸免。”[①] 此次灾情綦重，南昌分会积极善后，由分会医院暨省会各医院将受伤民众尽力救治，医愈者随时出院，并向江西省赈务会请求设法赈济。

此外，冬令救济也是红会的一项“例行”业务。每届冬季，天寒地冻，许多无家可归者以及贫而无告者饥寒交迫，苦不堪言[②]。1937 年 2 月寒冬，九江分会会长盛景唐鉴于一般贫苦老弱缺衣乏食，于是从会中拨款购办数十包白米，分散给孤贫民众。“一般老弱领得该会之米票，前往该处领取白米，各个领得者，莫不眉飞色舞，感激盛氏之恩不置云。”[③]

全面抗战爆发后，江西大部沦陷，全省只有南昌分会与赣县分会继续活动。在艰难的处境中，赣县分会专办救济灾民、难民事业，主要是施粥、发米、掩埋尸骸等工作[④]。南昌分会迁兴国后，积极为难民转发救济钱物。在 1939 年冬，南昌分会制作棉背心 1000 件，赠给负伤战士及难民，同时还积极为难民施粥和豆浆[⑤]。

抗战胜利后，南昌分会迁回省城，继续开展社会救济。1948 年寒冬，南昌分会向赤贫户发放棉衣棉被，使其能够抵御寒冬[⑥]。1946—1947 年，九江分会也曾从总会领取赈济物品毛绳 40 磅、羊毛衣六件、男袜 100 双[⑦]，分发给贫民以御寒冬。

二、医疗卫生及社会服务

民国时期，中国的公共卫生事业发展落后，民众缺医少药的情况非常普遍。江西卫生经费短缺，卫生事业发展也非常落后。据载，1934 年江西全省卫生经费为 63.81 万元，人均卫生费只有 0.05 元[⑧]。可见，江西地方当局忽视医药卫生事业的建设与发展，从而导致缺医少药情况甚为严重，疫病发生之后，往往死亡枕藉。江西红十字会在战地救护及灾害救济之外，积极建设分会医院，购买医药，为民众提供医疗服务，促

① 《中国红十字会月刊》第 16 期（1936 年 10 月），第 41 页。

② 池子华：《红十字与近代中国》，安徽人民出版社 2004 年版，第 247 页。

③ 《中国红十字会月刊》第 22 期（1937 年 4 月），第 82 页。

④ 《会务通讯》第 26 期（1944 年 3 月），第 21 页。

⑤ 《江西省卫生志》编纂委员会编：《江西省卫生志》，黄山书社 1997 年版，第 345 页。

⑥ 《江西省卫生志》编纂委员会编：《江西省卫生志》，黄山书社 1997 年版，第 345 页。

⑦ 《红十字月刊》第 23 期（1947 年 12 月），第 20 页；另参见《红十字月刊》第 25 期（1948 年 1 月），第 9 页。

⑧ 《江西省卫生志》编纂委员会编：《江西省卫生志》，黄山书社 1997 年版，第 6 页。

进了卫生事业的发展。

早在辛亥革命时期，南昌分会与九江分会在石美玉、康爱德医生的协助之下，分别成立了红十字医院，救治兵民。九江红十字医院简章共23条，规定西药免费，贫民就医时有一定的优惠等事项，体现了医院的人道主义精神。南昌分会同人也“集资设立医院，兵民并治”①。进入北洋军阀统治时期，江西屡遭兵灾，社会卫生事业更是难以发展。江西红十字会实施了一系列医疗服务举措，一定程度弥补了官方医疗卫生事业的空缺。

1918年、1920年两年，南昌属县发生大水，随即滋生疫疠。仓促之间，募捐不及，南昌分会会长罗兆栋“自垫款项，结食救饥，设诊施药，仁心善行，无以复加”②。

1922年夏季，吉安分会在吉安市区添设临时医院，“时当炎夏疫痢正盛，门诊每日必有数百，住院常达二百余名”③。

1922年及1923年，黎川分会在夏季也成立时疫医院，救治患病民众及士兵④。

1926年北伐战争时期，赣县“城内大军云集，警政大弛，公共卫生亦辍，市衢秽积”，赣县分会“乃募工役二十名，代扫街道，从事清洁，以防疫疠”，“当时并承许军长汝为，彭总司令程万等褒奖有加，并各助金钱、米谷、薪资救济”⑤。

抗战时期，南昌分会迁往兴国办公后，继续担任后方医务工作，并设立一处诊疗所，开办流动医疗站，对负伤将士及赤贫难胞来诊者一律免费，为难民免费发放防病药品和打防疫针等⑥。赣县分会医院曾被日军炸毁，并于1943年5月完成重建，“时总会救护医疗队适来赣，遂匀用病房襄助医务”⑦，共同开展门诊、住院及巡回医疗事宜，取得良好效果。

医疗服务最为突出的还属九江分会与南昌分会。

九江分会除“平时除施诊给药外，临时遇有天灾人祸，莫不组队出

---

① 《辛亥革命时中国红十字会暨各分会活动成绩》，《中国红十字会杂志》第1号（1913年5月），第50页。

② 《中国红十字会月刊》第23期（1923年9月），第20页。

③ 《中国红十字会月刊》第19期（1923年5月），第30页。

④ 《中国红十字会月刊》第23期（1923年9月），第30页。

⑤ 《会务通讯》第28期（1944年5月），第45页。

⑥ 《江西省卫生志》编纂委员会编：《江西省卫生志》，黄山书社1997年版，第348页。

⑦ 《赣县分会医院记》，《会务通讯》第28期（1944年5月），第47—48页。

发救护，每届春季，布种牛痘，夏令则注射防疫针”①。1936 年夏天，九江分会因天气炎热，为防止疫症流行，开始于 7 月起为民众免费注射防疫药品，并分送各种防疫暑药，往来注射者颇为踊跃，不啻为民众福音②。1936 年入秋之后，九江分会鉴于“天气干燥，冬瘟宜防，特购备冬令牛痘苗，免费布种”，“闻日来各界人士前往该会布种者甚为踊跃云”③。1937 年，九江分会以时入夏令，“病疫不无流行”，因此“特设免费施打防疫针”④，自 5 月 7 日起，开始施行送打预防针。

南昌分会医院设立较早，除了战地救护之外，还积极诊治各类病患，颇受民众欢迎。下表是 1935 年 7 月—1936 年 6 月南昌分会诊治各类病患人数：

表 3-2　南昌分会医院诊治疾病种类人数统计表

时间（年、月）		传染病[1]（例）	内科[2]（例）	外科（例）	其他[3]（例）	总计（例）
1935 年	7 月	66	217	193	996	1472
	8 月	86	248	149	1296	1779
	9 月	92	185	113	1412	1802
	10 月	120	199	133	1017	1469
	11 月	149	187	97	938	1371
	12 月	92	171	154	598	1015
1936 年	1 月	92	193	101	642	1028
	2 月	81	208	191	780	1260
	3 月	114	283	186	901	1484
	4 月	87	198	188	806	1279
	5 月	57	181	142	658	1038
	6 月	48	200	98	868	1214
合　计		1084	2470	1745	10912	16211

注：1. 传染病种类有：流行性感冒、伤寒及副伤寒、斑疹伤寒、白喉、天花、鼠疫、霍乱、赤痢、疟疾；

2. 内科病种类有：消化系病、呼吸系病、血液病、新陈代谢病、泌尿生殖

① 《中国红十字会月刊》第 14 期（1936 年 8 月），第 64 页。

② 《中国红十字会月刊》第 14 期（1936 年 8 月），第 64 页；《中国红十字会月刊》第 15 期（1936 年 9 月），第 72 页。

③ 《中国红十字会月刊》第 19 期（1937 年 1 月），第 104 页。

④ 《中国红十字会月刊》第 19 期（1937 年 1 月），第 52 页。

病、循环系病、神经系病、精神病；

3. 其他疾病有：皮肤科、花柳科、枪伤及一切创伤、产妇科、小儿科、眼科、耳鼻喉科、中毒急救、附国医内科、附国医伤科、附国医痘痳科、施种牛痘、防疫注射。

资料来源：《南昌分会医院诊治疾病种类人数统计表》，《中国红十字会月刊》第17期（1936年11月），第111—113页。其他病例一栏中由于种类太多，在表格中无法一一显示。

从表3－2可见，南昌分会这一年之间，总共诊治各类疾病达到16211人之多。其中，传染病中以流行性感冒占最多，一般占到六七成，疟疾其次，然后是赤痢、天花、霍乱，总共才8例。在内科病中，最主要的是消化病及呼吸病，占到七八成左右，血液病与泌尿生殖病也有多例，精神病及神经病较少，总共不过21例。其他病例中，花柳病及皮肤科占到一半以上，其次就是枪伤及一切创伤，约占1/10。

从南昌分会医院诊治不同疾病种类的病患多寡，似乎可以得出以下结论：南昌分会医院已经成为服务普通民众的一般医院。虽然红十字医院是以拯救战地伤病者为主，但从医治病症的种类来看，枪伤只占很少一部分，说明人们普遍愿意来红十字医院就诊一般病症。这可能与红十字医院诊治费用低，甚至免费有关系。

进入抗战以后，南昌分会迁往兴国办公，由于受战争环境的影响，南昌分会医院只能缩编成为诊疗所。缩编后的诊疗所虽然面临严重困难，但仍然为兵民提供医疗服务，其1941年诊病人数统计如下：8月为4137人，9月为2497人，10月为3353人，11月为2752人①。下表是1942年4—8月、1943年1月—1944年4月南昌分会诊疗所诊病人数统计：

表3－3　南昌分会诊疗所诊病人数统计表

时间（年、月）		内科（人）	外科（人）	其他（人）	总计（人）	备　注
1942年	4月	/	/	/	1835	/
	5月	/	/	/	2014	/
	6月	/	/	/	52	/
	7月	/	/	/	2963	/
	8月	/	/	/	3415	/

① 《会务通讯》第7期（1942年4月），第25页。

（续表）

时间（年、月）		内科（人）	外科（人）	其他（人）	总计（人）	备　注
1943 年	1 月	318	1622	445	2385	/
	2 月	238	1317	144	1699	/
	3 月	287	1437	181	1905	种痘 400 人
	4 月	348	1570	177	2095	种痘 189 人
	5 月	268	1606	148	2022	种痘 20 人
	6 月	255	1551	222	2028	防疫注射 79 人
	7 月	490	1982	182	2654	/
	8 月	598	2452	136	3186	/
	9 月	817	2175	113	3105	/
	10 月	879	2257	136	3272	/
	11 月	633	1837	134	2604	/
	12 月	674	1626	134	2434	/
1944 年	1 月	634	1699	99	2432	/
	2 月	480	1419	72	1971	/
	3 月	479	1664	96	2239	/
	4 月	347	1651	20	2018	/
	5 月	482	1495	71	2048	/

资料来源：《会务通讯》第 9 期（1942 年 8 月），第 53 页；第 10 期（1942 年 9 月），第 72 页；第 11 期（1942 年 10 月），第 37 页；第 14 期（1943 年 3 月），第 62 页；第 16 期（1943 年 5 月），第 32 页；第 17 期，第 37 页；第 18 期，第 50 页；第 19 期，第 59 页；第 20 期第 54 页；第 21、22 期合刊，第 66 页；第 23 期，第 47 页；第 24 期，第 90 页；第 25 期，第 59 页；第 26 期，第 59 页；第 27 期，第 50 页；第 28 期，第 52 页；第 29 期，第 54 页；第 30 期，第 88 页；第 31 期，第 45 页；第 32 期，第 41 页；第 33 期，第 39 页；第 34 期，第 23 页。该表系根据这些数据整理而来，原文数据有几处错误，已经改正。需要指出的是，此时的外科统计人数包括了枪伤，这与 1935—1936 年的统计标准有所变化。

表 3 - 3 所见，从 1942 年至 1944 年 5 月（中间缺 1942 年 9 月至 12 月），南昌分会诊疗所总计诊病人数达到 50376 人。在恶劣的战争环境中，南昌分会诊疗所承担着为民众提供医疗服务的重任。受战争条件的影响，兵民受伤、染病较为频繁，这也导致 1943 年诊病人数达到 29389 人，其数量比 1935 年 7 月—1936 年 6 月的一年间的 16211 人增加 80%

之多。在所有的诊病种类中，外科病症占绝大部分，这显示此一时期医治枪伤及其他创伤的需求比较旺盛。

图 3－4　南昌市分会诊所外科室（1947 年）

除了医疗服务之外，江西红十字会还开展了社会服务。

全面抗战爆发后，江西大部沦陷，全省只有南昌分会与赣县分会继续活动。在艰难的处境中，江西红十字会仍然为民众服务，"全活生命、教养难童"，颇为得力。南昌分会迁兴国后，积极开展社会服务活动。抗战军兴，难民流落异乡，幼童上学非常困难。由于赣南难童数量甚多，南昌分会专门创办了一所义童小学，"不收学费，并且供给制服书籍"，由副会长周子实担任校长，教员共 7 人，课外还讲授防空常识。初有学生 45 人①，以后人数逐渐增多，总计招收 300 余人②，被认为是"分会中工作之别开生面者"。

江西红十字会的卫生及社会服务成绩并没有战地救护成绩那么显著，但是却给民众带来福音。尤其是在民众普遍缺衣乏食、缺医少药的情况下，红会慈善义举为贫苦百姓提供了能够继续生存下去的机会，成为辅助政府改善民间疾苦的重要力量。

① 《会务通讯》第 1 期（1941 年 1 月）第 17 页。

② 《江西省卫生志》编纂委员会编：《江西省卫生志》，黄山书社 1997 年版，第 345 页。

第四章 “国家与社会”视阈下的江西红十字会

江西红十字运动开端于辛亥革命，1911—1949 年，江西红十字会开展了一系列战地救护、灾害救援、医疗服务等活动。作为区域性的慈善组织，其与政府之间的关系到底如何？在这 30 多年的历史时段里，其本身又有什么变化？特别值得注意的是，红十字会并不是普通的社团组织，作为国际性的人道主义组织，它以战地救护为主要任务，必然要注意保持一定程度的政治中立性，可是红十字会又不可能完全不食人间烟火，与政治无涉，到底两者之间关系如何处理呢？在“国家与社会”的话语体系中，研究者往往更多关注的是民间组织与国家之间的对抗，江西红十字会作为民间社团组织（尤其是改组之前），与国家（政府）的关系是对抗为主，还是合作为主呢？二者关系是如何变化的呢？本章探讨的重点即在此。

第一节 矛盾：保持中立与介入战争

红十字运动起源于西方，作为国际性组织，其公益性、中立性得到各国的广泛承认。中国红十字会作为人道主义的慈善组织，其保持民间性、中立性的追求是不言而喻的。但是“作为民间的自发事业，慈善事业是不容易摆脱官府和私人而自立的”[①]，中国红十字会也是如此。晚清时期，中国红十字会的创办就离不开官方的支持，尤其是红会的创始人吕海寰、盛宣怀等人都是朝廷重臣，盛宣怀甚至一度将中国红十字会改为“大清红十字会”。进入民国以后，北京政府一直没有放弃控制红会

① ［日］小浜正子：《近代上海的公共性与国家》（葛涛译），上海古籍出版社 2003 年版，第 9 页。

的努力，由此，中国红十字会展开了一系列的抗争，但是这种抗争的结果于事无补，至南京国民政府建立后加强对社团组织的控制，红会逐渐沦为官方的附庸机构①。

江西红十字运动从发轫起，就离不开官府的支持，尤其是在经费及战地救护上，红会得到了官府的强有力庇护，这是江西红十字运动发展的重要基础。官府对于红会的庇护自然会产生一些正面的促进作用，但是任何事物都具有两面性，这种庇护也容易使红会失去政治中立性。

一、相互合作

九江、南昌红十字分会的创立即是为了救护战争受伤人员，与当时政治局势有莫大关系。辛亥革命爆发，清王朝各级政府陷入混乱之中，九江军政府刚刚成立，诸事待举，红十字会的筹备也成为革命工作之一。据蔡蕙回忆："为了在九江创办一个红十字会医院，在我完成请援兵的任务之后，马毓宝一定要留浔创办红十字会，由我担任会长，拨了三千两纹银作开办费，地址设在九江都天巷。由于同样都是革命工作，九江又是军事要地，我服从分配，开始筹办红十字会。"② 蔡蕙筹办九江红十字会是服从革命工作分配的表现，显然将创办九江分会作为革命事业的一部分，这也能够说明九江分会的创办得到九江军政府的大力支持与协助。换言之，九江分会的成立实际上也是政治革命的产物之一。从甫一成立的九江、南昌分会联合组织救护团开赴汉口开展战地救护，也可见创办红十字会的革命逻辑。

民国肇建，江西各地红十字分会渐次成立，它们的发展自然也离不开江西地方政府的支持与援助。地方政府对于红会的支持，不外乎二者：一是经济上的援助；二是军政长官在战事发生时，一体保护红会的救护人员。九江分会除在创办时期得到九江都督马毓宝的银两资助外，还有一项来自九江县政府的财政支持——红十字会捐③。南昌分会争取到"南浔铁路局捐洋五千元作为存储，月致息金"，加上南昌地方税的补助，每年收入可达1100元④。同时，战事发生后，江西各分会也从地

① 池子华：《红十字与近代中国》，安徽人民出版社2004年版，第247页。

② 蔡蕙：《我是怎样参加辛亥革命的》，中国人民政治协商会议江西省委员会文史资料研究委员会编：《江西文史资料选辑》第6辑，江西人民出版社1981年版，第21—22页。

③ 秦山僧编辑：《九江指南》，九江指南社1932年发行，第18页。

④ 《中国红十字会月刊》第23期（1923年9月），第20页。

方军政长官处得到经费支持，如 1922 年赣南战事发生，黎川分会从江西督军蔡成勋处获得捐洋 1200 元。赣督陈光远在赣南战事发生后，遵从总会所请，“已分别发给护照，并饬前方军队长官遵照保护矣”[①]。1926 年北伐战争时期，赣县分会招募工役代扫街道，以防疫疠，获得地方军阀许汝为及彭程万的褒奖，并助以钱谷接济[②]。

与此同时，在这一时期，江西红会能够积极实施战地救护、灾害救援、医疗卫生及社会服务等活动。江西红十字会与地方政府之间的这种相互协助与支持，呈现出慈善组织与政府之间的良好关系。这表明，社会（慈善组织）与国家（官府）之间对抗很少，更多的是一种互助与协作[③]。

对于这种合作关系很容易被时人理解和接受，毕竟接受军政当局的补助对于红会事业的发展至关重要。但是，关键的问题是，红十字会与政府的合作关系是否已经影响了其对政治中立性的坚持。作为以战地救护为主要任务的民间慈善组织，红十字会必须保持中立性的政治立场，对于战地伤员一体救护，而不涉及双方的政治纷争。资料表明，江西红十字会是具有这种共识的。如 1922 年赣南战事发生，南昌分会随即组织救护队出发战地进行救护，并制定了救护队章程，其中第 9 条特别规定：“全体队员均宜严守中立范围不准逾越，查有不遵情事按照红十字会条约处理。”[④] 这种中立既是民间慈善组织保持独立性的重要手段，也是保护红会人员的重要依据。

鉴于红会与官府的良好关系，在战争爆发尤其是发生政权变动的时候，就很容易表现出一定的政治倾向性。这种政治倾向性实际上是一种革命与反革命的逻辑追求，九江、南昌分会的成立作为革命事业的一部分很明显地说明了这一点，即红十字会是革命性的力量代表。民国前期，政权力量并不稳固，各种政治势力此消彼长，江西红十字会能够与不同时期的军政势力进行合作，其政治倾向性并不是特别突出，但是在北伐战争时期，则不大一样了。

---

① 《江西陈督军夏电（六月六日上午八时到）》，《慈善近录》1924 年刊，第 34 页。

② 《会务通讯》第 28 期（1944 年 5 月），第 45 页。

③ 值得注意的是，地方军政当局尤其是军事方面的经费资助并不一定是无偿的，例如 1923 年 12 月，赣粤战事又起，江西军阀随即电催赣县分会出发救护，见《会务通讯》第 28 期（1944 年 5 月），第 45 页。

④ 《中国红十字会月刊》第 13 期（1922 年 11 月），第 18 页。

二、政治中立的矛盾

国民革命军北伐之后，随着江西战场的开辟，江西红十字会随即开展战地救护。但是，在战地救护之外，江西红十字会还介入了双方的军事斗争之中。有两则材料可以证明：一是1926年10月28日，南昌分会掩埋队队长向北伐军报告南昌城内的军事布置信息："（1）南昌城内，现在驻有苏军约二千人。（2）牛形车站敌军约三团，排哨在长头垓附近。（3）离南昌车站约二三里，筑有强固散兵壕及野堡，并设有狼井二百余，井上盖茅草及薄土，后设电光形交通壕四。（4）章江门一带河岸削成绝壁。（5）郑俊彦驻在南昌城。"[①] 二是樊崧甫回忆，在九江战乱期间，他为周凤岐办理几件事情，其中一件就是"在（九江）红十字会医院带出本师军需处金柜人员和饷款，护送至湖口归队"[②]。第一条资料是南昌分会掩埋队长积极向北伐军传递军事情报，第二条则是九江分会医院曾成为孙传芳军队掩藏人员及款项的庇护所。

不管江西红十字会在这两个事例中是被动的还是主动的，这充分说明红十字会除了人道救援外，还扮演了不为我们所知的角色。南昌分会掩埋队长为北伐军提供军事情报，表明南昌分会救护队员具有明显的政治倾向性，即是对"有道伐无道"的北伐军的支持[③]。南昌分会救护队员的行为，可能有其政治考量。从当时的政治局势来判断，毕竟北伐胜利之后，国民党很有可能成为中国新的领导力量。南昌分会掩埋队长向北伐军提供军事情报，除了希望能够与战后新政权建立起良好关系外，其潜在的政治觉悟（或政治倾向）也促使其支持北伐军的军事行动。虽然红十字会作为一个国际性的人道组织，为了实施战地救护，在政治上保持中立应该是其不变的准则[④]，但是为了能够继续保持与"新政府"的良好关系，南昌分会不惜牺牲政治中立性的原则，企图获得"新政府"的继续支持。

由此可见，江西红会违背政治中立而具有政治倾向性的深层原因，

① 国民革命军总司令部参谋处：《北伐阵中日记》，见《近代稗海》第14辑，四川人民出版社1988年版，第178页。

② 中国人民政治协商会议江西省委员会文史资料研究委员会：《江西文史资料选辑》第41辑，江西人民出版社1991年版，第19页。

③ 参见罗志田：《激变时代的文化与政治——从新文化运动到北伐》，北京大学出版社2006年版，第251—256页。

④ 早在1921年，红十字国际委员会就修订章程，确定了四项基本原则，其中一条就是"对政治、宗教、经济的独立"。

在于红会与政权的密切关系。红会只有采取一定的政治立场，才可能在新政权建立后，继续保持其与政府（国家）的良好关系。虽然江西红十字会深知这种行为显然有违红十字运动的中立精神，但是为了维持与政权的良好关系，也只能舍此求彼了。在“国家与社会”关系重建的过程中，江西红会显然并不是一味地处于失语状态，研究者此前对此似乎有所忽略。所以，从这个意义上来说，红会作为人道主义组织，并不是完全“不食人间烟火”。明乎此，我们才能多一份“了解之同情”。

但是，南昌分会的个案并不能代表中国红十字会在全国的表现。由于在北伐战争中的表现消极，国民革命军总司令部下令“彻查”红十字会，从而开始了强势改组红十字会的进程。彻查红十字会的理由，除了总会没有积极组织战地救护之外，还与总会的政治立场有关。中国红十字会总会设在北京，会长一职由北洋政府官员担任，上海设有红十字会总办事处。中国红十字会总会在政治上倾向于北洋政府，这也是北伐战争救护不利的原因所在。南京国民政府建立后，“比以往的政权都更积极地介入社会公共领域，体现为指导、监督、统制承担公共领域的民间社团”[①]。国民政府随之逐渐开始将红会收归官办，最终使其完全沦为政府的附庸。此前红会赖以保持的政治中立性、民间性等特点就再也不可能存在了。中国红十字会的收归官办，自然改变了总会、地方分会与政府之间的关系，这在国共内战中有充分的展现。

三、立场：国共内战中的失位

国共双方在国民革命运动中曾有很好的合作，但随着国民党发动反革命政变，大肆屠杀共产党人，两党也从合作转为对抗。为了反抗国民党反动派的暴力统治，中国共产党走上工农武装割据的道路，到 1930 年的时候，逐渐在全国建立起 6 块主要根据地[②]。中原大战结束之后，从 1930 年末至 1931 年夏，蒋介石调集重兵连续三次对红军进行“围剿”，江西成为主战场。

国共两党在江西的前三次“围剿”与反“围剿”战争，以共产党的胜利而告终。但是政治上的失败与成功，并不能稍减战祸给民众带来的创伤。江西受创最深、受难最重，求赈函电如雪片般飞往中国红十字

① ［日］小浜正子：《近代上海的公共性与国家》（葛涛译），上海古籍出版社 2003 年版，第 211 页。

② 王桧林主编：《中国现代史》，高等教育出版社 2003 年版，第 170 页。

会。1931 年 1 月 12 日，中国红十字会接到江西旅扬同乡赣灾协进会的乞赈函电称："（江西）损失财产，约数三万万八千六百九十四万九千九百元；焚烧房屋，约数八万七千二百二十四座；被屠杀人数，十二万八千另七十五人；难民人数，一百六十一万五千一百人。"① 而这还只不过是 61 县的统计，其他如吉安、景德镇被攻陷后的重大损失尚不在统计之内。不久，江西省赈务会也致函红会称："'赤匪'出没，几遍赣省，灾情实甲全球，积骸全野，流离载途，有家难归，有田难种，千疮万孔，十室九空。"② 赈务会恳请红会组织赣灾视察团，携款赴赣救济。时任陆海空军总司令行营主任的何应钦，也为江西赈务事宜致函总会求助。

1931 年 5 月 27 日，淞沪警备司令熊式辉发起成立江西急赈会，附设于中国红十字会。"所有内部办公人员，由红十字会理事长王培元分配指派，任由红十字会职员义务办理。"③ 江西急赈会成立之后，中国红十字会开始筹划各项赈济战灾的办法。但令人始料未及的是，进入 6 月以后，长江沿岸各省突发大洪水，江西成为重灾区。战灾与水灾混合在一起，江西民众的灾难越发深重。

由于灾区难童甚多，中国红十字会特捐 1000 元给江西慈善团，为购买育婴需用各品之资，"并拟在江西赣州就近组一模范育婴所，以养此婴孩"④。随后，中国红十字会制定了具体赈灾办法，"赈济方法，分为缓、急二种。关于急赈，除已组织救护队开拔来赣，分赴被灾各区，救护灾民外，并派卫秘书携带巨款来赣，前往各灾区按名散赈；至缓赈办法，决定以工代赈，拟乘政府着手办理地方善后时，决在南昌设立工厂，各区设立分厂，实行收容难民做工"⑤。九江分会与南昌分会也纷纷着手赈济。

值得注意的是，江西红十字会还积极救治伤兵并筹备战地救护行动。其一，南昌分会积极医治伤病兵士。1931 年 6 月 3 日，为了医治江西路兵站送来的 50 余名病兵，南昌分会理事黄信臣、许锡九等，"特召集本会评议员开会磋商，筹借药品费，购备药料"⑥。以后伤病兵增至

① 《红会昨接江西灾报》，《申报》1931 年 1 月 13 日。
② 《江西省赈务会之呼吁》，《申报》1931 年 5 月 4 日。
③ 《赣振会开始办公》，（上海）《民国日报》1931 年 5 月 28 日。
④ 《江西各善团来电乞赈》，《申报》1931 年 5 月 13 日。
⑤ 《中国红十字会派员来赣赈灾》，《南昌新闻日报》1931 年 7 月 25 日。
⑥ 《红十字会医院努力医治伤病兵》，《南昌新闻日报》1931 年 6 月 4 日。

150余人，南昌分会还特别发布募捐启事。其二，南昌分会还筹组救护队，开赴战场救护。“大军云集，围剿‘赤匪’，根据会章，有组织救护队及掩埋队之必要。现拟设救护队兵八十名，掩埋队兵一百六十名”，“救护队已招募二十名，掩埋队已招募四五十名，俟招足后，即出发前方服务”①。

需要指出的是，前述熊式辉组织江西急赈会并不是简单的慈善活动，还有其政治考量。熊式辉，江西安义县人，早年毕业于江西陆军小学。1930年12月，他由淞沪警备司令兼任国民党南昌行营参谋长。随后，熊式辉乘飞机赶赴江西，由于飞机失事，他与杨永泰俱受重伤。1931年6月18日，熊式辉伤势甫愈，扶杖赴赣兼任南昌行营参谋长②。在上海养伤期间，他非常关注江西的“剿匪”形势。对于中国共产党的武装革命，他认为并不是简单的军事问题，最主要的是政治问题。他在1931年12月就任江西省政府主席时提出，目前最重要的工作在于“剿匪”，其中一个要点就是“救济农村：消灭‘赤匪’造乱的机会”③。熊式辉认识到救济江西农村离不开慈善组织的协助，所以他在上海才积极联络中国红十字会，组织成立江西急赈会，以此来完成其重建江西、消灭共产党革命基础的目的。因此，熊式辉组织江西急赈会，一方面是因为他确实关心桑梓；另一方面又有拉拢民众、争取民众的政治意图，而红十字会正好可以作为其完成政治目标的极佳工具。

中国红十字会与江西红十字会的救灾活动，为协助国民政府救济灾民贡献了力量。同时，红十字会实施以工代赈、收容难民等活动，为国民党争取江西民众、处理灾区善后服务。值得注意的是，江西红会的战地救护似乎主要用于国民党的军队，甚至几乎成为国民党军队的战地医疗队。如前文所述，南昌分会接受的伤病兵士都是由江西路兵站分配过来的，其医疗服务对象只有国民党军队士兵。而通过遍检各种中共根据地的史料，没有发现红十字会救护红军伤病员的材料。因此，江西红十字会的战地救护，实际上只是为国民党军队服务的，而不可能救治红军的伤病员。从这个意义上来说，中国红十字会尤其是江西红十字会，在

① 《南昌红十字会筹组救护队》，《南昌新闻日报》1931年6月14日。

② 参见熊式辉著，洪朝辉编校：《海桑集——熊式辉回忆录》，星克尔出版（香港）有限公司2010年版，第27—29页。

③ 熊式辉著，洪朝辉编校：《海桑集——熊式辉回忆录》，星克尔出版（香港）有限公司2010年版，第33页。当然，熊式辉也为江西急赈会曾与总会发生一些矛盾，此问题有待以后继续探讨。

事实上根本不可能做到一视同仁，一体救护。尤其在国民政府强力控制红十字会，逐渐将红十字会纳入政府管辖的情况之下，红十字会已经失去了以往的民间性、中立性，而成为国民政府的附庸机构，起到协助国民党收复和建设“失地”的作用，由此就不难理解红十字会在国共内战中的角色扮演了。因此，抗战时期有人谈到人们对中国红十字会的救护工作缺乏足够的关心的原因时说：“社会人士平日之不注意红十字会事业及内战时误解红十字会性质，要亦为此中主因，以致一般分会之组织能力实甚薄弱，然亦颇有能担负救护使命者。”①

在南京国民政府成立之前，由于北洋军阀及江西地方军阀都不属于强势政府，他们根本无心也无力对江西红十字会实施强力控制。因此，江西红十字会具有较大的独立性、民间性。随后，国民党政权的巩固，挟胜利之姿加强了对红十字会的管控之后，红十字会在很大程度上受政府权力的支配。在内战当中，中国红十字会与江西红十字会的救灾活动，只能成为国民党政权处理灾区善后的辅助工具；江西红十字会的战地救护也只能是国民党军队医疗的协助工具。这种关系的转变主要是由于在国民政府的强力管控之下，红十字会已经丧失了政治中立的立场。随后，国民政府对江西红十字会的改组完成，标志着江西红十字会与政府之间的关系基本确定，红十字会逐渐沦为被支配者。

第二节　南京国民政府改组红会

一、总会的改组

从1927年南京国民政府建立，到1937年抗战的全面爆发，中国红十字会在外力的强制下，不断改变“自我”，调适“自我”，以适应巨变的时局②。北伐胜利后，对于中国红十字会总会在北伐战争中的消极表现，国民革命军总司令部专门成立“彻查上海红十字会委员会”。在1927年8月13日的彻查委二次会议上，总司令部军医处处长陈方之表示：“彻查原因，为红会积弊太深，并此次前方救护工作，不但不予以

① 《救护工作的几点实况和讨论》，《大公报》1938年5月11日。

② 池子华：《红十字与近代中国》，安徽人民出版社2004年版，第247页。

协助，竟然置若罔闻，殊失创办红会宗旨。”[①] 在彻查的过程当中，国民政府意欲将红会收归官办的意图逐渐显露。1930 年，由于红会第三次会员大会流产，在国民政府代表胡鸿基、上海市政府代表阎森的“监督”下，8 月 19 日，中国红十字会召开了临时会员代表大会。值得一提的是，此次大会修改了新的章程，规定中国红十字会这一通用名称更名为“中华民国红十字会”，“章程名称改为《中华民国红十字会章程》”[②]，这显然加重了中国红十字会的官办色彩。1932 年 12 月 6 日，国民政府公布《中华民国红十字会管理条例》。1933 年 6 月 3 日，国民政府正式颁布《中华民国红十字会管理条例施行细则》（43 条），明确规定“中华民国红十字会依军政、海军两部之指定，辅助陆海空军战时后方卫生勤务，并依内政、外交两部之指定，分任国内外赈灾、施疗及其他救护事宜。又规定设总会及分会。总会以内政部为主管官署，并受外交、军政、海军三部之监督；分会隶属总会，以所在地地方行政官署为主管官署”[③]。至此，中国红十字会已成为官方事实上的附属机构[④]。对于分会来说，在行政上受地方行政官署主管，其民间独立组织的性质完全丧失。而且该细则“第七条云，各分会如于一年内无救护成绩者，得派员督促进行或解散之”[⑤]，分会的生存命运更是堪忧。虽然红会同仁尤其是红十字会的老一辈对此心有不甘，但是在强大的国家机器面前，也只能是无可奈何。

有论者认为：“对于当时的红十字会或者其他社团来说，政府自然是管得越少越好，特别是地方政府，若有法源依据得以介入监督管理，来自地方政府乃至各地军人势力的干预、强制，便更有法可循，这对想要寻求自治的民间社团来说，将是不利的趋势，而且也可能带来不少困扰跟麻烦。”[⑥] 虽然政府加强对红十字会的控制，但是否就一定会抑制红会发展？这还有待探讨。但毋庸置疑的是，政府加强控制红会，明显改变了红会与政府之间的关系。

---

① 《彻查红十字会昨日集会》，《申报》1927 年 8 月 14 日。

② 《红会修改会章委员会五次会议》，《申报》1930 年 9 月 6 日。

③ 《中国红十字会全国代表会昨开幕》，《申报》1934 年 9 月 25 日。

④ 池子华：《红十字与近代中国》，安徽人民出版社 2004 年版，第 256 页。

⑤ 《行政院会衔颁布红十字会细则——全文共计四十三条》，《申报》1933 年 6 月 29 日。

⑥ 张建俅：《近代中国政府与社团关系的探讨——以中国红十字会为例（1912—1949）》，《“中央研究院”近代史研究所集刊》第 47 期，第 156 页。

二、江西红十字会的改组

中国红十字会的改组曾受到会内势力的强烈反对，反对派曾借助召开全国代表大会进行民主程序抗争，但无济于事①。而在江西红十字会的改组过程中，也出现过类似的反抗，下面以南昌分会为例。

1931 年 3 月，南昌分会奉总会命令重新改选正副会长、监理事长。会上，前会长单黎川等当场宣布不愿连任，随后用记名投票方法改选。“选出市长龚师曾为正会长，曾寿涛为副会长，廖禹民为理事长，单黎川、杨赓甫为资产委员。”② 虽然众多会员“对于龚师曾均表拥护，惟对于选举均认为不合法，因此会员互闹意见，双方各持理由”③。众会员拥护龚师曾担任会长却又认为此次会议不合法，明显说明南昌分会内部有所异议。龚师曾，江西南昌人，一直追随孙中山革命，时任南昌市市长④。龚实际上是江西军政人物的代表，以此身份出任会长，官办意图非常明显。为此，南昌分会只能呈请总会上海办事处调停。总会派卫锐锋来赣调查真相，最后的解决办法是“请市商会、市府等机关团体暂组设整理委员会，维持会务”⑤。整理委员会于 5 月 20 日成立，所有双方争执人员均离会，以待整理。

整理委员会成立之后，开始各项筹备办法。9 月，南昌分会“召集全体会员大会，公推苏浩为改选筹备主任，何明鹤为副主任，李敬熙、杨田成为筹备员，成立正式筹备处，督导办理会员登记。同时由单、万二会长，交出图记一颗、账簿五本，交与该员等负责保管。一俟将会员登记完备后，即依法改选”⑥。未料各整理委员并不就职，会务势成中断。为此，南昌市公安局派员接收南昌分会图记，并请市政府迅速派员接收，并清理红十字会务⑦。可见，南昌分会虽对龚师曾担任会长有所不满，但仍无力扭转局面，最后由市政府派员整理会务。由于现有资料缺乏，尚不清楚南昌分会整理的最终结果。但是这次闹剧，非常清楚地表明南昌红十字分会的官办色彩加重，民间性大为降低。很显然，这与

---

① 参见张建俅：《中国红十字会初期发展之研究》，中华书局 2007 年版，第 125—126 页。
② 《红十字会改选龚师曾当选会长》，《南昌新闻日报》1931 年 3 月 6 日。
③ 《南昌红十字会成立整委会》，《南昌新闻日报》1931 年 5 月 21 日。
④ 刘国铭主编：《中国国民党百年人物全书》（下册），团结出版社 2005 年版，第 2136 页。
⑤ 《南昌红十字会成立整委会》，《南昌新闻日报》1931 年 5 月 21 日。
⑥ 《红十字会办理会员登记》，《南昌新闻日报》1931 年 9 月 11 日。
⑦ 《公安局函请市府接收红十字会》，《南昌新闻日报》1931 年 9 月 11 日。

总会的逐渐官方化的历程是一致的。

红十字会的官方化，也就意味着地方政府逐渐实现对分会的行政管辖，江西红十字会也随之开始了整改的历程。1933年6月3日，国民政府正式颁布《中华民国红十字会管理条例施行细则》（43条），其中明确规定："分会隶属总会，以所在地地方行政官署为主管官署"，"各分会如于一年内无救护成绩者，得派员督促进行或解散之。"① 《中华民国红十字会管理条例》及《施行细则》颁布之后，国民政府行政院向各省颁布训令，要求各地照准施行。根据《管理条例》，各地分会除由总会承认外，还应向主管机关立案。

1934年8月4日，国民政府行政院向各省市政府发布命令："查中华民国红十字会管理条例，及其施行细则，早经先后奉令公布通行各在案。关于该会地方分会立案事项，亟应厘定统一办法，以资管理。兹特制定中华民国红十字会各地分会立案办法十三项，除训令中华民国红十字会总会暨分行（会）外，相应检同立案办法，咨请贵省、市政府查照饬属知照，并限于文到三个月内，将所有分会一律查明，督饬立案汇转本部备案。"② 各地分会立案办法一共13条，主要规定：各地分会呈请立案时应该具备："一、全体会员名册。二、职员名册。三、财产目录。四、印鉴章。五、总会承认书及其他各项足资证明文件"，"各主管官署接受立案呈请书，应于详核无误后即行立案，其有须调查者，应于两星期内调查完毕；但有特别事由者，不在此限"，"各地红十字会分会立案后，主管官署应于三个月内呈转内政部备案"③。

但令人没有想到的是，该命令发布半年后，江西红十字会一直没有向江西省政府呈请立案。为此，1935年2月18日，江西省政府再次向九江市市政委员会，以及鄱阳、玉山、临川等地县长发布命令："兹查《中国红十字会特刊》刊载：该县设有分会，逾限已久，未据遵办具报。除分令外，合亟令仰该会、县长即便遵将办理情形，填齐名册单表各二份，具报核办，毋再远延为要！"④ 对于备案一事，江西红十字会虽一拖

① 《行政院会衔颁布红十字会细则——全文共计四十三条》，《申报》1933年6月29日。

② 《检送中华民国红十字会各地分会立案办法请饬属遵照——咨各省、市政府》，《内政公报》1934年第7卷第32期，第1661页。

③ 《检送中华民国红十字会各地分会立案办法请饬属遵照——咨各省、市政府》，《内政公报》1934年第7卷第32期，第1662—1663页。

④ 《红十字会分会立案逾限已久令饬填齐名册单表具报》，《江西省政府公报》1935年第119期。

再拖，但终究只能服从政令。1935 年，江西共有 9 处分会通过了备案，即南昌分会、九江分会、赣州分会、鄱阳分会、宜黄分会、万安分会、吉安分会、玉山分会、景德镇分会①，比此前的 12 处减少了临川分会、吴城分会、南城分会 3 处。

1935 年，《中华民国红十字会管理条例》酌加修订后颁布，江西省政府主席熊式辉转发“行政院第 4164 号训令”称：“案奉国民政府二十四年七月二十七日第五九六号训令开：‘查中华民国红十字会管理条例，前经指定公布，并经明令修正各在案。兹再将该条例施行酌加修正，应即通饬施行，除公布并分会外，合行抄发修正条文，令仰知照，并转饬所属一体知照，此令’。”②

江西红会经过改组之后，原来各分会与总会的直接联系，逐渐转变为分会既隶属于总会又受地方政府管辖的二元管理机构。很明显，分会与总会的直接联系被削弱，地方政府获得了原先总会对分会的监督管理权力，借助政权力量，地方政府可以对分会进行直接干涉。此后，红会的隶属关系虽有所变化，但江西红十字会与政府之间的关系亦未有脱离这一轨道，地方政府管辖地方分会的情况并没有太大变化。因此，红会的改组逐步确立了江西红十字会与政府之间的关系。

如前所述，1911—1949 年，江西红十字会与政府的关系有一个变化的过程。在南京国民政府建立之前，江西红十字会与政府（或军事当局）之间相互协助，红十字会的发展更多依赖地方官府（军事当局）的支持及庇护。如果我们把视线往前扩展，就会发现民国时期慈善组织与政府之间的关系与明清时期相比没有太大的变化。有学者在考察清代江南医疗史时曾认为：“在目前的一些国家与社会关系的研究中，研究者往往自觉不自觉地将西方理论中国家与社会的对抗或对立当作自己的预设前提，在揭示民间社会力量日趋增强的同时，尽力挖掘社会力量与官方的对抗以显示近代中国社会的发展。然而我们于此看到，随着社会的发展，非但没有出现国家和官府同社会力量的日趋严重的对立，相反，二者却在兴办医药局之类的事业中出现更多、更为广泛的合作。清末出现的一系列变化，也完全不存在国家和官府职权退缩的事实——实际上是具体职能的明确化和扩展。”③ 日本学者夫马进在《中国善会善堂史研

---

① 中国红十字会总会上海办事处：《中国红十字会月刊》第 3 期（1935 年 9 月），第 99 页。

② 《中华民国红十字会管理条例》，《江西省政府公报》1935 年第 281 期。

③ 余新忠：《清代江南的瘟疫与社会：一项医疗社会史的研究》，中国人民大学出版社 2003 年版，第 286—287 页。

究》一书中通过对清代苏州普济堂的考察也认为："正因为善会、善堂在远离国家权力的土壤中发芽、成长，因此在社会救济方面取得了实质性的成果。尽管如此，却仍然需要国家的庇护，一部分善会、善堂甚至只能依靠国家提供的官费来维持其存续。在这个意义上，善会、善堂，从公共事业的成长这个观点来看，本身就包含着很大的矛盾。"① 关于江西红十字会的研究也证实了两位研究者的推断：国家与社会之间并没有出现日趋严重对立的情况。但有所不同的是，江西红十字会作为人道主义慈善组织，在展开战地救护的时候，为了维系与政府（新政权）之间的关系，不可能完全保持政治中立性，所以才会发生南昌分会掩埋队长向北伐军透露军事情报的事情。

有学者在研究 1927—1949 年的社会救济时也指出："历史和国情决定了中国社会救济由国家和民间社会来承担。政府是国家意志的集中表现，在社会救济中扮演着执行主体的角色；缺乏统一意志和自主性的民间社会，形成与国家广泛的合作与互补，而冲突在救济过程中表现并不充分。"② 南京国民政府建立后，为了加强对社会的控制，政府强势介入中国红十字会，促使红十字会逐渐转变为政府控制下的慈善事业。在这种背景下，中国红十字会总会及江西红十字会在内战中，扮演了政府的良好助手角色，成为协助政府处理地方善后的工具。国民政府改组红会，既受到总会内部保守势力的强力抵制，在地方也受到分会的反抗。但是这些抗争无济于事，红会被纳入政府管理的趋势并没有改变。江西红十字会的灾害救济、医疗及社会服务活动较好地充当了政府发展社会事业的助手。小浜正子认为，上海的民间社团接受了国民政府的领导和监督，国家与社会的相互渗透得以进一步发展③。但是这种相互渗透显然牺牲了社团的独立性及民间性，对于红会来说尤其如此。当然是否如学者分析的那样，这种收归官办是一种不利的趋势还有待讨论。

① ［日］夫马进：《中国善会善堂史研究》（伍跃、杨文信、张学锋译），商务印书馆 2005 年版，第 447 页。

② 蔡勤禹：《国家、社会与弱势群体——民国时期的社会救济（1927—1949）》，天津人民出版社 2002 年版，第 8 页。

③ ［日］小浜正子：《近代上海的公共性与国家》（葛涛译），上海古籍出版社 2003 年版，第 211 页。

结　论

红十字运动起源于西方，后逐渐传播到东方大地，在中国生根发芽。相对来说，作为中部沿江省份的江西接触红十字的时间较晚。辛亥革命时期，在多种因素的综合作用下，红十字分会在南昌、九江得以成立，这标志着江西红十字运动的开端。进入民国以后，红十字运动逐渐向全省扩展，至 1924 年，江西全省一共有 13 处分会，这是江西红十字运动的鼎盛时期。随着分会组织的扩展、资金的募集、会员的招募及职员的选任，江西红十字运动逐渐具备了良好的组织基础。在不同的历史时期，江西红十字会积极参加战地救护、灾害救济、医疗服务及其他社会服务，成绩斐然。在辛亥革命、“二次革命”、北伐战争、抗日战争中，都可以见到江西红十字会奔赴战地的身影，这为减轻士兵伤痛、医治战争创伤做出了重要贡献；在历次水旱灾害中，红十字会也极力筹捐，散放赈款，解救贫困；此外，红十字会医院为民众提供医疗服务，防治疫疠，也颇有成绩。1949 年 10 月 1 日，中华人民共和国的成立，为中国红十字运动的发展提供了新的历史机遇，随着总会和江西红十字分会改组的完成，江西红十字运动也开始了新的征程。

那么，怎样对 1911—1949 年这 38 年的江西红十字运动发展的历史做一总结呢？

第一，江西红十字运动的区域特点，突出地表现为“发展”与“局限”共存，这是对江西红十字会发展特征的总体概括。

“发展”是指：1911 年江西就出现了红十字分会，分会数量一度也扩展到 13 处。各地分会通过募集资金、征求会员逐渐完善各项组织建设。在历次战争救护、灾害救济、医疗服务中，江西红十字会都践行了其“人道博爱”的理念。

“局限”是指：江西红十字分会的数量在 1924 年达到顶峰后逐渐缩减，从 1933 年的 12 处到 1936 年的 9 处，再到抗战时期的 2 处，最后到抗战胜利后也只恢复到 4 处。分会组织的缩减，明显反映了江西红十字运动发展的局限性。江西红十字分会的数量与江苏省相比是相形见绌的。1924年，江西红十字分会数量占到市县总数的16%，而江苏则占到市县总数的50%左右。另外，分会在资金筹措上大都点金乏术，即使是南昌分会也一度面临非常严重的经济困难，导致各项事业难以开展。其他如黎川分会曾经“基金未能筹备，经常费因之缺乏”①，吉安分会甚至“费绌停办”②。

造成江西红十字运动的局限性的原因，除了经济发展的滞后外，最主要的就是战乱频繁，社会环境恶劣。在半殖民地半封建的社会背景之下，近代江西战乱的频繁程度令人咂舌！尤其是北洋军阀统治时期，大小战争不断，“从辛亥革命到中华人民共和国成立的38年间，在江西进行的战争共8次，规模在万人以上的重大战役有40次以上，小规模战斗则连年不断，没有哪一年不打仗的”③。战乱的一个明显副作用即是导致分会组织的星散，如北伐战争时期，“南昌南北军两度易位，地方混乱不堪，而南昌红十字分会早已停顿”④。而在此后的国共内战和抗日战争中，江西红十字分会更是受到沉重打击，分会数量最后下降到两处，直至抗战后也没有恢复原有的辉煌。此外，国民政府在改组红会的过程中，对于地方分会的官办与限制（没有救护成绩就解散），也是导致江西红十字运动局限性的另一原因。

慈善团体的发展，对于繁荣的经济与稳定的社会环境要求较高，在江西这个经济相对落后，战乱、灾害频繁的区域，要发展红十字运动，必将受到很大掣肘。

第二，由于环境特殊，江西红十字运动突出地反映了“国家与社会”的冲突与融合，这也是江西红十字运动的区域特点。尤其是在国共内战当中，国民党反动派为了围剿红军、善后江西地方，积极利用红十字会作为救济民众的工具，以此来达成其政治目的。由此，红十字会的角色也一度为人们所误解。

江西红十字会时刻面临着怎样处理与政府（官府或军事当局）的关系问题。在民国前期，红十字会能够保持与政府良好的互补关系，双方

① 《中国红十字会月刊》第23期（1923年9月），第15页。

② 《吉安县志》卷十四《庶政志》，第18页。

③ 廖信春：《民国时期江西的战争与江西社会》，《江西师范大学学报》（哲学社会科学版）2000年第3期，第152页。

④ 詹鸣球：《报告：九江红十字会十七年纪略》，《中国红十字会月刊》第14期（1936年8月），第76页。

合作融洽，江西红十字运动的发展也有赖于地方政府（军事当局）的支持，因此在变动频繁的政治环境中，江西红十字会能够保持民间社团的独立性、民间性，很少受到官府的直接干预。南京国民政府建立之后，为了加强对社会的控制，强势介入中国红十字会，促使红十字会逐渐转变为政府控制下的慈善事业。两者之间关系的转变，是南京国民政府建立强势国家的企图之一，国家与社会之间的渗透更为密切。在国共内战当中，熊式辉联合中国红十字会组织江西急赈会，救济江西民众。江西红十字会也组织救护队开赴战场进行战地救护，并在后方为国民党军队治疗伤兵。

在国民政府改组江西红会的过程中，江西红十字会也曾一度抵抗。如南昌分会1931年选举龚师曾为会长被会员指为不合法；江西各地分会也一度拖延红十字分会的备案，进行软抵抗。但这种抵抗是徒劳的，随着改组的完成，江西红十字会与政府的关系，从之前保持一定独立性的合作转变为丧失独立性的被管辖。此后，江西红十字会受到政府的强力控制及干预，官办色彩浓厚。在这种环境中，江西红十字会只能充当政府的助手，从事战争救护、灾害救助等方面的活动，其独立性大大丧失①。

第三，与其他省份相比，江西红十字会的人道活动更多表现为战地救护、灾害救济及医疗服务，社会服务活动比较缺乏。如前所述，抗战时期，南昌分会专门创办了一所义童小学，教养难童，成绩颇为突出。但这只是零星的活动。比较而言，1949年以前，江苏红十字会的社会服务活动的成绩非常突出，尤其是南京分会的儿童福利院的社会服务引人瞩目。儿童福利院设有营养站，也开展儿童医疗工作，并设立奖学金资助儿童教育②。而且红十字青少年运动最早在江苏出现，在全国起了示范带头作用，并取得了比较好的成绩，填补了我国红会工作的一项空

① 特别值得我们注意的是，抗战胜利后，蒋梦麟会长曾经对中国红十字会医院的角色提出过一个看法。他说："若干国家的红十字会医院，既不是国立，也不是公立，更不是私立，而在上述三者之间，有一个超然的身份，甚至各种医院之内发生技术上或法律上的纠纷，而要红十字会医院来做仲裁的。依据这个理想，中国红十字会所办的医药事业，必须力求健全，更必须认清自己是超然的，也是出于志愿协助的立场的。"《大公报》1946年2月17日。这也提醒我们，红十字会与政府之间的角色关系并不一定是固定不变的。

② 参见池子华、郝如一等著：《近代江苏红十字运动（1904—1949）》，安徽人民出版社2007年版，第216—219页。

白[①]。即使与邻近的安徽相比，江西红十字会的社会服务也逊色不少。造成此种状况的原因，除了经济方面的因素外，和红十字会职员的认识也有一定关系。

研究江西红十字运动，旨在进一步推进中国红十字运动研究。因为整体由区域构成，区域包含在整体当中。只有将区域特点搞清楚了，才有可能把握整体的特点。江西红十字运动作为中国红十字运动的有机组成部分，只有将江西红十字运动的历史脉络梳理清楚，找出区域的特点，总结区域经验，才能有助于我们更为深入地考察中国红十字运动。

① 参见池子华、郝如一等著：《近代江苏红十字运动（1904—1949）》，安徽人民出版社2007年版，第244—245页。

附录一　清末民初红十字会的本土化

近年来，在周秋光、张建俅和池子华等学者的努力下，有关近代中国红十字运动的研究不断得到深化和拓展。正如朱浒所说："这些学者大都注意到，在作为舶来品的红十字会被中国社会最初接受的过程中，中国本土资源具有某种基础性作用。"闵杰、周秋光、里夫斯、张建俅和池子华大致都认为中国红十字会的成立是中西慈善文化相互融合的结果。"不过，一旦继续追问这种基础在实践层面上究竟通过何种途径，或者说怎样才能实现与红十字会的性质和形式相结合的问题时，这种把中国传统慈善文化作为主要渠道的看法就显得过于笼统了"。因此，朱浒认为中国红十字会起源的路径是晚清义赈提供的社会机制，而且义赈与红十字会形成一种作用与反作用并存的态势①。

朱浒的研究进一步丰富了我们对于红十字会在中国起源的看法，但他并没有为我们揭示出红十字会如何完成本土化的这个过程。换言之，红十字会在中国的起源依靠的是本土义赈的社会机制，但是红十字会怎样从一个舶来品而逐渐在中国这个东方国家扎根生长的，从而完成本土化的过程，我们并不清楚。尤其是国人对于红十字会的职能以及试用范围的认识的变化，对红十字会的本土化有着很大的影响。本文主要集中探讨清末民初红十字会本土化的历程，从而丰富对中国红十字会的研究，以期进一步梳理中国红十字会的早期历史②。不当之处，敬请方家指正。

---

① 朱浒：《中国红十字会起源的本土化途径与晚清义赈》，见《〈红十字运动研究〉2007年卷》，安徽人民出版社2007年版，第54—82页。

② 对于红十字早期历史的研究，主要有池子华：《红十字与近代中国》，安徽人民出版社2004年版；张建俅：《中国红十字会初期发展之研究》，中华书局2007年版；周秋光：《红十字会在中国：1904—1927》，人民出版社2008年版；以及朱浒：《中国红十字会起源的本土化途径与晚清义赈》，见《〈红十字运动研究〉2007年卷》，安徽人民出版社2007年版。这些学者或多或少论及了红十字会的起源以及初期发展的历史，但是并没有指出红十字会本土化的历程，也没有注意到红十字会本土化的核心问题在于红十字会职能的转变。

一、战地救护的变通：救护难民

国际红十字运动发端于西方，最初宗旨在于救护战时受伤兵士。晚清国人对于红十字会的最早认识，也在于战场之上。甲午战争的时候，“我中国因无红十字会，是以受伤军士大半由日本赤十字社中人代为敷治，至愈后始交还”①。日本赤十字社救护中国伤兵之举使国人大为触动，商人孙淦因此有创办红十字会之说。孙淦认为创设红十字会有四利：“疾伤有恃，军士气壮，鼓行而前，图功自易，一利也；万邦善政，是则是效，结盟诸国，人不敢轻，二利也；国有大疫、大凶、大札，会众疗治，保全必多，三利也；我国医学请求未精，此会若成，研究亦易，四利也。”其倡议并没有转化为实际行动②，但可以看出孙淦对红十字会关于救护伤兵的宗旨的认识是非常清楚的。

虽然国人已经对红十字会的宗旨有所认识，但是红十字在中国的起源过程中，受到义赈提供的赈济社会机制的强大影响，导致中国红十字在起源之初就偏离了原来的轨道。实际上，清末时期一些带有红十字性质的组织大都是嫁接在善团、善会的组织基础之上，其宗旨或者职能很明显受到义赈的影响③。而且由于晚清时期的现实情况，带有红十字会性质的组织无法直接开展救护伤兵的行动，这些组织自然而然就将其职责向救护难民转变。此外，日本赤十字社的实践自然也对中国红十字会的产生起到了很强的示范作用。日本赤十字社“战时即协助军医赴战场，救治受伤将士及受病军民”④，从救护伤兵到救治军民，这种救治范围的扩大，自然也对中国的红十字组织有所影响。

1900 年八国联军侵华，京津地区惨遭蹂躏。以陆树藩为首的江南绅商发起成立救济善会，如“外国红十字会之例，为救各国难民及受伤兵士起见”⑤。正如池子华指出的，救济善会是一个遵照国际红十字会的基本精神和行动惯例成立的一个团体，与旧式善会已有显著区别，可以“视为中国红十字会的先声”⑥。救济善会标榜仿照红十字会之惯例，其

---

① 《中国亟应创兴红十字会说》，《申报》1899 年 4 月 10 日。

② 《创兴善会》，《申报》1899 年 3 月 26 日。

③ 参见朱浒：《中国红十字会起源的本土化途径与晚清义赈》，见《〈红十字运动研究〉2007 年卷》，安徽人民出版社 2007 年版，第 54—82 页。

④ 池子华、傅亮等主编：《〈大公报〉上的红十字》，合肥工业大学出版社 2012 年版，第 16 页。

⑤ 《救济文牍》卷一，第 1 页。

⑥ 池子华：《从中国救济善会到上海万国红十字会》，《史林》2005 年第 2 期。

筹办者在募捐启事中也自称："仿红十字会，欲开风气之先，必须始终其事，庶几能名实相符，似非设立医学堂、养病所以及设法入美国红十字会，专备养病轮船等事不足以垂久远而符会规。"① 救济善会已提到要设立医学堂等事，说明主事者确实有使救济善会成为真正的红十字会的设想。但实际上，救济善会在京津一带，所行之事大都为救护难民②，离真正的红十字会组织仍有不小差距。

日俄战争的爆发是红十字会组织诞生的重要时段，这是现在所有学者都认同的。日俄战争期间，中外人士创办的上海万国红十字会提出，"红十字会之用意，系拯救被难人民与夫受伤兵士"③，并初步草拟三条会章为："一、在战地设医院治受伤军士、误中流弹人民；二、置医车载受伤军士人民；三、拯被难人民离去战地，凭红十字旗在战地切实行其权利，战国不得侵欺。"④ 上海万国红十字会提出了旨在救护伤兵与难民的简要会章，但由于清政府虽签署了日内瓦公约但并没有予以批准，因此中国并不是日内瓦公约的缔约国，此后清政府虽完成入会手续，但仅表明中国成为日内瓦公约的缔约国，而中国并没有完成加入国际红十字会从而使中国红十字会获得国际承认的手续⑤。事实上，上海万国红十字会无法获得交战国家（日俄两国）的承认，实际上战地救护也无法展开。

由于日俄两国不允许上海万国红十字会进入战地进行救护，而"战地有战场内外之分，战场内惟战国本会有此权利，中立国会权利只在战场外附近处"，因此上海万国红十字会"只在战场外附近处设医院收治战国伤病兵民，救护无关战事人民出险"⑥。救护难民脱离险境，自然就成为上海万国红十字会行动的首要任务。《上海万国红十字会暂行简明章程》第二条规定，该会专以"医治战地因战被伤之战国及局外兵民，救护战地之无关战事因战被难人民"；第五条规定，"本会最重救护，战

---

① 《救济文牍》卷一，第8—9页。朱浒认为救济善会"对红十字会的模仿和使用则是临机措施而已"，见氏著《地方性流动及其超越》，中国人民大学出版社2006年版，第469页。

② 参见池子华：《从中国救济善会到上海万国红十字会》，《史林》2005年第2期。

③ 《施君肇基笔译上海创设万国红十字支会会议大旨》，《申报》1904年3月14日。

④ 《光绪三十年二月初十日收商约、电政大臣电一件》，《国家图书馆藏清代孤本外交档案》，第37册，第15514页。

⑤ 张建俅：《中国红十字会初期发展之研究》，第32页。

⑥ 《光绪三十年三月初七日收商约、电政大臣电一件》，《国家图书馆藏清代孤本外交档案》，第37册，第15560页。

地因战事被难、无关战事之人民，先由营口分会倡办，后由烟台分会酌办”[①]，并拟定了详细而具体的救护难民出险办法。对于上海万国红十字会转为救护难民的变通，有评论就认为：“查中国红十字会，向本无之，因风气开通，得附各国之列。但战法条例，此会只救负伤之人。今中国并无战争，俄日之受伤者，因中国无人往救之，故皆不得入华人医院，而华人之饥寒可悯者，只可赈救，不能入医院之中。故红十字会在北方有行善之名，无行善之实。”[②]

不管是救济善会还是上海万国红十字会，事实上并没有开展救护伤兵的行动，而是更多地救护难民。如果将救济善会以及上海万国红十字会都视为中国红十字会的前身的话，可以看出早期的红十字会组织的职能由救护伤兵转变为了救护难民。很明显，在义赈的影响下，以及中国还没有加入国际红十字会等原因，红十字会救护伤兵的宗旨逐渐变通成为救护难民，这是红十字会本土化过程的一大特点。

二、战地救护的实质：救护伤兵

1911年10月10日，武昌起义爆发，战事焦灼，兵民皆受痛楚。不少京官提出：“中国红十字会前于日俄战事，特倡救济会，拯救难民，全活无算。请按照该会定章，派员速往筹办，以拯难民，而宏慈善。”[③]10月23日（九月初二日），给事中涂国盛奏请派督办赈务大臣盛宣怀迅速设立救济会赴鄂救济乱民，清政府随即谕知盛宣怀。10月25日（九月初四日），盛宣怀上奏关于救济难民办法，盛宣怀在上奏中追述日俄战争时创办上海万国红十字会的事宜，认为武昌战事惨烈，“应迅速设法救援，以活民命”，但是“查各国红十字会章程，系两国构兵，由他国会员，深入战线之内，不分彼此，一律救援，与现在鄂省匪乱情形不同。且查红十字会，各国创设已三十余年，遍查各国历史，亦无与此相等之战事。是此次赴鄂救济人命，医治受伤军士，只可用红十字之办法，不便用红十字会之名义。臣斟酌再四，拟请设立慈善救济会，仍按

① 《上海万国红十字会暂行简明章程》，《申报》1904年7月29日。

② 池子华、傅亮等主编：《〈大公报〉上的红十字》，合肥工业大学出版社2012年版，第32页。

③ 《遵旨设立慈善会派员赴鄂救济被难人民折》，转引自中国红十字会总会编：《探本溯源：来自博爱论坛的声音》，北京大学出版社2010年版，第132页。

照红十字会宗旨，以救难及医伤两事为切实办法”①。张建俅认为，盛宣怀起初是想直接使用红十字会名义来开展救护，但遭到军谘府的反对，于是提出只用红十字的办法来救护伤兵、难民②。军谘府认为红十字会是不能用于内战范围的，盛宣怀不得已只能采取变通办法：“只可用红十字之办法，不便用红十字会之名义”。但盛宣怀10月25日就被革职，其想法并没有付诸实施。

盛宣怀被革职后，清政府于10月26日（九月五日）发布上谕：“昨据盛宣怀奏设立慈善救济会派员赴鄂救济被难人民一折。此次湖北变乱，武汉居民同遭惨祸，现既不得已而用兵，凡军前之受伤被难军民，其困苦尤堪悯念。著即设立慈善救济会，盛宣怀现已革职，著尚书吕海寰妥速筹办。并督饬派往各员于医伤救难两事认真救济。又片奏派令沈敦和、福开森前往办理救济事宜。又片奏在京设立会所，选派得力人员随同规划各等语，均著吕海寰酌核办理。”③ 吕海寰奉谕之后，呈报办理慈善会情形，特别提及经费困难，并提出要利用南方士绅开展行动：

前在上海办理万国红十字会时，系中外官商合力共举，实在用款至五六十万两之多，一切免费尚不在内。现在内地蠢动，金融恐慌，即使竭力劝募，亦断难如前踊跃。况此次战事陡起，不惟战线内大受损伤，即附近各地亦应施救，若待巨款毕集，始行开办，则倒悬未解，背肉先寒。臣一思及，莫名焦灼，极知饷糈重要，库款支付尚有为难，何敢妄事请益，当即晤商筹振大臣陈邦瑞妥议匀拨，据该大臣面称振款现在无余，事关救济自应勉任筹措……至前邮传大臣奏请在京设立会所，原系附设筹振公所之内，与臣现在办事情形不同，而从前办理救济人士大半均在南省，若遽调令北上，面授机宜，往返必需时日。臣拟在京布署稍

① 《遵旨设立慈善会派员赴鄂救济被难人民折》，转引自中国红十字会总会编：《探本溯源：来自博爱论坛的声音》，北京大学出版社2010年版，第132页。上海图书馆编纂的《上海图书馆藏盛宣怀档案萃编》认为该折没有送出，但张建俅认为“此折应已送出”，见《近代中国红十字会成立问题考论——以盛宣怀文件为中心》（以下简称《近代中国红十字会成立问题考论》）注80，《“国史馆”馆刊》第35期，第111—142页。

② 张建俅：《近代中国红十字会成立问题考论》，《“国史馆”馆刊》第35期，第137—138页。

③ 第一历史档案馆编：《光绪宣统两朝上谕档》第35册，广西师范大学出版社1996年版，第268页。这条上谕也可以证明盛宣怀最后上奏的一折两片已经送出。

定，即由海道赴沪督饬进行，广布朝廷德意[①]。

值得注意的是，在该折中，吕海寰除了谈及经费困难的时候提到红十字会之外，并没有提及要用红十字会名义。因为吕海寰要办的是慈善救济会，与红十字会本无关系。可能是由于经费困难，更出于“统合上海沈敦和等人的力量”[②]，吕海寰随后认为应该使用红十字会名义，并（于九月十九日）再次上奏：

臣前因奉命筹办慈善救济会，业将开办一切事宜先后奏陈在案。臣当即督饬洋员福开森聘请洋医士暨本会会员约同湖北绅士赶紧前往实行救济。惟是灾黎之颠沛固属无辜，兵士之伤残亦殊可悯。连日与各国医士及慈善绅商再四讨论，佥谓各国红十字会所以两国伤亡一体救治者，以人道主义为重，亦缘医士往来战地，必须双方承认，始能处险如夷等语。臣愚以为武汉之役，虽系近于嫌疑，究之潢池弄兵，皆吾赤子。近日迭奉谕旨宥赦党人派员宣抚，仰见朝廷政崇宽大，一视同仁，无微不至。十五日又奉上谕此次党人均著准其按照法律改组政党，藉以养成人才，收作国家之用等因，钦此。跪诵之下，钦感莫名，朝廷弃瑕录用，业已衅隙全泯，则无知莠民似亦在覆帱矜恤之列，而不应显分迎拒，致伤感情。且阅官报内载陆军大臣行营司令处颁布关于处理战地死伤规则第四条亦准一律抬送野战病院分别医治等语。查行营司令规则与红十字会办法相同，在行军一面尚施法外之仁，况此会本乎慈善，均系中国子民，似不应坐视其颠连困苦而不一援手。虽救济之会出自特恩，根据日来弗红十字条约之第十条及第二十五条文办理，而各国人士均不视为完全办法，殊难联络。且查大清红十字会系与各国订立条约，奉旨派员入会签押，业已载在保和会条约之内，若此次不用红十字会之名称，是无端暗行取消，亦恐无此办法。臣现在所办事宜纯属慈善主意，正宜不分畛域，俾得共被仁慈。如蒙俞允，拟请明降谕旨，准臣按照各国红十字会章程推广办理，不独在事中外人员可以出入险地，而两军将士亦当闻而感泣矣[③]。

在奏折末尾，吕海寰也提醒清政府任命新的红十字会会长。同日，

---

① 《奏为沥陈开办慈善救济会情形事》，《录副奏折》，档号 03-7471-091，缩微号 555-1504。

② 张建俅：《中国红十字会初期发展之研究》，中华书局 2007 年版，第 40 页。

③ 《奏请明降谕旨准臣按照各国红十字会章程推广办理救济会事》，《录副奏折》，档号 03-7471-095，缩微号 555-1517。

清政府改变了此前不便使用红十字会名义的看法，发布上谕同意了吕海寰所请，并让其另举红十字会会长①。11 月 13 日（九月二十三日），御史史履晋上奏认为：虽然清政府同意了慈善救济会按照红十字会章程推广办理，“惟闻中外人士颇有议其非完全红十字会办法者，将来办事难免掣肘。窃思红十字会为环球万国所保护，范围甚广，权力甚大。中国既已入会，条约尤须遵行，若不特派会长，以重事权，恐各国不肯承认，名义未正，即保护虽周，殊多危险。拟请即派吕海寰接充中国红十字会会长，仍兼办慈善救济会事宜，以重事权而符条约，于大局方有裨益”②。当日，清政府谕令吕海寰充任中国红十字会会长仍兼办慈善救济会事宜③。

但是，清政府主导下的红十字会办理一月有余，并未开赴武汉战场。据说原因在于款项不足④。与此相反，在盛宣怀被革职的前一天（10 月 24 日），此前实际主持上海万国红十字会事务的沈敦和在上海召开特别大会，宣布成立“中国红十字会万国董事会”，决定成立红十字事务所，组织救护医疗队开赴战地救护，在汉口设立养病医院，募捐以及采办药品、食物等事项⑤。因吕海寰的中国红十字会与沈敦和的“中国红十字会万国董事会”互相并不统属，从而形成了以后的京会、沪会之争。10 月 25 日，沪会即派救护医疗队前往武汉战场进行救护伤兵。吕海寰主持下的京会也组织救护医队于 10 月底 11 月初开赴战地，进行战地救护⑥。此外，在辛亥革命期间，各地组织的红十字分会也纷纷开展救护伤兵的行动。

辛亥革命爆发后，清政府仍然严守红十字会的初始宗旨，起初并不同意使用红十字会的名义进行救护，后虽更改，但京会的救护行动却远比不上沪会。而上海的沈敦和等人在战争爆发之后不久，就举起红十字

① 第一历史档案馆编：《光绪宣统两朝上谕档》第 35 册，广西师范大学出版社 1996 年版，第 295 页。

② 《奏请拟派吕海寰接充中国红十字会会长仍兼慈善救济会事宜事》，《录副奏折》，档号 03-7471-103，缩微号 555-1532。

③ 第一历史档案馆编：《光绪宣统两朝上谕档》第 35 册，广西师范大学出版社 1996 年版，第 299 页。

④ “当该会成立之始，已由部允拨十六万两充作经费，嗣部中库储已竭，未能照拨。经吕大臣一再咨催，亦未据部制定的款。不得已，始由吕设法劝募。月余来，仅募得款项二千余金，故日来始见着手布置云。”池子华、傅亮等主编：《〈大公报〉上的红十字》，合肥工业大学出版社 2012 年版，第 87 页。

⑤ 池子华：《红十字与近代中国》，安徽人民出版社 2004 年版，第 90 页。

⑥ 池子华：《红十字与近代中国》，安徽人民出版社 2004 年版，第 96、103 页。

会的旗帜，开展战地救护，全然没有顾及红十字会的试用范围。吕海寰、沈敦和等人当然对于红十字会的宗旨以及试用范围是完全了解的，但是他们并没有囿于红十字会只试用两国交战的规定，而是采取了变通的手段，在国内战争中使用红十字会的名义来开展战地救护，这是红十字会逐渐本土化的明显表现。

三、灾害救济的纳入

国际红十字的宗旨在于战地救护，初期并没有涉及灾害救济。最早在《申报》上宣传红十字会的言论，体现国人对红十字会的认识，即红十字会是“不分畛域地救护伤兵之组织”，其职能最多不过扩展至医治疾疫①。因此，时人认为红十字会并不是灾害救济的组织。事实上，红十字会属于国际人道主义组织，最初宗旨在于救护伤兵。但正如朱浒所言，红十字会的起源受到义赈机制的影响，国人最初自然而然将红十字会视为善会的一种：“泰西善士有红十字会之设，当两军交绥之顷，存一视同仁之念，于万不得已之时，内体上天好生之心，救灾恤邻无分人己，博施济众意美法良。”② 日俄战争期间创设的上海万国红十字会，其大旨虽在于“拯救被难人民与夫受伤兵士”③。但实际上，“当日俄战始，辽东尽为险地，彼虽许华人前往，然华人之好善者仍不敢入其境中，只在新民府、沟帮子两处地方分设会局二处。初因救济灾民不能合例，而华人又无受伤，故公事寥寥，用款极省，既而变通办理，稍拯饥寒，但不知办事者能否有功也”④。“救济灾民不能合例”也明显体现人们对红十字会的认识——红十字会并非救济组织。因此，上海万国红十字会只能“变通办理”，在救护难民出险告一段落之后，即对战灾之后的东北民众进行赈济，为难民设立粥厂赈饥、置办棉衣御寒、设立栖流

---

① 《创兴善会》《创兴红十字会说》，《申报》1898年3月26日、5月9日；《中国亟宜创兴红十字会说》中提道：“或又曰：‘方今兵戈载戢，海波不扬，既不至于兴戎，安用此红十字会？’则应之曰，顷固言之矣，红十字会中人平日遇有痧疠、天花或则洪涛漭瀁之中轮船失事，皆得施其神术以拯生灵。目前痧疠、天花尚不多见，轮船失事岁亦不数数闻。然皖北、山东以及江苏之淮、徐、海诸处，或旱或潦，饥馑洊臻，小民荡析离居，死亡载道。死者长已矣，其幸而生者，经旬槁饿，病骨支离，加以尸气熏蒸，必多疾疫，如有红十字会，正宜乘此时世艰难之际，施妙术以救群黎。”《申报》1899年4月10日。

② 《创兴善会》，《申报》1898年3月26日。

③ 《施君肇基笔译上海创设万国红十字支会会议大旨》，《申报》1904年3月14日。

④ 池子华、傅亮等主编：《〈大公报〉上的红十字》，合肥工业大学出版社2012年版，第32页。

所留养难民，并对饥民发放赈米[①]。战争之后的赈济，严格说来虽不属于灾害救济的范畴，但也可见初期的红十字会组织已经已然开始变通，开始将救济事业纳入其职能范围。但是这种变通并没有形成固定的范式，而是经过一定的曲折。

1910年入夏之后，江苏、安徽两省皆遭遇特大洪水，酿成水灾，灾民几达数百万。1910年12月12日，华洋义赈会在上海张园召开成立大会，出席人员包括江、皖督抚特派代表，以及大批驻沪中西官绅商学界人士。西董由福开森等来自美、英、法、德、日5国的人士组成，华董为沈敦和、朱葆三、任锡汾等人。根据朱浒的研究，1910年华洋义赈会的成立采用的是1906年的华洋义赈会的成案，而1906年华洋义赈会实际上是义赈与洋赈之间的一次空前规模的合作，其成员很多都参加过上海万国红十字会[②]。很自然，1910年的华洋义赈会的成员中很多人也曾与闻上海万国红十字会的事务，且皖北水灾之后又生疫疠，华洋义赈会"仿红十字会办法前往救治"[③]。因此在《中国红十字会二十周年纪念册》中曾将华洋义赈会的救灾成绩据为己有："皖北旱灾（应为水灾），继以大疫，死亡枕藉。本会急派医士、学生，携带救疫医队，为甲乙丙丁四队，冒暑驰往北皖之临淮、寿州、凤阳、正阳、凤台、怀远、宿州、蚌埠及苏省之清江、海州、桃源等处，竭力拯救，治愈者六万七千五百余人。于时办理急赈者，为本会组织之华洋义赈会，集款至百七十万，全活无算，成绩昭然。"[④] 所谓"本会组织之华洋义赈会"，虽有掠美之嫌[⑤]，但也可见华洋义赈会与红十字会的密切关系。

那么，沈敦和、福开森、任锡汾等人为什么抛开红十字会而去创办"华洋义赈会"呢？池子华认为：一方面是便于筹款，另方面也是对于1910年盛宣怀将中国红十字会易名为"大清红十字会"的抗议[⑥]。但沈敦和等人筹办华洋义赈会，并不能说明其对盛宣怀表示不满，因为华洋义赈会成立之后准备推举盛宣怀为会长，只是被盛宣怀以远在京师为由而婉拒，且盛宣怀也曾冒功说华洋义赈会是其"电令"沈敦和、福开森等人成立的[⑦]。可以说，华洋义赈会的成立与盛宣怀的支持是分不开的。

① 池子华：《红十字与近代中国》，安徽人民出版社2004年版，第45—51页。
② 朱浒：《民胞物与：中国近代义赈（1876—1912）》，人民出版社2012年版，第227页。
③ 《救疫医队定期出发》，《申报》1911年6月26日。
④ 《中国红十字会二十周年大事纲目》，第3—4页。
⑤ 池子华：《红十字与近代中国》，安徽人民出版社2004年版，第82页。
⑥ 参见池子华：《红十字与近代中国》，安徽人民出版社2004年版，第82页。
⑦ 朱浒：《民胞物与：中国近代义赈（1876—1912）》，人民出版社2012年版，第249页。

因此有理由认为，沈敦和等人抛开红十字会而另办华洋义赈会，是由于红十字会是战时救护伤兵的人道主义组织，江皖水灾属于自然灾害，使用红十字会的名义自然有失妥当。而且1906年中外合作的华洋义赈会曾得到朝廷的嘉奖，此次使用华洋义赈会的名义在筹款以及办事方面自然更为顺利①。

正如朱浒所言，以上海万国红十字会的成立为节点，“义赈活动逐渐出现了两个新的演化势头。第一个势头是，一部分原办义赈同人逐步将活动重心转向了红十字会的建设。第二个势头是，此后的义赈活动中，不仅出现了新的参与力量，并且开辟了与赈所时代有所不同的组织形式和行动资源”②。红十字会的本土创办者大多是从事义赈活动的慈善家，义赈活动的落脚点大都在于灾害救济，这种赈济模式自然对红十字会有所影响。中国红十字会的起源依赖于社会赈济机制，使得红十字会在辛亥革命之后逐渐参与各种自然灾害的救济活动，就成为很自然的事情。1912年，顺直地区暴发特大水灾，新成立的天津红十字会即对天津地区受灾情况进行调查，并装载粮食进行放赈③。天津红十字会的水灾赈济活动在统一大会以及《中国红十字会章程》通过之前，这也可见传统义赈对红十字会的影响。1912年中国红十字会统一大会通过的《中国红十字会章程》明确规定，红十字会平时应兼办水旱灾害，这就为中国红十字会将灾害救济纳入红十字会职能之中提供了依据。统一大会之后不久，沈敦和即赴天津专门办理赈济顺直水灾之事。在以后的历史时期，赈济自然灾害成为中国红十字会的一项重要活动④。

四、1912年国际红十字大会与《中国红十字会章程》

国际红十字大会是国际红十字与红新月运动的最高审议机构，每4年召开一次（特殊情况除外），讨论有关国际红十字运动的重大事情并

① 参见朱浒：《民胞物与：中国近代义赈（1876—1912）》，人民出版社2012年版，第249页。

② 朱浒：《民胞物与：中国近代义赈（1876—1912）》，人民出版社2012年版，第200页。

③ 池子华、傅亮等主编：《〈大公报〉上的红十字》，合肥工业大学出版社2012年版，第125页。

④ 相关研究参见池子华：《红十字与近代中国》，安徽人民出版社2004年版，第193—246页

通过决议，规划国际红十字运动，修改国际红十字与红新月运动章程等[①]。中国第一次参加的国际红十字大会是1912年在美国召开的第九届国际红十字大会。论者大多注意到此次大会中的京会、沪会矛盾，中国红十字会在此次大会中的地位以及亮相国际的影响[②]，但甚少注意到此次国际红十字大会对红十字会本土化的认可。

第一个认可是红十字会平时可以兼办各类善举，例如灾荒救济。在会上，有英国代表认为："红十字会所办事宜，应限在战时勤力办事，不应于平时兼办各项善举。"中国红十字会代表福开森发表反驳意见："先将太平时红十字会可办善事略为陈说，又将中国近办救荒各事提以为证，并言深望普天同庆、共乐升平，使红十字会将来，宁为升平之表记而无为战时表记。"福开森的意见得到大多代表的认同："各会员意见大致均以平时红十字会亦应办事，战时乃有备无患。"[③]

第二个认可是红十字会可以在国内战争中尽其职务。"大会讨论事件中有一最显重要为克拉克君宣读之论说，其题为一国遇有内乱或叛逆战争之时红十字会应尽职务"。克拉克认为"倘一国遇有叛逆战争之时，他国之红十字会应得自由行动，双方施救"，持反对意见的会员甚多，并认为"此种条陈非大会分内应当讨论之事，置之不议可也"，"当此之际，开森即将近日中国各处起乱之时，中国红十字会如何办理情形向大会陈说，谓本会办法若知某境内有战事，即嘱该境分会暂时独当一面，无须听令中央总会，一切事件自可与该党首领直接商办。陈说既毕，即有多数会员以为中国所用之法甚是。并谓遇此情形，此法红十字会最堪适用"[④]。

此次国际大会的召开，福开森认为所得成效主要有四端：一是中国红十字会为全场瞩目；二是"普通善举在平时所关紧要"，"大致似以为凡一国所办善举，均应以该国之红十字会为中央枢纽"；三是红十字会应办防范病症传染之事；四是红十字会应筹备捐款为平时救灾之用[⑤]。其中关于平时普通善举指的是灾害救济等事，这显然与中国红十字会的

---

① 池子华：《红十字与近代中国》，安徽人民出版社2004年版，第121页。

② 关于京会、沪会之间的矛盾，具体参见池子华：《红十字与近代中国》，安徽人民出版社2004年版，第121—126页。

③ 池子华、傅亮等主编：《〈大公报〉上的红十字》，合肥工业大学出版社2012年版，第127页。

④ 池子华、傅亮等主编：《〈大公报〉上的红十字》，合肥工业大学出版社2012年版，第128页。

⑤ 池子华、傅亮等主编：《〈大公报〉上的红十字》，合肥工业大学出版社2012年版，第130页。

本土经验有很大关系。大会虽然对于“倘一国遇有叛逆战争之时，他国之红十字会应得自由行动，双方施救”的提议没有决议，但是普遍对中国红十字会的实际做法以为甚是，也可见中国红十字会本土经验得到国际的认可，“可视为中国红十字会对国际红十字运动的一种贡献”①。

中国红十字会在第九届国际大会上虽然获得国际地位，但仍面临着京会、沪会的统一等制度化的问题。1912 年 9 月 29 日，中国红十字会第一次会员大会在上海召开，会议通过了《中国红十字会章程》，并推举了常议员，选举了第一届红十字会领导。随后在 1912 年 10 月 30 日的统一大会上，通过了《中国红十字会章程》。该章程主要分为总则、宗旨、会员、职务与议会、分会等，一共 5 章 16 条。章程明确定名为“中国红十字会”，并规定中国红十字会的宗旨为：“本会按照一千八百六十四年各国会订之日来弗条约，暨一千九百零六年七月六号中国在保和会签押之陆战时救护病伤条约（一名日来弗红十字条约）办理。甲、在战时应遵守本国海陆军部定章及临时军司令官命令，协助医队救护病者、伤者。乙、在平时应筹募款项，设立医院，造就医学人才，置办医务材料，并振济水旱偏灾，防护疫疠及其他各项危害。”② 此外，在统一大会上，还制定通过了《中国红十字会分会章程》，规定了分会名称为“中国红十字会某处分会”，并明确了分会的义务以及分会与总会的关系。“通过建章立制，中国红十字会向规范化迈出了至关重要的一步，具有里程碑的意义，‘实奠中国红十字会万年不拔之基’”③。

《中国红十字会章程》规定红十字会除了战时救护之外，还应承担赈济水旱灾害，防护疫疠及其他各项危害。这具有非常明显的本土化色彩。如果将《中国红十字会章程》与日内瓦公约以及其他国家红十字会章程进行一个对比，对这一点就会有更鲜明的认识。日内瓦公约是 1864 年由瑞士等国家通过的，确立了对陆战中的伤兵不分国籍予以保护，并对战地医护人员予以保护的原则。此后，1899 年在荷兰海牙召开会议订立了《推广 1864 年日内瓦公约原则于海战公约》，1906 年在日内瓦召开会议订立了《关于改善战地武装部队伤者病者境遇的公约》，这次公约“更为详细，也

① 池子华：《红十字与近代中国》，安徽人民出版社 2004 年版，第 126 页。

② 《中国红十字会章程》，载《中国红十字会杂志》1913 年第 1 期，第 50 页。全文见《中国红十字会章程》，中国红十字会总会编：《中国红十字会历史资料选编，1904—1949》，南京大学出版社 1993 年版，第 224—226 页。

③ 池子华：《民国肇建与中国红十字会的转型》，载张宪文主编：《民国研究》（2012 年秋季号，总第 22 辑），社会科学文献出版社 2012 年版，第 30 页。

更具可操作性”[①]。日内瓦公约主要涉及的都是对陆、海战中伤病兵民以及救护人员予以保护，并不涉及灾害救济。具体到其他国家的红十字会来说，美国红十字会1903年订定的章程，其主要内容都集中于会内职务以及选举职员之上，对于红十字会的所行之事只简单规定：“董理应设立局所，名曰：美国国家红十字会，急助所教授生徒如何急救调治伤创等事，并须选备章程以为推广城邑开设局所之计。”[②] 再看近邻日本，1894年的《日本赤十字社章程》主要内容有赤十字条约的起源、衍义、实施方法以及赤十字社战时工作，具体到战时工作主要也是关于战时救护事务的规定，并没有提及赤十字社在平时应救济水旱灾害[③]。

很明显，《中国红十字会章程》具有鲜明的本土化意识。该章程规定中国红十字会的宗旨是：战时救护伤病者，“平时应筹募款项，设立医院，造就医学人才，置办医务材料，并振济水旱偏灾，防护疫疠及其他各项危害”。战时救护伤者病者自然是日内瓦红十字会公约的精神，但平时救济水旱灾害、防护疫疠及其他各项危害，则明显扩大了红十字会的职能范围。中国红十字会在起源过程中依靠的是近代义赈的社会机制，在救济善会、东三省红十字普济善会和上海万国红十字会身上都能看到义赈留下的诸多痕迹[④]。义赈影响中国红十字会的表现之一就是中国红十字会从战时救护伤病者扩大到平时救济水旱等自然灾害甚至其他危害。而且，在第九届国际红十字大会上，中国红十字会在内战中的救护行动也得到其他国家红十字会代表的认同，这也为中国红十字会在日后继续沿用这种战时救护模式提供了支持。因此，从这个意义上说，《中国红十字会章程》对于中国红十字会宗旨的规定，标志着红十字会本土化的完成。

五、结　语

学术界此前对于中国红十字会的起源，大都描述为一条相当清晰的从话语到实践的逻辑脉络，“其间经历的是一个西方影响—国人了解—宣传鼓动—组织模仿的线性发展阶段”，而朱浒认为红十字会在中国实现本土化的这个过程，“并不能简单归结为中西慈善文化的相通性，而

---

① 袁灿兴：《国际人道法在华传播与实践研究》，苏州大学2014年博士学位论文，第27—30页。

② 池子华、傅亮等主编：《〈大公报〉上的红十字》，合肥工业大学出版社2012年版，第28—30页。

③ 有贺长雄编：《赤十字条约编》，日本赤十字社1894年版。

④ 朱浒：《中国红十字会起源的本土化途径与晚清义赈》，见《〈红十字运动研究〉2007年卷》，安徽人民出版社2007年版，第73—78页。

是有一条相当具体的依赖路径，即标志着中国救荒事业重大发展的晚清义赈所提供的社会机制密切关联”①。朱浒虽然回答了中国红十字会起源的路径依赖问题，但并没有将红十字会的本土化过程阐释清楚。

实际上，红十字会发端于战地救护，中国出现带有红十字性质的组织也是在庚子事变这场战事当中，但不管是救济善会还是此后日俄战争期间的上海万国红十字会，这二者在事实上都没有开展救护伤兵的活动，而是转而变通为救护难民，直到辛亥革命期间中国红十字会才真正开始将救护伤兵和难民统一起来。而中国红十字会在民国之后常办的自然灾害救济，虽发端于上海万国红十字会在日俄战争之后的赈济东北难民，但此前的灾害救济，属临时性质，而且也带有明显的近代义赈色彩。《中国红十字会章程》明确规定红十字会平时应兼办水旱灾害，这就为中国红十字会将灾害救济纳入红十字会的职能提供了依据。此后，救济自然灾害成为中国红十字会的一项重要活动。在1912年的第九届红十字国际大会上，中国红十字会关于“平时兼办各项善举”以及内战中的红十字救护实践的意见都得到各国代表的赞同，表明中国红十字会本土化的经验得到了国际认可。而《中国红十字会章程》的通过，标志着红十字会基本完成了本土化的过程。

[本文原载《苏州科技学院学报》（社会科学版）2015年第4期，与刘玉斌合作]

① 朱浒：《中国红十字会起源的本土化途径与晚清义赈》，见《〈红十字运动研究〉2007年卷》，安徽人民出版社2007年版，第55页。

附录二 江西红十字运动资料

一、《中国红十字会二十周年纪念册》上的资料

分会颂词

宜黄分会会长邹祖培：

维我红会，积德远贻。亦儒亦佛，忠恕慈悲。
靡病不救，靡药不施。同登衽席，遍起疮痍。
纵横万国，攸往咸宜。千秋万世，休哉猗欤。

万安分会会长陈英元：

战云风起，灾区蔓延。茫茫浩劫，触目堪怜。
谁殷救济，孰具慈祥。惟我红会，热心逾常。
遇灾即振，畛域不分。见难即救，无论军民。
缔盟万国，同此婆心。仁声仁闻，薄海同钦。
中国红会，今已廿周。何以晋祝，亘古不休。

江西吉安分会书记马成骏、江西水上警察第一区分驻吉安第二队办事员林藿如：

万国公会，订自海芽。拯灾恤难，环球一家。
慈善事业，志愿綦奢。存仁取义，无已有加。
瞻言家国，风雨飘摇。兵连祸结，鬼哭神嚎。
赖此红会，人道是标。造福无量，盛德遐昭。
干戈扰攘，日赴疆场。枪林弹雨，血肉飞扬。
死伤救护，意美法良。伏愿兹会，山高水长。
神州莽莽，来日悠悠。中华红会，二十春秋。
进行不懈，功效斯收。千秋万岁，丕著宏猷。

黎川分会：

天灾流行，各省殆遍。水火刀兵，疾厄递嬗。
惟我慈团，忧时悯世。轸念同胞，宅心救济。
转祸为福，化险为夷。不惮辛劳，无忝厥职。
月刊出版，声闻中外。觉路提撕，鸿模远大。

鄱阳分会会长蒋士荣、副会长汪志俊：

天生蒸民，遭遇靡常。旱潦兵疫，浩劫茫茫。
繄惟红会，兹善机关。孔怀饥溺，轸念痌瘝。
博爱济众，救难扶伤。来苏有告，匍匐不遑。
建设念载，声闻昭彰。倡始吕沈，迄汪蔡杨。
经营惨澹，擘画周详。德被寰宇，百世流芳。

南昌分会会长罗兆栋：

中国红会，肇于甲辰。缔盟万国，同轨同伦。
有灾必救，无役不亲。即人即我，曰义曰仁。
广行善事，博爱生民。振倾嘘枯，到处阳春。
廿载成绩，历历可循。鸿刊纪念，日异月新。

黎川分会：

慈祥济世喜无边，领袖中原已廿年。
博爱敢承耶氏后，着鞭岂让祖生先。
补偏救弊谁调护，错节盘根总完全。
摩顶于今能有几，共倾丹悃力回天。
一杖班管羡鸿裁，道德文章众妙赅。
大陆风涛叹莫挽，中流砥柱孰为魁。
联盟万国无分界，懋绩千秋此作胎。
太息同胞罹浩劫，同舟共济上春台。

赣州分会来电

（十一年五月二十六日上午十时到）

上海中国红十字会总办事处钧鉴，分会已在赣城设临时妇孺救济会，恳请转电南北当局，通饬前方军队照约保护为祷。再救护队现正在组织间，附闻。赣州分会景章，有。

电复赣州分会

（五月二十七日发）

江西赣州火帝庙左侧红十字分会金会长鉴，有电悉，已据情分电南北军事长官，照约保护矣。总办事处，感。

电江西督军

（五月二十七日发）

江西陈督军鉴，据赣州红十字分会电，称“赣城现设妇孺救济会，并另组救护队驰赴战地救护。请电陈督军通饬前方军队，按照《日来弗海陆战条约》保护”等情前来。查该分会电称各节，职责所在，系照章办理，应请俯准，深为德便。中国红十字会总办事处，感。

电北伐军事长官

（五月二十七日发）

江西赣州探投李协和参谋总长、许汝为军长、黄子英司令大鉴，据赣州红十字分会电，称“赣城现设妇孺救济会，并另组救护队驰赴战地救护。请电前方军事长官，通饬军队按照《日来弗海陆战条约》保护”等情前来。查该分会电称各节，职责所在，系照章办理，应请俯准，深为德便。中国红十字会总办事处，感。

赣州分会来电

（五月念七日下午五时到）

上海中国红十字会总办事处钧鉴，现在赣南时事吃紧，分会地当冲要，筹办临时妇孺救济所、临时病院，请分电双方当局，转饬前方军队照约保护为祷。赣州分会景章，梗。

赣州分会来电

（五月念七日下午五时到）

上海中国红十字会总办事处钧鉴，分会病院、救济会驻在地皆悬红十字旗，医员、办事员左腕系红十字袖章，均盖有分会图记。恳请转电双方，通饬前方各军队知照保护，以免混淆，是所切祷。赣州分会景章，有。

南昌分会来电

（五月念八日下午三时到）

上海中国红十字会总办事处鉴，梗电敬悉，前与吉、赣两分会函商办法，刻战线尚在粤、赣交界处。赣州分会，闻已出发。分会救护各项业经筹备，余情再报。罗兆栋叩，感。

又来电

（五月念九日下午三时到）

上海中国红十字会总办事处鉴，兹定六月一日出发粤、赣交界之间，祈通电粤司令前途官并知照。南昌分会兆栋叩，俭。

赣县分会来电

（五月念九日上午九时到）

上海中国红十字会总办事处钧鉴，赣南边境发生军事，分会现已招救护生四十名，教授训练，准即出发。恳请钧鉴迅速协拨救护医队，携带药械来赣，督赴前方，拯此伤痍，尽我职责，盼切筹切，伫候电复。赣州分会景章，宥。

赣州分会来电

（五月三十一下午八时到）

上海中国红十字会总办事处钧鉴，分会于宥日招募救护队四十名，现正简要训练，已定十日内出发前线。请电催南昌、吉安分会迅派救护队，并协助药械，刻日来赣接济，并乞速电双方照约保护为祷。赣州分会景章，感。

复赣州分会来电

（六月一日上午十时发）

江西赣州中国红十字分会鉴，感电悉，南昌、吉安分会已报出队救护，希迳联合办理，双方保护于感电分达。贵处救护情形，望随时具报为盼。总办事处，东。

复南昌分会电

（六月一日上午十时发）

江西南昌中国红十字分会鉴，感、俭两电均悉，赣南救护事关重要，与吉、赣两分会同时出发，扶伤瘗亡，甚为欣慰。希即联袂共助，并将救护情形具报为盼。双方保护于感电赣分会案内分达在案。此复，总办事处，东。

赣州分会来电

（六月一日下午三时到）

上海红十字会总办事处钧鉴，分会在赣城设立时疫院二所，已收容伤兵甚多；临时妇孺救济所十一处，共收容避难妇孺六七千人。现战事仍急，乞速拨巨款接济为祷。赣州分会景章叩。

吉安分会来电

（六月一日下午五时到）

上海红十字会总办事处钧鉴，前嘱造报表格，昨经邮递。赣粤战事发生，敝会正在组织医队，需款甚急。忽据赣州分会电请派队协助，合并陈恳转达中央及双方长官保护，给予执照，以便照发。吉安分会叩，宥。

吉安分会来电

（六月一日下午五时到）

上海红十字会总办事处钧鉴，现值赣境军事紧急，犹在眉睫，款绌药少，责无旁贷。今医队组织就绪，整装待发。务乞转电赣、粤双方各军长官照章保护，并发给护照，殊深盼切。吉安分会叩，俭。

赣州分会来电

（六月一日下午五时到）

上海红十字会总办事处钧鉴，梗电敬悉，赣南战事剧烈，分会已在赣城设临时病院及妇孺救济所。曾经电请转报南北两方通饬前敌保护，乞速电覆为盼。赣州分会景章叩，感。

安阳分会来电（上同）分会基金微薄，此次战前救护掩埋、启病药膳、死亡棺殓，除以基金抵支外，尚亏二千元之外。现医院留住疗伤兵民仍有六十余人，逐日所需，毫无着落。地方凋敝，筹募为难。恳转河南督军、省长，酌予补助，以竟其事。安阳分会叩，东，六月二日上午到。

南昌分会告救护电

（六月三日上午九时到）

上海中国红十字会总办事处钧鉴，感电谅已达览，兹已于东日出发，乞速电粤、赣两司令保护，详情函报。南昌分会罗兆栋叩，冬。

致北伐军事长官江电

（六月三日下午发）

江西赣州探投李参谋总长、许军长、黄司令均鉴，兹由南昌、吉安两处红十字分会出发医队，驰赴战地救护，应请贵处通饬前方军队按照《日来弗海陆战条约》保护，深为德便。中国红十字会总办事处，江。

又致江西陈督军江电

（同上）

江西陈督军鉴，据南昌、吉安红十字分会来电，“以赣省战事发生，职责所在，自应出发医队驰救。乞电前方军队长官按照《日来弗海陆战条约》保护”等情前来。相应据情转达，至乞俯准，饬前方军队长官遵照，深为德便。中国红十字会总办事处，江。

电北伐军事长官及江西陈督军

（六月五日下午二时发）

（上略）据广东红十字分会联合救护队总监林伯翘电，称“现率医队已抵南雄，拟伴赴赣前线救护，并在南雄设临时医院。乞转电军事长官，转饬前线保护”等情前来，相应转达，乞查照施行。中国红十字总办事处，微。

吉安分会来电

（六月五日下午五时到）

上海中国红十字会总办事处钧鉴，敝分会组织救护医队，当经函电呈报钧处在案。昨奉陈督军东电，转电前敌各军切实保护，并给护照等因。所有敝分会医队，已于今日出发，特此奉达。吉安分会叩，江。

江西陈督军夏电

（六月六日上午八时到）

上海中国红十字会总办事处鉴，江电诵悉，赣南发生战事，承两分会驰往救疗，甚为心感。已分别发给护照，并饬前方军队长官遵照保护矣。陈光远，微。

电江西陈督军

（六月八日上午发）

江西陈督军大鉴，赣南战事，南昌红十字分会现在组织医队驰往救护，以尽职责。惟经费万分支绌，仰恳贵督军俯念军民，死伤堪悯，即于地方公款中酌拨若干，交该分会长具领应用，同深感荷。中国红十字会总办事处，齐。

吉安分会来函

（六月八日到）

中国红十字会总办事处钧鉴，敬启者，时值粤赣发生军事，南、赣之间已成战区。宥日曾接赣州分会电催敝会救护医队出发前方协助，当即将情转电钧处请示在案。现医队组织就绪，束装以待。队内编制，计救护医队长一员，中、西医员各二员，文牍兼书记一员，会计一员，庶务一员，医长一员，医员（即救护队员）四员，药剂员一员，掩埋队长一员，看摄长一员，摆影技士二员，看护生八名，救护役四十名，掩埋役二十名。所有员役衔名，容再造册续报。虽出发有应尽之天职，但事关救护，出入军队，临时恐生误会，务乞通电粤、赣两军长官按照条约保护。除另案报请本省军民长官外，嗣后如何进行，现状是否合法，统乞惠教，以匡不逮。（下略）

电复吉安分会

（六月八日发）

江西吉安正大街红十字分会罗分会长钧鉴，来函并折均收悉，赣南战事紧要，贵分会出发医队驰救，甚慰远念。（中略）总办事处，齐。

又电吉安分会

（六月九日发）

吉安红十字分会鉴，赣南战事救护，已电请南北双方军事长官照约保护，希查照。分向陈督军、许汝为军长、李协和参谋总长、黄子英司令，请领护照可也。总会办事处，佳。

江西督军来电

（六月九日上午九时一刻到）

上海红十字会总办事处鉴，微电敬悉，救伤恤亡，具佩慈爱，业电前方一体知照矣，特复。陈光远，庚。

电复吉安分会

（六月十七日发）

吉安红十字分会，来函并药单均悉。查救护药品，本会业已购就两大箱，运往南昌分会，转赣应用，希与赣分会接洽为盼。总办事处，筱。

抚州分会来电

（六月廿一日上午八时到）

中国红十字会总办事处鉴，会员要求发旗已预备，此地已有军队，拟电军事长官发给护照六纸，并饬团营连保护。抚州分会，霰。

江西总司令来电

（七月四日上午九时半到）

中国红十字会总办事处公鉴，卅电敬悉，宜黄贵分会设立妇孺救济会，具佩仁惠为怀，已饬属妥为保护矣，特复。蔡成勋，江。

吉安分会救护报告

呈为筹备救护队，慎选员役组织成队，报请察核事。窃维粤赣交兵，大军云集，筹备救护出发实为当务之急，吉安壤地毗连，尤为急不能待。顷接赣州分会来电，催促同人等开会磋议。佥以出队救护乃本会应尽之天职，虽敝会无的款，亦应设法筹备，勉襄善举。除将议决筹备情形呈报江西督军、省长备案外，所有应用西药及救护一切器具，亦已购办齐全。而救护、掩埋各员役，业经招募成队，不日出发。合将筹备就绪情形及招募救护、掩埋员役名数、规则，造具清折附文呈报，总处俯赐察核，谨呈中国红十字上海总办事处。吉安分会正会长罗凌云、副会长康桂林、理事长胡邦宪。

中国红十字会吉安分会谨将筹备救护出发职员队役名数及职员队额、制服、制帽开具清折，呈送鉴核。

计开：

救护医队队长一员、中西医员四员、文牍兼书记一员、会计一员、庶务兼写生一员、医长一员、医员四员、药剂员一员、掩埋队长一员、看护长一员、摄影技士二员、看护生八名、救护役四十名、掩埋役二十名。

一、职员暨各役制帽遵照总会章程，用红十字帽章；

二、职员制服遵照总会章程，用土黄色线布；

三、队役、杂役制服，救护役用白竹布褂裤，掩埋役用白洋布背搭半节裤；

四、职员暨各役袖章用白地红十字，加盖本会图记以为标识。

黎川分会报告救护函

（十一月八日到）

敬陈者，昨晚接第一救护队函，称双方已于二十九日在杉关接触，当即率队前往，实行救护，并抬回伤兵多名，入院送治。谨陈上海中国红十字会总办事处鉴，黎川分会，十一月一日。

黎川分会救护队来去函

（十二月六日到即日复）

中国红十字会总办事处鉴，敬陈者，敝救护队出发杉关，而光译，而邵武，曾经报告在案。惟此间自十一月十三至十八日，双方激战六昼夜。近日徐镜清、许济所部退却数十里，战事称（稍）为平静。敝队实施救护，但药品缺乏，请从速接济云云。十一月二十日。

即复函云：来函阅悉，闽中军事，光邵一带激战六昼夜，可谓剧烈已甚。贵分会实施救护，殊见克尽天职，良深佩慰。药品日前又寄一箱，托药房转运，不知何日能到，交通不便，甚困难也。尚望随时报告为盼，此复黎川分会救护队，总办事处复。

黎川分会函报救护队事

（十二月十二日到）

（上略）常师军械络绎于途，周师张旅已抵抚建，战事恐不免重开。敝分会第一救护队，已由光邵驰赴前线。昨接队中来函，谓已与某分会出发救护队，互相接洽。十二月五日。

黎川分会救护伤兵

一月二十二日，接黎川分会会长刘明夫一月十一日所发函云：敝分会医院接收伤兵五十余名，大都痊愈出院。目下住院病伤者，尚有四十余名。每日门诊，皆在一百名以外。分会所在地军队，系豫军常师长德盛、赣军十二师周师长荫人，均驻在杉关、德胜、铁牛关、仙人隘一带。闻尚有鄂军司令孙传芳不日可到，其在闽省边疆军队驻邵武。光泽方面，系粤军指挥许济，暨闽陆军徐镜清师长。在长乐、泰宁方面者，系闽陆军二四旅王永禄及郭团长云。

黎州分会救护兵灾之续报

三月七日，接黎州分会二月二十五日函云：周师军队现尚驻防敝分会所在地，每日门诊平均仍在百号左右。常师虽退却，其军队分布闽边各地，如以后无援闽事，周师军队能可移防，敝医院或得以收束也。

黎川分会治疗援闽病兵

三月二十七日，接黎川分会会长刘明夫来函云：（上略）援闽军队周、孙两师络绎于道，经过敝分会所在地者有过半数。每日治疗病兵，仍有百号之多。附陈步韵纪事诗四首及祝词，伏乞郢政，此致。

同日总办事处复函云：来函阅悉，记事诗及祝词，仁声一片，感激心脾。即付月刊，与同人共赏，此复黎州分会。

黎川分会治疗留守黎川孙周军队

四月七日，接黎川分会会长刘明夫三月二十八日来函云：孙、周军队留守黎川，就敝院诊视者，每日平均计算，尚有七十余。

黎川分会救疗病兵之报告函

五月三十一日，接黎川分会二十一日来函云：前因孙师、周师两军留守敝分会所在地，每日就院疗治之伤兵在七十号左右，方谓排尾而去，院事可结束。而匝月以来，两军病兵就诊者，仍继续不绝。日间由闽退出军队，询称亦系周师部属。时当初夏，天久旱不雨，渐炎渐热，病兵多患痢症，每日纷纷来院就疗，其均平之号数仍在七十余号左右。

万安分会出发救护队（请赣督通饬保护）

八月十日，电江西督理兼省长蔡鉴，据万安县红十字分会函报，时局阨陧，地方不靖，兵匪窜扰，时有死亡。除照章出队救护外，乞通饬保护为感。中国红十字会总办事处，灰。

赣州分会大庾临时病院救疗伤病之多

十月三日，接赣州分会来电云：分会大庾临时病院，系援粤总司令部敦促，于五月九日出发，截至七月十七日止，计共收容住院伤病一千零一十四人。

吉安分会医院及掩埋队之列册陈报

十月二十九日，吉安分会理事长胡邦宪到本会总办事处，携医院及掩埋汇册十本。

（甲）第十二师属旅团营连官长士兵就诊，自六月二十起至八月二十日止，计门诊三千九百五十九人，住院一百六十四人，系分会三处医院集缮。其中军警、民人均各分别汇录，以资明了。陆军专指师名为主，混成旅则以旅名为主，或无旅团则以原名照录，如炮兵、工兵、骑兵、辎重营、机关枪之类。无论军民，门诊不取挂号，住院概未收膳宿、药资。遇有病故，或漂尸等，均由分会购具衣棺掩埋。前军事正紧时，赣南阵地负伤士兵乘舟将吉，分会派医往船诊治，因士兵身受伤劳，呻吟不已，未便逐询姓名登号，故未录载册中，合并声明。（以上摘录册后附记之语）

（乙）第九旅属团营连官长士兵就诊，自六月二日起至八月三十一日止，计门诊一千九百二十三人，住院四十二人。（册后附记语同上）

（丙）第九旅属团营连官长士兵就诊，自九月一日起至十月三十一日止，计门诊三千一百六十四人，往（住）院三十四人。（册后附记语同上）

（丁）援赣军近畿一师属旅团营连及输送队、药弹护送队等官长士兵就诊，自六月二十四日起至八月三十止，计门诊二千二百五十二人，住院二百三十八人。（同上）

（戊）第三混成旅属团营连官长士兵就诊，自六月二日起至八月三十日止，计门诊一千五百零七人，住院一百三十五人。（同上）

（己）江西陆军第二旅属团营连，六月二日至二十日，就诊四十六人，住院五人；省院三团，六月三日至八月四日，就诊二十三人，住院二十人；援赣军绥远第一混成旅，八月七日至十八日，就诊九人；江西宪兵营，六月六日至十六日，就诊五人；警备队第五营，六月七日至八月二十八日，就诊二十七人；赣南镇守使署，六月十七至二十九日，就诊十九人；广西陆军及广西边防军，七月二十六、二十七两日，就诊三人，住院七人；吉安警察所及水上警察队，六月一日至八月二十九日，就诊一百二十五人，住院二人。（册后附记语同上）

（庚）商民农工、船挑差役各等人，六月一日至八月三十一日止，门诊一千三百二十八人，住院八十八人。（同上）

（辛）同上人等，九月一日至十月三十一日止，门诊一千五百五十六人，住院十一人。

（壬）十月一日起至月底至，江西陆军及第九旅，及近畿一师兵站司令部，及江西第五警察，及吉安警察所及人民等，门诊一千二百五十三人，住院二十人。（附记语）军警、人民汇录一册。

（癸）此册掩埋尸具。（一）六月七日起至九月十七日止，吉埠水面救护队捞获浮尸及掩埋路毙一百六十四人；（二）救护队出发泰和、万安等处，顺道所捞浮尸及掩埋路毙，六月五日至十七日，七十六人。皆无姓名可查，仅将尸状列入册中。均为备棺掩埋，或有尸体膨胀难装入棺，则以杉板盛埋之。（摘附记语）

江西赣县分会救护粤边战事之往来电

十二月十二日，接江西赣县分会理事长刘佐尧本月十日来电云：粤省北江战事激烈，所有伤兵来会日多，现在将平时医院改为临时医院，并拟组织救护队。请分电江西蔡督理、广东孙大元帅，迅速转令前敌各军司令照约保护，并乞复电遵办。赣县分会理事长刘佐尧叩，灰。

同日复电云：江西赣县红十字分会鉴，灰电悉，已据情分电粤、赣照约保护。救济情形，希续报为盼，此复。总办事处，文。

又去电云：广州孙大元帅、江西省城蔡督理伟鉴，据赣县分会电报，粤边战事伤亡相继，亟应组设医院从事救济。转恳分电粤、赣长官，饬令前敌各军照约保护等情。相应电达，敬乞迅饬前敌将领，一体切实保护，至纫云谊。中国红十字会总办事处，文。

江西蔡督保护赣县分会救护队之复电

十二月十八日，接江西蔡督理本月十五日复电云：中国红十字会总办事处鉴，文电敬悉，仁心义举，感荷同深，业经通电各军队一体保护矣，特复。蔡成勋，删。

江西赣县分会救护情形之函报

十二月二十七日，接江西赣县分会来函云：十二年十二月初间，粤省北江战事激烈异常，由始兴延及南雄等处，赣边震惊。至初八日援粤总司令部李副官长，在敝分会商拨医员三人往后方医院协助医疗，并接前方陆续送来伤兵多名，当经将分会平时医院改为临时病院，收容治疗，并一面组织救护队准备出发。业于灰日据情电报钧处，请予分电保护在案。兹奉文电，合将经过情形具函报告。

江西黎川分会经募捐助日灾一百元（以后十三年事）

中华民国十三年一月一日，接江西黎川分会会长刘明夫来函云：前接钧处电，闻日灾奇重，筹款协济等语。敝分会基金用罄，爱莫能助。兹代募到悦善堂捐助市洋一百元，至祈察收，转解为荷，此致总办事处。（十二年十二月二十一日）

一月二日复函云：来函并日灾捐洋一百元，均已收悉，具承热心劝募。而悦善堂慷慨好施，至为钦佩。兹奉上收据一纸，希即查收转交。除汇登报纸征信外，尚祈代谢为荷。再该项捐册未据缴还，仍望寄回，以便汇销，是为至要。此复黎川分会。

江西鄱阳分会助捐日灾

前接江西鄱阳分会函云：前奉钧处函开，本会与上海各团体发起中国协济日灾义振会，募捐恤邻，并附捐册一帙，嘱即查收代募等因。敝分会本拟就地劝募，聊尽救灾恤邻之谊，奈僻居腹地，风气顽固，仅由张县长渭泉捐洋二十元，士荣捐洋十二元，副会长汪志俊捐洋十元，救护队长沈家梅捐洋五元，理事江汉文、医员俞声扬、邹树森三人各捐洋一元，计共捐五十元，兹由邮汇寄，并附缴捐册，伏祈查收，以便汇解，谨复中国红十字会总办事处。鄱阳分会长蒋士荣。

二月十八日复函云：来函并日灾捐洋五十元、捐册一本，均照收悉，兹掣去收据一张，希即查收，除汇解灾区并登报鸣谢外，此致鄱阳分会。

赣县分会理事长熊景章先生传

近岁内讧之烈，生民涂炭，莫解倒悬，枪林弹雨之间，杀人越货之下，稍补救于万一者，拯伤痍、事掩埋，其唯红会乎？赣省兵乱，熊先生景章任赣县分会理事长，设临时妇孺救济所，又设临时病院，又出发救护医队，又设立时疫医院，扶伤瘗亡，厥功甚伟。迨时过境迁，民困稍苏，而先生积劳逝世。比闻临时组织之慈善机关，一改而为常时之博施救济，继志者能得其人，先生庶瞑目于九京乎。十一年十一月十六日，为先生开追悼会，沪地同人寄联以诔之曰：“救涸西江苏颐辙，骑箕北斗逝鲸波。”

赞曰：鞠躬尽瘁，泽流赣江；遐钦姓氏，媲美凤凰。

中国红十字会纪事诗文
中国红十字会万安分会（陈元英）步韵

救　护

血战才停战线空，欣看十字展旗红。
飞奔救命心都热，勇往扶伤胆尽雄。
博爱原期全我职，恤兵岂敢贪天功。
苏民困苦伊谁责，是在当途不启戎。

掩　埋

枪停弹雨炮停烟，太息英雄赴九泉。
如许脑肝涂战地，几多血肉染征鞯。
封成马鬣凭谁祭，竖立鸿阡亦善缘。
独惜残躯难纪载，未将短碣姓名镌。

放　振

灾区至广莫如兵，到处征夫害厥耕。
十载争雄徒对内，四民失业尽吞声。
饥寒待拯人犹己，冻馁频呼癸与庚。
蒿目哀鸿真遍野，快筹振款济群生。

医　院

院以医名道德深，为防疫疠免灾侵。
奏刀竞羡神乎技，投剂胥捐呻且吟。
馈药原师康子意，烧丹漫效葛翁心。
救民疾苦苏民困，衽席同登众尽愔。

中国红十字会黎川分会步韵

救　护

枪林弹雨霎时空，卷地腥氛血溅红。

忍见疮痍惊满目，那堪叱咤气还雄。
慈霭普济深资护，苦海超升不计功。
寄语双方诸健者，共筹方略早和戎。

掩　埋

伤心往事尽如烟，多少英雄赴九泉。
战骨不应久暴露，沙场暂尔息征鞯。
搜经山谷四围遍，了却瘗亡一段缘。
结局如斯诚太惨，剩将磷火绕碑镌。

放　振

水旱频仍复弄兵，更兼夫役误农耕。
灾殃洊至干天谴，鸿雁哀鸣遍地声。
听得唱筹当脱甲，漫教输粟免呼庚。
赈捐不过权宜计，愿咏丰年活众生。

医　院

肮脏形骸寄托深，何当风露再相侵。
回春妙手资康药，广夏欢颜溯杜吟。
只为博施宏大愿，备将仁术见天心。
杏林橘井浑间事，得遇杨枝一滴愔。

中国红十字会鄱阳分会会长（蒋士荣）蕴辉步韵

救　护

愁云黯澹蔽长空，弹雨横飞铁血红。
为救斯民登衽席，忍将冷眼视英雄。
慈航好渡烽烟厄，善果宁属竹帛功。
十字飘扬鼙鼓息，允符盟约恤兵戎。

掩　埋

平原蔓草起寒烟，枕藉尸骸血涌泉。
太息孤雏罗惨劫，可怜汗马剩空鞯。
几堆黄土埋枯骨，半壁青山结善缘。
效死疆场传不朽，韩陵片石合题镌。

放　振

板荡中原未息兵，民无栖止野无耕。

那堪唳鹤连天急，不尽哀鸿遍地声。
饥溺关怀视若己，疮痍满目苦呼庚。
怜他老弱填沟壑，义粟仁浆活众生。

医　院

崔嵬庭院锁幽深，丹灶烟浮药气侵。
三部脉占劳解剖，千金方备息呻吟。
刀圭雅擅回春手，针砭常存济世心。
良相良医同一德，瓣香颂遍德愔愔。

中国红十字会鄱阳分会义务文牍（赵沛霖）雨生步韵

救　护

隆隆浮鼓振虚空，苦战男儿返日红。
胜败难分称劲敌，死生不计亦英雄。
缔盟有约扶危局，中立无私建大功。
一视同仁莫辜负，聊将此意告元戎。

掩　埋

平沙浩浩乏人烟，鬼到阴天唳九泉。
暴露尸骸狐有食，摧残器械马无鞯。
安排畚锸施仁泽，预备岗峦结善缘。
视死如归君不惜，功成青史姓名镌。

放　振

日事疆场最苦兵，田园寥落有谁耕。
老羸不少凄凉色，道路何多愁叹声。
振廪总因怜赤子，泛舟亦许听仓庚。
己饥己溺施仁政，无告同胞庆再生。

医　院

一腔仁术本高深，庭院清幽众绿侵。
疾苦难平宜子细，疮痍易复莫沉吟。
餐霞饮露开生面，割股医伤见热心。
但愿回春施妙手，安知有德颂愔愔。

中国红十字会江西南城分会文牍（张鸣球）步韵

救　护

战云黑雾蔽长空，弹雨横飞血染红。
不惜头颅真气壮，肯抛生死是英雄。
慈航普渡全天职，救护辛勤岂贪功。
悯念斯民憔悴甚，早销兵气早和戎。

掩　埋

神州大陆遍烽烟，多少英雄丧九泉。
忍使阋墙抛血骼，不甘和睦息征鞯。
几堆黄土埋遗恨，半壁青山了善缘。
太息男儿结局苦，剩将野火照碑镌。

放　振

十载中原久苦兵，民无栖止野无耕。
餐风宿露流离状，扶老携幼哀吁声。
饥溺有谁怀切己，粟浆遍放免呼庚。
杨枝洒满大千界，多少穷黎获再生。

医　院

慈悲红会德高深，肯使生民苦病侵。
技奏刀圭称妙术，药投丹散释呻吟。
活人争说回春手，济世常存化育心。
疗治疮痍宏大愿，千秋功德颂愔愔。

颂胡君（有序）

江西吉安水上警察分队长刘锦祺

吉安红十字分会理事长胡君胡殿臣，生平慈惠为怀，热肠古道。经理会务，擘画周详，数载于兹。去夏粤赣战事发生，未雨绸缪，奔走呼号，不辞劳瘁。全活生命无算，地方蒙福不浅。熟忱毅力，功成不居，至为钦感。爰辍数语，以志景仰。又为之歌曰：

乾坤莽莽兮，世界茫茫。荆天棘地兮，目击心伤。惟兹红会兮，仁恩广被。绸缪未雨兮，恺悌慈祥。言之非艰，行之为艰兮，须有百折不回之毅力，方成佛氏普渡之慈航。临时养病所，妇孺救济场。怀己饥己溺之心兮，汗流奔走吁嗟以彷徨。救灾恤难无分畛域兮，为此垂毙之灾黎，放一线之曙光。经营兮惨淡，擘画兮周详。丰功伟烈兮，千秋万世以难忘。聊贡芜词兮，以志景仰。敬祝胡君兮，茀禄健康。

对于总会二十周纪念之贡献

黎川分会理事长刘慎五

中国在国际地位上，能使与世界各国占伟大之荣光，端赖红会。推厥由来，皆基于本会诸先进热忱毅力，救济更番迭次之天灾人祸。他如救助西比利亚事也，波兰传染病也，及俄国难民与最近日灾之协济也。种种事绩，方克博此令誉。然回溯此二十年中，历过阶级，宛似吾人由幼稚而弱冠。虽无出色惊人之事，尚可冀其成立而抱无穷之希望。乃日月不居，岁不我与，倏忽已届二十周矣。自后似如吾人年富力强，正可建百世之勋业。若徒使韶光虚掷，老大伤悲，将何以与世界各国等量齐观，而副（负）先进提倡之德意。然则吾人对兹纪念，其感想当如何耶？谨贡一得之愚，愿我同人急起直追，由二十周以至无穷次之纪念，誉望甲乎全球，是皆基兹二十周而发轫者耳。

一、会员宜扩充本会之基金也。

世界各国红会基金，若美国积赀三千七百万元，日本积赀一千九百万元。苟遇天灾人祸，从事救济，咄嗟可办。我国素乏基金，而灾祸频仍，卒无宁岁。虽有诸大善士奔走呼号，多方告贷，杯水车薪，焉足弥才卮漏，以故于事业上不免相形见绌。所以慎五以会员宜负扩充基金之责，盖本众志成城之理，想每会员岁计能负一元、十元以至百元、千元之扩充。就现在入会达四万以上会员计之，则岁增收入，亦莫大焉。

二、会员宜广征会员入会也。

美国人民统计入红会者，几占三分之二；我国人民，殆万分之一。天壤之别，能无惭悚。基上扩充基金而论，则征求会员，为不二法门。每会员能征求一人、十人而百而千，转辗劝导，全国风从。何患会员人数之弗逮于他国乎？况不仅于扩充基金有莫大希望，其消灭无形之战端，化干戈，靖戎马，怀兹好音，引人入胜。馨香祷祝，同人勿河汉斯言。

三、成立分会之处宜推广邻近分会也。

本会以博爱恤兵为宗旨，即以救助一切灾祸为职责。凡遇邻县事故发现，理应及时救援，不待灾地请求及总会之指示。就我国版图之广，事故之多，成立分会仅二百四十余处。以言普济，间因鞭长莫及；以言应求，亦有爱莫能助。本诸会旨，惟有推广分会为当务之要图。然必须成立分会之处，对于未立分会之邻近县镇，竭诚提倡，庶易于就绪而底于成。一可轻己救济之担负，一可收人协助之利益，通力合作，互相推广。此又慎五馨香祷祝已成立分会者也。

综以上之陈述，不过为愚见所及，或可收一得之效。俾本会事业，日起有功，亦何难媲美于世界各国耶？愿亮此心，其岂慎五为狂瞽乎？

二、《中国红十字会月刊》上的资料

专件：中国红十字会南昌分会出发赣南组织救护队简章（民国十一年）

计开：

一、本队定名为中国红十字会南昌分会救护队。

二、本队置队长一人。

三、分队分设医务、庶务两部，统由队长督率。

四、医务部置医务长一人，医员四人，救护长一人，救护员四人，看护生二人。凡关于救护、医治、药剂、看护、掩埋等事项均属之。

五、庶务部置庶务长一人，庶务员二人，文牍员一人，书记员二人。凡关于书信、会计、交际、轮运、购办、摄影等事项均属之。

六、本队雇用队役八十名，杂役八名。

七、队长奉本分会办事处之指令，督率队员从事救护，临时调度队长主之。

八、队员有服从队长及上级队员指挥之义务。

九、全体队员均宜严守中立范围，不准逾越。查有不遵情事，按照红十字会条约处理。

十、拯救伤痍无分省界，一律待遇，不得偏歧。

十一、队员应尊重本会及一己之名誉，各宜廉洁自爱，待人诚敬，处世谦和。凡购买物件、租赁房屋舟车等事宜，照值给价，不得稍有强迫及其他一切强暴行为自在严禁之例。

十二、队员一经出发，除病伤之外，若半途辞退者，自召集之后，一切费用均须赔偿。如服务日久或有不得以之理由而经本会许可者，不在此例。

十三、队员在服务期内不得兼营别项事业及一切贸易行为之事。

十四、救护队在战地服务，凡日来弗条约，乃陆地战例所载各节，应格外注意遵守。

十五、本会一切章程及临时规则，全体会员皆应遵守。

十六、队员服务勤劳热心任事者，得由本分会转呈总会分别赠与奖章、感谢状或请政府给予奖章。

十七、队员如因职务之故，致受伤而成残废者，本分会每年给予半俸，赡其终身。

十八、队员如因职务之故而致不幸者，其遗族（限本人父母妻子），本分会每年给予半俸，至十五年截止。

十九、队员如行为暴戾，操守难信及有一切不端之事者，查明斥革外，并着赔偿本分会损失。如情罪较重、违犯法律者，送有司惩办。对于附带私诉，亦由本人负责。如有保证人者，上列情事概归保证人担负责任。

二十、本队解散时，各职员应即将领去服帽、徽章、护照、器用等件，缴还本会。

二十一、本救护队队役、杂役规则另定之。

二十二、本简章于出发救护日期即生效力。

原载《中国红十字会月刊》1922年第13期

专件：南昌红十字分会出发赣南救护队队役规则
（杂役附）

（一）凡投充本会队役，以身体强壮、灵敏谨慎为合格。年龄二十以外、四十以内为限。

（二）投充本会队役，务须未曾充当兵士者方准收录。

（三）凡经察验合格之队役，必须取具切实铺保，方准录用。

（四）投充本会队役，应守本会规则及受队长送员之指挥。

（五）救护队役以抬送受伤兵士、掩埋阵亡兵士为职务。

（六）救护队役对于两边兵士，一律待遇，不得歧异。

（七）队役应遵照红十字会条约，确守中立范围。如不遵守，即由队长送官究办。

（八）队役不得恃强讹索、招摇及与人口角、斗殴。如有不遵约束，经队长之察觉或队员之报告，轻则革除，重则送官究办。

（九）队役不得自由外出。如有正当理由，须禀明队长或队员，核准后方可出外。

（十）队役在战地拾得军械器物等件及搜获伤兵、亡兵身上物件，无分贵贱，须即呈交队长，寄送本会备文转缴督军公署核夺。如有隐瞒所拾得搜获物件，查出送官重办。

（十一）队役非罹灾病及遇有不得已之事由，不得无故退职。

（十二）队役如因犯法逃亡，由原有铺保或介绍人担负责任。

（十三）队役自投队日起，每月发给辛工洋四元。

（十四）队役如因职务之故，致受伤而成残疾者，本会每年给予半俸，赡其终身。

（十五）队役如因职务之故，而致不幸者，其遗族（限本人父母妻子），本会每年给予半俸，至十五年截止。

（十六）本会救护撤销时，各队役随即解散，缴还服帽、徽章、护照、器用等件，不得邀求恩辛。

（十七）救护队杂役职务，凡关于招待、服侍、传达、送达、购买、饮膳等事，均属之。虽各执其事，但遇有紧急时，又属普通人所能为者，即队役亦应共同操作，悉听队长队员呼唤指挥，不得强分彼此。

（十八）本队杂役月辛［薪］照队役例支给。

（十九）杂役在战地拾得军械、器物等件，照第十条办理。

（二十）本规则一、二、三、四、七、八、九、十、十一、十二、十四、十五、十六各条，杂役均适用之。

（二十一）各队役、杂役每日点名两次，上午九句钟，下午八句钟，均须亲自应点，不得违误。

（二十二）本规则于出发救护日期即生效力。

原载《中国红十字会月刊》1922 年第 13 期

会员善绩（节录）

吉安分会理事长胡邦宪之善绩：壬戌夏间，粤军侵赣南，战事发生，吉安地连赣境，胡理事长以救护事项应先筹办必须着手筹款，方可举行，乃邀集各会员开会讨论方法。议决除电请总会补助外，各输乐捐，始则延聘中西医士招募救护掩埋各队，继则分派能员设立妇孺救济所十一区，救护队编制就绪。适逢陈督军复电，已电饬前敌各军切实保护，因之即命出发前方至泰和及万安之百嘉。该处分设临时医院实行疗治，旋以药物告竣，大军陆续退下，云集安吉。救护医队亦随时折转，乃在本街添设临时医院，共计三处，军官养病所二处，军士养病所五处。时当炎夏，疫痢正盛，门诊每日必有数百住院，常达二百余名。是时款项支绌，供给浩繁，柴米陡涨，缺无可买。正待救济之际，胡理事长一面设法筹款，一面派人往乡办米，以资接济，每日必亲身赴各医院暨养病所慰问病伤军民。凡入所养病者视病人之轻重分别安置以免轻者传染，常嘱看护役勤加服侍，洒扫洁净。所设之妇孺救济所共计收容避难妇孺二千数百名之多，日施茶饭，夜给睡处。五月下旬，阴雨之后，洪水瀑发，沿河乡村田庐多被淹没，临设水面救护船只救济甚多。夏秋雨季，水面捞获上流浮尸约计二百余具，住院病故以及路毙或贫困无力买棺者均施薄棺殓埋。以上慈善诸端深赖胡理事长尽力支持，全活生命不计其数既尽博爱恤兵之旨并行慈善于地方。虽曰应尽职务，然地方造福非浅矣！

十二年三月二十九日吉安分会同人谨启

原载《中国红十字会月刊》1923 年第 19 期

会员善绩（节录）

南昌分会会长罗兆栋之善绩（推奖一等纪念章）：十二年六月二十五日，接南昌分会议事长谭承元，副议长侯铭鼎及议员十一人公函云，敬陈者，窃维崇德表功，政府昭特殊之典，显能奖善。会章有规定之条，分会创设于民元，顾历届主任每以财源枯竭，发展无由，思维风雨飘摇，绸缪未追。现连任分会长罗君兆栋本商场巨擘，为慈善大家，声明卓著，物望攸归。前充南浔铁路协理，惨淡经营，不遗余力，苟得竟其全功，定能见诸实效。民国六年九月，前分会长朱君侠平出缺，关于继任问题，佥云遗大投艰，非罗君莫属，群情一致，举充斯职，任事以来，对于会务积极进行，本其婆心发为苦口，由是财产增加，基础巩固，范围扩大，事业光昭，用特举其荦荦大端，为尊处陈之。一征求会员扩充团体，即以民七［十］一年而论，计入正会员贰佰五十六名，特别会员六名，共银元七千九百余元，似此巨额灿然可观。嗣后累有加入，其直接为所介绍者正会员至一百念九余名之多，特别会员亦有五名。此外或为展转劝导或系□情殷，要皆出于崇拜信仰之心理，居其多少。一募捐巨款建筑医院，罗君以医院为实行慈善之地，从前附设于办事处，因陋就简，非特不足以驻观瞻，亦实有碍于发展，乃首先提倡康解仁囊，一时踊跃输将，巨细毕集，而尤以大慈善包君发鬻，深信罗君实事求是，独捐巨万。遂得建筑最大洋式医院一所，养病室一所以及诊察治疗各室，共四十余间，规模毕具，光线适宜，□耶器皿备办齐全，厘订院章，俾资遵守。夫有形式而后有精神，有精神而后有事业。罗君实心为善，掣画经营，求之于今，不可多得。论者谓，南昌分会为本省各属之冠，洵非溢美，一募捐常费永作基金，八年请愿省议会，议决于地方税项下，补助常年费五百元，咨送当道核准，公布在案。十年力劝南浔铁路局捐洋五千元作为存储，月致息金两共年可收入壹千一百元，愿常年经费支出甚巨或自行筹垫或演戏募赈或挟册求助或劝人入会，种种孤谊苦心，币难尽述，轸念灾黎竭诚救济。七年，天津水灾到处募赈，舌敝唇焦，不辞劳瘁，共募得壹千贰百余元，汇寄应急。七九两年，南昌各属大水为灾，疾疫流行，募捐不及，均由罗君自垫款项，结食救饥，设诊施药，仁心善行，无以复加。一战事发生救护恐后。七年湘省之战，关于救护事宜，悉行筹备，业已定期出发，旋闻大局□平，因而中止，然筹备各费已耗去不赀。九年，张宗昌兵溃窜赣境，垫款往救，出队南昌，生米市添设临时病院，救治伤痍，其最感困难者莫如去年赣南之役，战争剧烈，南昌震动，殷室富户迁徙一空，无从劝募。罗君明知会费支绌，且其所开之益和洋货号历年垫用甚多。际此时迫款巨并不稍为却顾，即由号内垫洋壹千余元，仅两日内组队驰救。当时，有主张从缓，劝以俟南军进至吉安或仅及樟树镇，再行出发，以省费用者有主张此次战事最为激烈，若径出发，甚属危险，动则有晦，不如勿往，作壁上观者。罗君则正色曰，此为何事，现战线虽远，总在江西境内，职责攸关，曷能趋避其吉赣两分会盼助甚急，若不往应，殊乖本旨，遂却前言，实行其是，厥后运省伤兵，络绎于途，会院两处亘三个月，寄宿军人充塞无隙地。罗君尚以无广厦千间，不能容纳多数伤兵为憾，非见义勇为，当仁不让，曷克臻此。综上五端，罗君募捐之数比较核正，分会通则第二十一条所载，直逾数倍，而期粹动精神，发展会务，光照事业，厉者励劳，核与上条所载，异常劳绩，兼而有之，在罗君孳孳为善并不求名。若论事实即予以名誉会员恐不足以称其德，乃犹谦让弗遑，雅不欲誉扬其事。十年十二元十日尚领取特别会员章照将半费解缴。尊处殆所谓三代以上之人物耶。惟是表彰懿德，树之风声，固同人之职责，而亦会章所乐许也。所有罗君主持会务以来，历办事迹，合行据实陈请，尊处鉴核，即乞提交常议会公决等语。到总会办事处即交常议会公决，推奖岁兆栋君一等纪念章，以褒奖特殊之善绩，一经社团之公意，胜于政府之虚荣多多矣。

南昌分会议事员包发惊之善绩（捐万余金建医院）：谭承元等又函云，敬再启者，分会名誉会员兼议事员包君发惊，疏财仗义，乐善好施，如助赈济贫，造桥筑路以及其他公益事件，靡不立解仁囊，种种善举，不胜□指。民国八年，慨捐洋一万一千元，为分会建筑医院，功高德迈，永无纪极，业于是年蒙尊处赠给包君有功章一座并转咨江西督军，请由政府特别奖给勋章，各在案。兹值尊处二十周年纪念盛典，恳祈将包君事绩纪载，以彰善行，而昭激劝，至为纫感。

黎川分会会长刘明夫之善绩（首先筹垫医院救护队）：明夫担任会长适黎邑战事发生组织临时医院救护队实行紧急勤务，料量一切，不敢告劳，经费支绌。首先措垫，以期无疚于心，理事长率队救护，留守疗养院各事宜皆躬率不倦并筹给住院伤病兵之食料费。兵士感谢，有口皆碑，因劳心太过，□疾阅半，载始告愈，先是黎邑有悦善堂开始经营，明夫曾悉心协助，共成善举，厥后得各大慈善家赞同输捐，救济贫民，各项幸未中辍，现合并分会进行悦善堂同人与有力焉。

黎川分会理事长刘慎五（屡次排难解纷）：（一）民国十一年夏六月，本邑城西安济桥战役时北军刘连长带队无多，南军由西乡钟贤地方逼近，两军剧战，刘连长遂不支退却，南军周连长率队进城，直往县公署取征存正杂税款，卢知事惊惶失措，答以早批解无余，周置勿理，多方驳诘，几决裂，慎五闻信，仓皇前去设法排解得免；（二）南军王排长经过钟贤地方，警察分署长赵某因疏于招待，互相冲突，排长大怒，当将赵某带城，执行枪决，卢知事出而调停，无效。慎五适因公赴县署，廉得其情，极力援救，始释解职回籍；（三）常师军部马营长、曹营长驻防黎川，满目皆兵，乡人畏葸不入市，交通不便，商铺□门。慎五于两营部时相周旋，恢复市面，商民称幸。曹营部下有意图哗变之举动，居民异常恐慌。某月日深夜竟聚集于城南大街，枪声隆隆，慎五不避危险，即恭诣两营部报告，旋经营部派队出巡，遂解放地方，幸获安全；（四）常军由邵光建泰等邑返却，溃散兵士，漫无纪律，而兵数有二千余名之多，匆遽之间安插非易，秩序几乱，一日数惊。慎五设法维持，弭祸于事前，将各兵士一律收容，妥为招待，军民咸相庆幸。

原载《中国红十字会月刊》1923年第23期

分会成绩：黎川分会经过事迹（参看本刊本期会员善绩）十二年夏来函

一、组织

黎川有悦善堂乃邑人士酬资营造，历有年所，岁仰各慈善家输捐，施送孤贫米、棉衣、时疫药品为主义。民国七年春，本堂诸同人，以中国红十字会诚慈善之枢机发起组织设筹备处，公推理事长举议员及各职员，比取得正会员资格三十名（均另有表），照章呈报总会，准予成立，乃假悦善堂地址开办，已阅五寒暑。凡悦善堂向办各项善举合并进行，以节各职司靡费。会员现虽陆续增广，会务未臻完善，祇益惭惶，惟有本博爱之旨，冀图发展而后已。

二、经费

溯分会成立迄今，基金未能筹备，经常费因之缺乏。蒙总会总办事处先后拨助入会金半费，洋六百八十七元五角。又叠经拨助药品，自去夏军兴以来，蔡督理先后捐助洋一千二百元，黎川商会捐助洋五百元，本会会员经手募捐洋一千一百余元。今春援闽孙师长捐助洋五十元，统共收入洋三千余元，统共支出洋九千余元，约计亏短洋六千余元，暂由会长理事长措垫，现正筹办第二届改选事宜。俟事竣，核明实数，另册详报。

三、事迹

本年夏间，赣南战事蔓延而东，初以经费无所出，会员各解己囊，设置临时医院，延请中西医生购办药品，一面组织救护队。六月杪两军忽接触于我邑城西安济桥，当派救护队出发实行紧急勤务，照章设会救济妇孺，分设城乡，幸免惊扰。未几，战事发生于南城，复组织救护队由理事长慎五率赴南城，城内老府坪原有中学校内设军民疗养院并时疫疗养院。七月中旬，两队接触于南城之都金增潭李家埬一带地方，慎五即派遣支队沿战事区域救伤瘗亡。又未几，战事推重于南丰，慎五复率队进驻南丰于西关徐义士祠设立军民疗养院，附设时疫疗养院，计病者伤者已达五千余名之多，均经医治痊愈，方谓可告一结束。旋关中战事又起，我邑适当军队经过之地，常军杉关之役，受伤兵士均抬回。本分会留守疗养院医治，每日伤兵病兵平均计达百余号。又以前方战事剧烈，复组织第一支救护队出发洵口，第二支救护队出发德胜关，第三支队由慎五躬率驰赴光泽邵武设立临时疗养院，于邵邑城内之宝林寺阅一月余，计医愈伤病兵达六千余名第。因出发留守两方开支浩繁，应付竭蹶，为时邵光战事亦稍平静。慎五拔队回黎，商量筹画，以期无忝厥□。未几，邵光建泰战事复发生，常军退却之兵士并伤者、病者络绎而来。明夫慎五日事周旋，收容溃散各兵士及治疗伤者病者左右两路共在二千余名，苦心维持，竭尽绵力，地方幸获安全。而今春援闽孙周两军队，先后莅境，患病兵士就院医者平均计算每日有八十余号。现在尚不能告收束，转瞬时当夏令，分会正从事筹办时疫医院，以尽恤兵济民之天职，幸同人等均能仰体博爱宗旨，然不敢称成绩耳。

谨按来函撝谦不称成绩且标题曰经过事绩，故从之编辑者注。

四、医院医队

民国十一年夏，当军事发生之始，分会照章组设临时医院医队出发救护第黎邑，地居偏僻，仅有中医而伤兵非西医治疗不可。除聘中医涂君益三、阙君济春、许君朝宗、邓君熙尧外，又聘邵武冯君仲泉为西医主任，将乐俞君振俭为医队长。本邑杨君鹄夫为助医员兼看护长备办药品，进行一切手续出发南城南丰，继而闽地等处，治疗军民数经逾万(另表详)，其坚忍耐劳不避寒暑，阅半载余，始蒇事。而杨鹄夫主持看护表率有方，尤为得力，兵士极为感戴。冯仲泉君自客冬为常师聘往抚州以去医院事宜改为俞振俭君主任。本年孙周两军莅境，虽设有军医而就分会医院诊治者十居八九，咸称奏效迅速，应接亦周，只缘各职务员均能实心任事，克尽天职。现当夏令，附设时疫医院，已开始办理云。

原载《中国红十字会月刊》1923 年第 23 期

熊景章先生传

近岁内讧之烈，生民涂炭，莫解倒悬。枪林弹雨之间，杀人越货之下，稍补救于万一者，拯伤痍，事掩埋，其唯红会乎！赣省兵乱，熊先生景章任赣县分会理事长，设临时妇孺救济所，又设临时病院，又出发救护医队，又设立时疫医院，扶伤瘗亡，厥功甚伟。迨时过境迁，民困稍苏，而先生积劳逝世。比闻临时组织之慈善机关，一改而为常时之博爱救济，继志者能得其人，先生庶瞑目于九京矣。十一年十一月十六日，为先生开追悼会，沪地同人寄联以诔之曰：救涸西江苏鲋辙，骑箕北斗北鲸波。

赞曰：鞠躬尽瘁，泽流赣江。遐钦姓氏，媲美凤凰。

原载于《中国红十字会月刊》1936 年第 10 期

分会近讯：赣州分会改组情形

江西赣州分会业经遵章改组，于二十四年终召集全体会员开正式选举大会，当选刘甲第为正会长，彭延寿、李德远为副会长，商兆裕、刘征祥、蒋鼎元为常务理事，李壬、严先材、魏运络、刘卓嵩为理事，刘贞煌、张逸凡、洪泽为常务监事，张德馨、曾尔康为监事，即经呈报总会备案，业已分别通知，定期宣誓就职云。

原载于《中国红十字会月刊》1936 年第 10 期

罗朗山先生传

张寿慈

大善士，讳兆栋，字朗山，为祝融后，因先世封于罗，遂以罗为姓氏。少时读书务本即能辨义理之分，发圣贤之秘，蔼然有儒者风。壮岁出游，继子贡之学术，亿则屡中，而至性仁孝，瞻族以述亲志，遗子以奉兄祀。设同体善堂于祥冈，立商帮协会于章水，一以救济灾难，恒寸［存］己饥己溺之怀；一以调剂市场，昭示至公平之道。临财勿苟，见义勇为，邦之士商农工咸以为法。是以选任中国红十字会南昌分会会长以后，一经劝导，万众风从，愿捐资入会为会员者，踵相接，大有一日千里之势。于是重建会址，广设医院。时值南北交绥，风鹤频惊，迭出救护医队，救护战地伤亡，加之平日施赈施医，活人无算。凡有地方善举，无不首为之倡，即南浔铁路之交通，亦经擘划改良，旅行称便。种种美德，指不胜屈。晚年悟道，宗法许旌阳真人，兼参禅。理其乐善好施之诚，与道俱进即真之日，遐迩唏嘘，爰为之立传以垂不朽。

赞曰：粹然君子，穆穆雍雍，具慈善性，有仁孝风。恤兵博爱，众善景从，绳之百世，报德无穷。

原载于《中国红十字会月刊》1936 年第 12 期

九江分会十七年纪略

溯自辛亥秋武昌起义，九江继之，本会乘时而起，由江君友白、徐君公度、詹君若棠、董君迪菴、李君良卿、余君讱安、马君晚初、俞君镜芙、辜君竹平、胡君明瑞等发起组织救护队，公推江君友白为会长，出发武汉。设临时事务所于汉口皓街，推设野战病院于京汉铁路之祁家湾。共和告成，全体返浔经营医院，事属草创，煞费心力。癸丑赣浔战役，独当其冲，仓卒间成立救护、掩埋各队，实行天职，分设临时病院四处于本埠，推设野战病院于德安，疗伤瘗死不遗余力。姑塘当战争之城，人民避难扶老携幼，深藏山中，七日不敢越雷池一步，饥饿待毙，惨不忍睹。经本会携带熟食往救出险，完全生还者三百余人。是役也，用款达二万余元，除当局补助半数外，多赖本埠各商号维持。民四江君退职，继任虽不乏人，然太阿倒持反客为主，虽荷吴君荫卿提倡九江总商会及米业公会赞助乐捐五厘出口米捐以资挹注，收入不下三万，大半为医务部浪费而会事不堪问矣。有心人每为叹然，积重难反［返］，无可奈何，且评议会久已停顿，会员又复星散，地方人士啧有烦言。延至乙丑，几惹会外之干涉，于是老会员相约重整旗鼓，开会票选梅君佛航为会长，詹君若棠为副会长，袁君培森为理事长，张君清泉为评议长，余君讱安、陈君静滋、金君耔农、胡君礼庭、马君澄波、陆君配三、马君兰生等为评议员，始稍稍收回主权，而经费困难已达极点，无米之炊难为，巧妇牵罗补屋，殊费商量。正在千钧一发之时，而丙寅战事又起，北伐军兴，饮马长江，战事之剧烈为民国以来所仅见，先是联军集中浔阳，号称十万，伤兵动以千计。丁此军书旁午近在目前，焉敢漠视？然会中一文莫名，几至不能举火，得金君耔农、余君讱安、韩君毓棠、张君清泉、盛君景唐、万君宏泰、曾君嘉麐、王君试蓉、金君浩如、陈君静滋、方君仲盘、邹君秉松等热心互助，四处呼吁，一面劝募会员，一面量力筹垫，用款亦达万元，而办事更形棘手。盖自夏历八月起直至十一月止，计期百天，其间江永失慎，由本会施救出险，给以衣服御寒，赠以川资回籍者三百余人，派员沿江直达华阳，捞获尸身掩埋四百余具，收容南北伤兵诊治痊愈者二千余名。及南军先头部队到浔，本会酌送柴米为临时给养。请求维持秩序时，北军各路留守处兵士共有二千余名，均枪械完备，尚未退清。本会当此出死入生之时，冒险四出宣传劝导弃械来归者，尽量收容，不使挺（铤）而走险，地方赖以安全。同时南昌南北军两度易位，地方糜乱不堪，而南昌红十字分会早已停顿，本会不分畛域，由曾君嘉麟筹垫省券洋二千元，偕同黎君舫琴、范君仲文、于君振寰，不避危险，驰往省垣，会同各公团筹设妇孺收容所，全活数百，而本会亦陆续遣送溃兵八九千人，不使逗留为地方害，又派掩埋队沿南浔路直达永修县境掩埋遗骸二千余具，免其尸气薰蒸，酿成疫疠。凡兹往绩，不无可纪，然皆藉全体赞助之力，始克臻此。迨长江相继底定，适本会已届改选之期，即于丁卯年六月十四日遵章票选金君浩如为正会长，曾君嘉麟、詹君若棠为副会长，张君渍泉为评议长，万君宏泰为副议长、盛君景唐为理事长，余君讱安、金君耔农、陈君静滋、陆君配三、邵君兰溪、张君国祥、胡君信夫、丁君继相、邹君秉松、萧君少白、陈君彩仪、杨君瑞麟、胡君少廷、邱君幼甫等为理事，公推王君试蓉、郑君月岩、吴君荫卿为名誉会长，袁君培森、李君良卿、张君凤岐、王君信孚、马君兰生、邱君佳甫、郭君步青、马君伯驹、俞君惠臣、蔡君品三、余君颐生、张君谋知、李君翰卿、曾君以琼、万君诒孙、许君楷庭、郑君涵秋、雷君勉臣、马君澄波、陶君炳堃、孙君执中、邱君慎甫、胡君金梁、吴君吉甫、张君西鹏、汪君寿廷、辜君竹平、韩君毓棠、余君崐宾、汤君竟鸣、方君禹三、陶君大谟、于君振寰、严君友君、孙君显之、傅君安廷、黄君什珊、胡君礼庭、萧君立三、余君良柏等为评议员，一时舆论均为本会深庆得人，会务更形振作，于是群相策励，力求实在。凡本会应兴应革之事，次第举行，不事敷衍，惟经费奇绌，“五厘米捐”自乙丑年改组迄今无米出口，收入寥寥，仅恃附加铺捐及慈善月捐、常年茶捐，每月收入的款不过四百元，而额支需八百余元，不敷甚巨。本会振刷精神，共相维持，不为金钱所困。当丁卯冬，各处散兵游民麇集本埠，冻馁堪怜，治安尤重，本会临时设立游民安顿所，投所者赠给衣食，川资遣送出境回籍者达二千余人。会舍年久倾颓，病室因漏就简，亟求建设，一面公同筹募，一面由金君浩如先行垫款二千余元从事修造，鸠工庀材，建设会议厅、割诊室、职员宿舍、特别病房、厨房、浴室，半载而工程告竣，添置器具，栽培花木，整齐洁净，焕然一新。从兹医院门诊日渐增加，大有应接不暇之势，宋院长瑞卿率领医员看护内外诊断，尽力服务，疲精劳神，尚觉供不应求，经本会决议，添聘美国哈佛大学医学博士周君维廉担任应诊，以应需要。虽不敢言驾欧凌美，然金融如此枯窘而能独立设一医院，不藉外人之力，实绝无仅有。但本会以博爱揭橥社会，只求实行职责，何敢忘［妄］自矜伐，惟经费全赖各界热心善士捐助而来，不得不将经过情形表白，以期告无罪于既往，鼓善念于将来，是则本会陈述之意也。(完)

原载于《中国红十字会月刊》1936 年第 14 期

分会近讯：九江分会办理防疫

九江红十字分会设立医院已二十五年，于兹日求改进，活人无算，平时除施诊给药外，临时遇有天灾人祸，莫不组队出发救护，每届春季布种牛痘，夏令则注射防疫针。现在天气炎热，该院为谋民众安全而防疫疠起见，已于上月开始免费注射，故到院施者颇形踊跃云。

原载于《中国红十字会月刊》1936 年第 14 期

摘录各报所载关于红会之新闻：九江红十字会免费注射防疫针

中国红十字会九江分会，以本年入夏以来，天气燥热，将来疫症流行，自在意中，特自前日起，在该会免费注射防疫针，无论何届人等，均可前往注射，诚本市民众之福音也。（民国二十五年六月三十日《九江日报》）

原载于《中国红十字会月刊》1936 年第 15 期

摘录各报所载关于红会之新闻：九江红十字会注射防疫针并免费赠药

本埠红十字会九江分会，每当夏令免费注射防疫针，并敬送各种暑期药品。现当夏令，除免费注射防疫针外，并敬送各种暑药，以保民众之安全云。（民国二十五年七月十日《九江日报》）

原载于《中国红十字会月刊》1936 年第 15 期

中国红十字会南昌分会来电

中国红十字会会长王副会长杜、刘钧鉴，南昌市于八月六日晚，飓风成灾，业经立时施救并电呈灾况大概在案。兹将调查所得倒塌房屋及伤亡人口确数详列于后：（一）南昌省会统计风灾处所共五十四处；（二）倒塌房屋共四百八十六幢；（三）被风灾户数共一千另十八家；（四）死亡人口共男女一百二十七人；（五）墙压瓦击受重伤者共三百八十八人；（六）失纵［踪］未明生死者九人；（七）伤轻幸获安全者共五千另四十八人。而乡村如中洲地方（距省约六十里）亦于鱼日旁

［傍］晚发生同样惨剧，凡飓风掠过之处，无一幸免。此次灾情綦重，善后处置，实不容缓。除已由省政府振务会设法振济，并由本分会医院暨省会各医院将伤害人民尽力施治，随时医痊出院外，谨电报告，并附灾图，伏祈垂察。中国红十字会南昌分会代理会务副会长周恒、徐雨亭叩，铣印。

原载于《中国红十字会月刊》1936 年第 16 期

摘录各报关于红会之新闻：瘾君子之福音，红十字会制有药方限期戒绝不受痛苦

九江红十字分会自创设以来，每年治愈病人不可数计。近该会因主持得人，对于会务尤极力设法推进，如在暑期内敬送各种救急药品及免费注射防疫针，各情曾志本报。最近该会因中央厉行禁烟，复制有特效药方，使染有烟癖者不受痛苦，而能限期戒绝，诚黑籍同志之福音也。(民国二十五年八月七日《九江日报》)

原载于《中国红十字会月刊》1936 年第 16 期

摘录各报所载关于红会之新闻：朱少卿等发起组织红十字会同学会

九江红十字分会医院毕业老同学朱少卿、江涛、蒋德新等，为促进历来同学之情感并研究医学起见，特拟发起组织一同学会，刻正在着手筹备中云。(民国二十五年八月二十六日《九江日报》)

原载于《中国红十字会月刊》1936 年第 17 期

摘录各报关于红会之新闻：红十字会医院同学会今日成立

九江红十字分会医院同学会，业已筹备就绪，择于今日十二时，召开成立大会，并选举正副会长暨理事、监事等职。昨已函请各机关届时推派代表莅院参加云。(民国二十五年九月二十七日《九江日报》)

原载于《中国红十字会月刊》1936 年第 18 期

摘录各报关于红会之新闻：红十字会冬令免费种牛痘

九江红十字分会每当春令布种牛痘，入夏即免费注射防疫针，至暑期更赠送各种急救药品，济众博施，活人无数，各情曾志本报。本年该会鉴于入秋以来天气干燥，冬瘟宜防，特购备冬令牛痘苗，免费布种。闻日来各界人士前往该会布痘者甚形踊跃。（民国二十五年十一月十八日《九江日报》）

原载于《中国红十字会月刊》1937 年第 19 期

摘录各报所载关于红会之新闻：红十字分会散放赈米、孤贫领米感恩不置

九江红十字分会会长盛景唐客腊因鉴一般贫苦老弱无告者，缺衣乏食，状可堪怜。该氏以此，将由会拨少数的款，购办白米数十包，分散各孤贫。日昨一般老弱领得该会之米票，前往该处领取白米。各个领得者莫不眉飞色舞，感激盛氏之恩，不置云。（民国二十六年二月二十一日《九江夜报》）

原载于《中国红十字会月刊》1937 年第 22 期

摘录各报所载关于红会之新闻：红十字会免费种牛痘

九江红十字分会设立医院二十六年于兹矣，平时布种牛痘，免费注射防疫针，送药散米，而对振济、救护、收容、遣散、掩埋等工作尤为注意。现当春令，该会为免除天花起见，特备有新鲜牛痘苗，免费布种。近日天气和暖，至该院布种者，甚形踊跃云。（民国二十六年三月十九日《九江日报》）

原载于《中国红十字会月刊》1937 年第 23 期

摘录各报所载关于红会之新闻：日本海军军医参观江红十字会医院

五月三日下午二时许，日本和子兵舰海军军医大尉岛田宗之等至九

江红十字分会投刺参观，由该会职员招待，陪往各室参观云。（民国廿六年五月五日《九江日报》）

原载于《中国红十字会月刊》1937年第25期

摘录各报所载关于红会之新闻：九江红十字分会免费施打防疫针

九江红十字分会现已时入夏令，瘟疫难免不无流行。该会以此，特设免费施打预防针，自本日起，闻已施行送打预防针云。（民国二十六年五月廿七日《九江夜报》）

原载于《中国红十字会月刊》1937年第26期

本会专员视察分会记（节录）

于屏　张军光

（前略）十二月五日视察南昌分会，会址位于风种庙，为自置之产，西式房屋尚属宽敞。设有西医诊疗所，日常应诊为数甚多。战事爆发后，改设临时伤兵医院，收容百数十人，除伙食由军部发放外，一切衣被应用药料皆由分会自筹，处置有方，伤兵颇能相安无事。现任代理会长为南昌殷商周子实，任事热心，艰危独荷，乐于为善，南昌分会之工作完全为其一手支持。六日，召集理监事会议，商讨今后一切兴革事宜，但以出席人数过少，不克详尽磋商，惟对目前工作之进行树立不少鹄的也。

原载于《中国红十字会月刊》1938年第32期

红十字新闻：南昌居民迁走二十万

路透社讯：日军沿南浔铁路进攻，故南昌现颇惶恐不宁。此城内有居民三十万人，但今日则已减至十万人左右，商店多已闭门，货物搬空，顿成凄凉景象。难民出入络续于途，有来自北方者，亦有向长沙东去者，男女与幼孩各携少数物件，面露惊惶之色，奔波途中，其状颇惫。间有佩红十字会等救济机关之符号者，可见其现获有此项慈善团体之援助。某教士述南昌以北难民情形可酸鼻，谓水食两缺。虽有钱者，亦无从购得此生活必需物。各村既绝人烟，日机时常以机枪扫射公路，沿途难民死于饥渴与疾病者数以千计，逃难结果有时视日机轰炸为尤惨。（民国二十七年八月一日《大美报》）

原载于《中国红十字会月刊》1938年第39期

分会近讯：南昌市分会迁兴国县办公

南昌市分会以时局紧张，拟迁兴国县办公，特先呈准江西省民政厅，即于十一月二十四日晚全体起程，于十二月五日到达兴国县驻北门城外曾家祠内，八日开始办公，由该分会会长周子实呈报总会核准备案矣。

原载于《中国红十字会月刊》1939年第43期

三、《南昌新闻日报》上的资料

南昌红十字会表剧募捐

中国红十字会南昌分会（漏字）该会经常费日行拮绌，以致一应设施不易推行，兹为求谋补助起见，特决定演剧募捐，地点以新新游戏场，表演新剧及京戏，俾售得票资，以助经费，并决定自本月二十四日起开演，每日午六时起，至十一时止，票资取费低廉，想将来必有相应补助也。

原载于《南昌新闻日报》1930年7月18日

南昌红十字会派员赴浔募捐

九江总商会通告九江各店云：迳启者，昨准中国红十字会南昌分会函开，敝会为国际慈善法团，以爱恤兵民，博施济众为宗旨，战时救护伤亡，平时设院施诊，凡百善举，无不次第施行。迩因大军进剿匪共，伤兵难民到院疗治就诊者，粉［纷］至沓来，开支甚巨，需款浩繁，虽有常捐，无济于事，爰特开会讨论决定派员分赴各县暨南新各乡区，广为劝募，以资救济。除呈经省府准予分途劝募外，今特派募捐员夏鸣阶、陈清华，携带捐册、收据来浔接洽劝募，请予襄助进行，成此义举等因到会。查浔市萧条，达于极点，此时募款，未免苦人所难，但事关慈善，虽无劝募之方，究亦无拒绝之理。若论急公好义，巨款固属难筹，须知乐助随缘，小数不容坚拒。除与该劝募员接洽外，合预通知，即希各宝号本济人济物之心，各自量力捐助，妥与该劝募员接洽可也。此启。

原载于《南昌新闻日报》1931 年 1 月 15 日

红十字会改选　龚师曾当选为会长

南昌红十字会，昨遵上海总会命令，由议事会改选正副会长、监理事长、资产委员等职员，开会时，巩、万两旧会长当众宣布不愿连任，并报告会内一切经过情形。继即用记名投票法，秉公改选，选出市长龚师曾为正会长，曾春涛为副会长，廖禹民为理事长，单黎川、杨赓甫为资产委员，并互选何鸣鹤为副议长，正议长仍由朱士芳担任。旧会长万培章在会成绩颇佳，亦留会任事。会后即由议事会将选举结果，电呈上海总会备案。原电如下：上海中国红十字总会王理事长鉴：属会遵照二月九日钧函，选举龚市长师曾为正会长，曾春涛为副会长，廖禹民为理事长，单黎川、杨赓甫为资产委员，并互选何鸣鹤为副议长，余究详报。南昌分会议事会正议长朱士芳等叩，支，印。

原载于《南昌新闻日报》1931 年 3 月 6 日

南昌红十字会成立整理会

南昌红十字会改选龚师曾为会长后，多数会员，对于龚师曾均表拥护，惟对选举均认为不合法，因此会员互闹意见，双方各持理由，呈报上海总会解决。上海总会对于此事曾派卫秘书来赣调查真相，及至日昨，卫秘书宣布解决办法，请市商会、市府等机关暂组设整理委员会，维持会务。整委会于昨日成立，推举梁兑石、岳景清、杨赓甫等为整理委员，龚师曾为监察委员，所有双方在会职员，此□均请离会，以待该会整理云。

原载于《南昌新闻日报》1931 年 5 月 21 日

何部长代赣灾民乞赈
介绍包寿饮与沪红十字会接洽

总部行营何部长，为本省赈灾事特亲□□件，介绍中央放赈专员包寿饮，至上海中国红十字会接洽求赈事宜，由包君带沪面投。原函云：赣民久经匪祸，创剧痛深，满目疮痍，亘古罕见。累岁以来，虽承中央迭颁急赈，各方捐资援助，悉以灾区辽阔，元气大伤，杯水车薪，苦难普及。刻下被匪各地，业经次第收复，祇以哀鸿遍野，庐舍成墟，欲谋安辑流亡，首宜及时农作，自非速筹巨款救济，不足复其生业。兹中央放赈专员包君寿饮来沪劝募，特为函介，务乞俯念孑遗，赐予协助，俾集合大款，分给灾黎，而苏民困，无任□祷，不尽之言，由包君□达云云。(章贡社)

原载于《南昌新闻日报》1931年5月25日

红十字会医院努力医治伤病兵

南昌红十字会病院，现据陆海空军总司令部江西路兵站监部卫生处刘处长函，送病兵五十余名到院医治。该会理事黄信臣、许锡九等，昨特召集本会评议员开会磋商，筹借药品费，购备药料，并且卫生处昨已送到药甚多云云。(华中社)

原载于《南昌新闻日报》1931年6月4日

上海江西急赈会调查赣省灾情
拟派救护队来赣收容妇孺办急赈

上海红十字总会筹设之江西急赈会，昨来函南昌红十字分会，调查各区灾情，以便派救护队来赣救护，及设立妇孺收容所，举办放赈，原函录下：迳启者，天下厌乱，赣省又以赤祸水祸闻。业由熊司令简邀上海各界名人，设立上海筹募江西急赈会，其会址即设在本会内，所有办事职员，均由本会兼充。本会以救灾抚恤为宗旨，值此赤燄蔓延之际，本会出发救护队，及设立妇孺收容所。惟现在赣省匪情，究属如何，本会相隔遥远，苦于未悉底蕴，如果出发救护队，或设立妇孺收容所，并举办放赈，能否着手进行？贵会谊属桑梓，为此备函奉询，务希将赣省灾情，及能否分赴灾区设置救护队，收容妇孺等事，详细见复，勿延为盼。此致，南昌红十字分会。

原载于《南昌新闻日报》1931 年 6 月 11 日

南昌红十字会向商界募捐　购置药品用具

南昌红十字会经费本无的款，近因增加前方伤病员兵，无资购置药品，昨特致函市商会，广为劝募捐款，以应急需。原函云：敬启者，查前方伤病员兵，先后送敝会医院医治者，已达五百五十余人之多，尚有陆续至者。所需药品用具，在在须筹的款购置，而敝会经费，本不充裕，巧妇难为无米之炊，全赖诸大善士，量力乐助，以全善举。素仰贵商会热心慈善，尽量维持，除另函整理委员会诸公，广为劝募捐款，以应急需外，相应函达，即希查照，乐输代为募款，实纫公谊。此致，南昌市商会。

原载于《南昌新闻日报》1931 年 6 月 13 日

南昌红十字会筹组救护队

南昌红十字会，因上海红十字总会，已准备组织救护队，来赣救护剿匪受伤官兵，并准备款项，来赣设立妇孩收容所，办理急赈，赈济匪区难民。本市分会亦应组织救护队，协助救护，昨特着手筹组。其经费除函各界量力捐助外，凡欠缴该会常年补助费者，一律限期补缴，并推出中医院院长，限于最短期内成立云。

原载于《南昌新闻日报》1931 年 6 月 14 日

南昌红十字会筹组救护队

南昌红十字会，近以本省大军云集，围剿赤匪，根据会章，有组织救护队及掩埋队之必要。现拟设救护队兵八十名，掩埋队兵一百六十名，就中医内将两队成立，救护队已招募二十名，掩埋队已招募四十五名。俟招足后，即出发前方服务，两队经费，除由会设法筹集外，拟假昌兴舞台，演剧募捐。昨已派员赴沪邀请著名伶人，来赣表演，一俟呈报卫戍部，即行定期开演云。

原载于《南昌新闻日报》1931 年 7 月 12 日

中国红十字会派员来赣赈灾

上海中国红十字会，鉴于赣省灾情奇重，早经着手筹募赈款，准备来赣赈济。南昌红十字分会，昨接该会航空快函，谓对于赈济赣灾，已筹妥赈款数万，赈济方法，分为缓急二种。关于急赈，除已组织救护队，开拔来赣，分赴被灾各区，救护灾民外，并派卫秘书，携带巨款来赣，前往各灾区按名散赈。至缓赈办法，决定以工代赈，拟乘政府着手办理地方善后时，决在南昌设立工厂，各区设立分厂，实行收容难民做工云云。南昌分会，接此函后，以卫秘书及救护队，现已出发在途，日间即可抵赣，已准备开会欢迎云。

原载于《南昌新闻日报》1931 年 7 月 25 日

红十字会办理会员登记

南昌红十字会值民十七年间，改选单黎川为正会长，万培章等为副会长后，迄今三载，现已任期届满，自应依法改选，业于日前召集全体会员大会，公推苏浩为改选筹备主任，何鸣鹤为副主任，李敬熙、杨田成等为筹备员，成立正式筹备处，首于办理会员登记，同时由单、万二会长，交出图记一颗、账簿五本，交与该员等负责保管，一俟将会员登记完后，即依法改选，并于昨日分别呈函各机关备案。

原载于《南昌新闻日报》1931 年 9 月 11 日

全国红十字会筹赈赣省水灾

南昌市商会、江西全省商会联合会钧鉴：阳、庚电悉，赣省重罹水灾，殊深悯念，敝会前承办江西急赈，冀稍灭匪区灾民痛苦，此次赣北又遭水灾，职责所在，碍难坐视。业已登报筹募水灾急赈，一俟筹有成绩，即当汇解赶放。特复。中国红十字会。

原载于《南昌新闻日报》1931 年 9 月 15 日

公安局函请市府接收红十字会

省公安局昨接南昌红十字会函，以本月十七日，准第一分局派陈局员藩国员来会云：奉贵局调令，接收敝会图记等由，当即遵照办理。惟敝会前会长业已卸职，各整理委员又迟不就职，会务势成中断，经全体会员开会，公推改选筹备员，一面积极筹备改选，一面垫款维持现状。现在会中图记，既已交出，职等责任自可解除，无如会中各办事人员，以及工役等，积欠夫马工费数个月之久，均纷纷要求浩等代开整理会，发清积欠，再行出会。加近来驻院伤病官兵日行踊跃，设一旦将伙食医药停顿，诚恐发生意外，治安前途，深为可虑。浩等责任既经解除，对于伙食药费，自难负责，而会务又不能片刻中断，相应将各情形，函达查照，希转函市府，迅催各整委克日到会清理云云。该局据函后，业已转函市府，迅予派员接收，清理会务云云。

原载于《南昌新闻日报》1931 年 9 月 19 日

沪筹募江西急赈会先拨十万元来赣仍继续劝募捐款

上海筹募江西急赈会，昨日开会，闻熊天翼、王一亭、闻润亭、杜月笙、张啸林等十余人，王一亭主席，王培元报告，结存捐款洋二十二万二千一百十九元三角六分。熊司令报告，在江西时办理赈务之经过情形及以后之办法，议决汇十万元与江西地方赈济处长文群，请其设法分配。

原载于《南昌新闻日报》1931 年 10 月 14 日

两医士各有所长（节录）

（前略）红十字会南昌分会，伤科医士余自典靖安人，年逾耳顺，身体尤强。前本省第一次考试国术，取列勇士，余擅长推拿接门，手术灵妙，药亦精良。年来服务该会，凡遇难治之症，无不着手成春，且素以博爱为怀，于会纯属义务，以是颇得社会所称誉。该会特呈请总会，给予奖励。昨已奉到总会奖章，并发给其凭照，聘为正会员。现余因友人推挽，广其济世之心，并于德胜路和泰医园内接洽来访。如患伤科病者，幸勿交臂失之。

原载于《南昌新闻日报》1932 年 10 月 28 日

红十字会执委会决定分头征求会员

南昌红十字分会，昨（一号）午后三时，假南昌市商会，开第二十九次执委会，到委员卢葫曾十余人，胡敏堂主席，如仪开会，兹将决议各案，分志如左。

（一）准南昌市商会函据剧园电影公会改选筹委会函，据新新游戏场，函请准予续承租案。（决议）照准但本会需要时，即须让出；（二）准山西孝义红十字分会，函送水灾救济会捐数，并捐助表，请代为劝募案。（决议）保留；（三）催各委员实行征求会员，以利会务案。（决议）确定下星期日起，请各委员分头征求，议报总会。

原载于《南昌新闻日报》1932年11月2日

红十字会请市商会转催浔路局补助经费已欠发十二个月

市商会日昨接南昌红十字会整理委员会来函，以南浔铁路局，每月向例补助该会医药费五十元，讵自民国二十年十二月份起，迄至今年十一月份止，共计有十二个月，未领得补助费。该会以现在会中经费艰困，在在需款，特请该会转致南浔路局，照例补助，以资维持云。（申）

原载于《南昌新闻日报》1932年11月27日

四、江西红十字运动的档案资料

【江西省政府、省卫生处、秘书处关于省妇幼医院、南昌市分会补助费问题的训令、呈、函　档案号：J016-3-01534】

卫生处签请将南昌红十字分会、妇幼医院补助费

敬签呈者：窃职前奉钧座面谕，以本省妇幼医院、南昌红十字分会均受有省库补助，其工作情形应由职处考核，所有该院会补助费自二十四年度起，准由职处领发等因。兹查新年度业已开始，关于妇幼医院、南昌红十字分会编列补助费若干及有无其他医院于新年度添列补助费一项，理合签请钧座鉴核，将各院会列支补助费数目抄发下处并饬知财政厅，此款应由本处领发，实为公便。谨呈，主席熊。

江西省卫生处处长潘骥　七月八日

三十五年七月十六日指令：（前略）查受省库补助之卫生机关，只有南昌红十字分会及妇幼医院，并无其他处所，其补助费仍由财政厅迳发，以省手续。至工作情形，应由该处随时考核。除饬知该院、会外，仰即遵照，此令。主席熊。

三十五年七月十七日收到：补助费仍由财厅发，以省手续。

【江西省教育厅、红十字会南昌市分会关于扩大征募问题的训令、请示　档案号：J046-03-02351】

为奉电明定每年十月一日至十日为红十字会宣传周并扩大征募组织成立征求会员委员会拟恳赐予提倡电请鉴核见复由

三十五年十月十一日发（中华民国红十字会南昌市分会代电）

江西省政府教育厅厅长周勋鉴：案奉总会本年九月九日京总二（35）分字第一六七九号申佳代电开，查各国红十字会为公开会务，报告工作，争取同情，扩大征募，每年例有红十字周或红十字周志宣传。本会自二十八年始，亦经发起，于十月一日至十日全国分会一致举行红十字周，扩大征募。惟在战时，经常中断，收效未能普遍。但此项宣传易入人心，仍应赓续举行，以宏宣扬。爰经本会第一次常务理事会议决，明定每年十月一日至十日为中国红十字会宣传周，全国分会同时举行，并扩大征募。兹以为期已近，除已编印征募手册，另文寄发外，如该分会于本年内未经举行征募，或已经举行未达到预定目标，均可及时办理。仰即准备筹划，依式举行，以宏征募成绩，并将办理情形具报为要等因，奉此。查本会为国际慈善机构，以博爱恤兵，救死扶伤为神圣使命，凡党军政学绅商各界具有慈善性质者，无不资助本会善举。先后捐金入会为会员（如何部长应钦为本会名誉会长；熊前主席式辉为名誉副会长），本会历届奉令征求，会员名额已达二千余人，足见人之好善，善与人同。值兹抗战胜利已届一年，而各地仍见灾鸿遍野，饥寒交迫，疾病呻吟，亟待救济，尤赖各界慈善人士本己饥溺之心，作群策群力以赴。兹奉电明定每年十月一日为红十字会宣传周，并扩大征募，为期已迫，自应遵照，即日组织成立征求会员委员会，积极进行。除电请省政府王主席担任委员会名誉委员长外，拟请贵厅长担任名誉副委员长，赐予提倡，并恳分电所属各学校各单位一体协助，以宏征募成绩，而收美满效果。除分电外，并检同宣言启事电陈鉴核示复。中华民国红十字会南昌市分会代会长周子实、副会长徐槐青，酉、真，印。

中华民国红十字会南昌市分会宣言
请加入中华民国红十字会

抗战期间，中国红十字会负着博爱恤兵、救死扶伤的神圣使命，我们的救护队与前线忠勇将士冒着敌人之炮火，不避危险，不惜牺牲，始终尽力达成任务。在后方红十字会从事医疗救护工作，广立医院、诊所，补助药品器材，预治流行疾病，指导卫生常识，都有非常的表现，这些都是为民众服务的事迹，就成为一页光荣的史诗。

本分会在抗战时参加过救护等工作，至本市沦陷后，本分会迁往兴国，继续施行医疗工作，并创办义童学校，救济难童，成绩斐然。胜利后，于上年冬奉令复员，迁返南昌，因旧会院址被毁，即价购民屋一栋，恢复门诊。复函请江西善救分署补助修建诊疗所，经费与建筑已全部完成，迁入新所，工作为调整会务，推进工作，并增加医务人员，请拨医疗药械及病室、全部设备，以便收容贫病患者。我们为保持过去的声誉和发展今后的业务。目前奉总会电令明定每年十月一日至十日为红十字宣传周，扩大征求会员，使人人都有机会加入红十字会工作，共同负起了服务人群的一次任务。

红十字会员的权利：（一）到红十字会诊病可预先挂号；（二）到红十字会的医院诊所治疗享有特别优待；（三）每年免费作健康检查；（四）对于团体会员，红十字会可以派员指导环境卫生，供给医药治疗；（五）个人如有缺陷，可获得补救和供给。在积极方面，红十字会将普遍介绍卫生保健知识，施行救护看护训练，指导营养饮食卫生。这些都是目前针对民族健康、社会福利的重要工作。

我们尤其希望各界□□援助，朋友请立刻加入本会做一个会员吧。这是最有意义的而且最有利益的事。同时也请你尽量介绍亲友子弟加入，使本会的会员日益增多，本会得以开展胜利后第一年的新计划。此宣言。

入会地点：南昌市民德路风神庙街　中华民国红十字会南昌分会

附　中华民国红十字会南昌分会征求会员启事

溯自抗战以来，于兹八载，各地被害同胞以及前线负伤将士感受痛苦，无不水深火热，随地哀号，而避难灾民复员归来，室家被毁，露宿风餐，饥寒交迫，疾病纠缠，尤堪悯恻。本会立人道主义之场，体上天好生之德，创自瑞士日来佛万国联盟，以博爱恤兵为宗旨，战时救护伤兵官兵，掩埋死亡遗骼，振济灾区，预防疫疠；平时设立医院，施诊施医，清洁病室，讲求卫生，挽回天地之煦和，减少兵民之痛苦。本会立兹宏愿，□□会员，群策群力，协助进行，俾臻完善。人之好善，谁不如我。是以同盟各国如英、法、苏会员各数千万，全国人数之半，而我国会员现额尚不满四十万人。揆厥原因，非恻隐之心，慈善之念不逮他族，实缘内地风气未开，半由于不明本会之宗旨，视同漠不相关。半由于深恐入会之后，加重年年负担，无怪裹足不前，瞠乎人后也。要知本会年年所办慈善事业，皆关从切身之痛苦，己饥己溺，谅有同情。兹既幸逃沙虫浩劫，自应急拯疾苦灾黎，天佑善人，报施不爽。会员微纳会费，为本会救灾恤难疗疾施医等慈善用途，间接受灾惠存不知凡几，功德无量。至本会各种会员只须入会时缴纳一次捐金，即获享终身会员之美名，毋庸年年缴纳会费，亦无其他消耗。如一次缴足国币十万元者，即赠为团体会员；五万元者即推赠为名誉会员；一万元者即推赠为特别会员。会员给凭照、证章，终身佩带。一经登记，并有本会选举权及被选举权。又如每年缴纳一千元或五百元者，亦得为普通会员及青年会员，照章给予凭证。至会员或家属平日来本会医院或诊疗所就诊，一概免费，种种优待笔难尽述。总之，本会重视会员，意在劝人为善，消灾降幅，寓乎其中。深愿各界大善士无分性别，一致爱护本会，量力捐金入会，享受会员美誉，利己利人，一举两得。谅爱国志士济世仁人，际此哀鸿遍地之时，博施济众，幸勿后人，何况以有限之资获无穷之福，当不河汉斯？言立宁看，踊跃加入为本会会员，共维善举，而获天庥，本会有厚望焉。是为启！

中华民国红十字会南昌分会征求会员委员会谨启

【中国红十字会南昌分会征求会员来文　档案号：J013-1-258】

江西全省商会联合会、中国红十字会南昌分会征求会员的来往文件（1940-1943）都昌县商会来文

感电嘱征求红十字纪念会员，现已征集□□，惟正式收据及徽章希早发下，俾便进行。函江西商会直寄，十二月三日。

都昌县商会代电

江西全省商会联合会鉴：案准贵会三十一年九月二十七日感电开，以中华民国红十字会征求会员并附发聘函、工作大纲、会员名册、入会简章各件下会，准此遵即推动，广为征求。现在征集会员约以百计，惟正式收据、徽章尚希早日发下，俾便进行为荷。都昌县商会主席，吴秋阳叩，寒，印。

代电

各县、市、镇商会：为红十字会征求会员一案，特而电达各商会。查发准红十字会南昌分会函请征求纪念会员电，希分发各业，踊跃应征一案。曩以为时太久，急待结束，经电请将原件寄送，以便汇转结束在案。乃查仍有一部分商会未将原件掷下，征求情形始末亦未见告。兹因迭接南昌红十字会分会函，以奉总会电示，征求会员会费应即加收一信，且前项纪念会员系三十一年度所征集，亟待办理结束，嘱将征求情形及会费册据等项□□□□等由，准此，自应照办。前项纪念会员，如已着手进行，希即一面停止征求，一面即加收一信，并将会费册据飞速寄会，如尚未着手进行，希于电函至日，即将册据原件掷还，以便汇案转送，藉资结束为荷。三十二年九月九日十四时拟稿，九月十八日下午封发。

函送南昌红十字会会费临时收据请查收见复由

三十二年十月一日（唐江镇商会公函）

查前准贵会送到中国红十字会南昌分会征求会员缴纳会费临时收据，计第三八五一号起，至三九〇〇号止乙本，正拟办理间，兹复准贵会本年九月册代电："催将南昌红十字分会会费册据，火速寄会，以资结束"等由，准此，自应照办。相应检同原收据一本，函送誊收，并希赐复，至纫公谊。此致，江西全省商会联合会主席周。

附送南昌红十字分会会费临时收据乙本。

理事长庐盛壎，常务理事丘正延、陈邦庆

万年县石镇商会来函

三十二年十月二日发

贵会三十二年九月联字第九六四号代电略开："以迭接南昌红十字

分会函以奉总会电示征求纪念会员会费应加收一信，并函代办理结束，嘱即收，征求会员停止进行，并加倍收费。如未着手进行，即于电到日收前发册将原件掷还，以便转送结束”等电到会。查贵会前发征求红十字纪念征求会员册据等件，系于本会聂前主席任内，嗣聂前主席卸职后，该案迄未移送本主席接办。兹经派员调案查阅，仍未着手进行，准电前由，相应检送原册据一本，函复查照收回为荷。此致，江西省全省商会联合会主席周。

附送还红十字征求纪念会员名册一本、会费临时收据一本。

主席施济人

南丰县商会主席致电江西省商会联合会

三十二年十月九日

江西省商会联合会公鉴：奉代电转经分转红十字会南昌分会征求纪念会员会费册，现因日久急待结束，嘱将征集会员暨原发册据火速寄会等由。查敝县商业不振，而又捐派频繁，所有纪念会员未得有人应征，会费毫无收入。原发册据又因上年疏散时迁移，文卷遗失，无从检还。兹奉电催，合亟声明。南丰县商会主席万瑞蔼，佳，叩。

虔南县商会来函

三十二年十月十六收（十七日转发红十字会）

钧联合会联字第九六四号代电：各商会查前准红十字会南昌分会函请征求纪念会员电希分转各业踊跃应征一案，曩以为时日太久，急待结束，经电请迅将原件寄还，以便汇转结束在卷。乃查仍有一部分商会未将原件掷下，征求情形，如何亦未见告。兹因迭接南昌红十字分会，函以奉总会电示，略以半年来物价急剧上涨，征求会员费应即加收一信，且前项纪念会员系三十一年度所征集，急待办理结束，嘱将征求情形会费册据等项，迅速缴回等由，准此，自应照办，所有前项纪念会员如于着手进行，希于电到之日，即将发册据原件掷还，以便汇案转送，藉资结束等由，准此。查前任会长对于此项手续尚未办理，应将原发会员给奖办法及征求会员名册、工作大纲、入会简章各一份函送钧会查照汇转为荷。此致，江西省商业联合会。

附呈：1. 会员给奖办法；2. 工作大纲一份；3. 征求会员名册一份；4. 入会简章一份。虔南县商会理事长刘懋基。

江西省商业联合会致电各商会

各商会：查本会于上年九月间，按中华民国红十字会南昌分会公函，以奉红十字总会代电嘱，为征求第三届红十字周纪念会员一案，当于上年九月廿七日检同聘函收据会员名册及办法简章等项掷还。

事由：为奉本总会征求纪念会员，仰希贵会予赞助，并乞转饬各县商会代为征求
中华民国红十字会南昌市分会公函

三十一年九月十四日发（九月十九日收到）

案奉本总会三十年八月十七日渝总贰〈31〉字第二七一二号案代电开："查本会第二届红十字周以征求会员十万人为目标，每一纪念会员收会费五元，由会发给收据、徽章，不发证书，并为求简捷起见，所有纪念会员收据、徽章及应用各种宣传品先由本会发交各分会，以便于收费时立即填发，事后再由分会将会费及收据存根连同剩余徽章一并送交总会核收。此项纪念会员会费，分会得照章留存半数作为基金，兹由邮寄发第二届红十字周工作大纲及纪念会员徽章收据各式千五百份，并各种宣传品，令仰查收，并遵照进行。又本会现暂时停止征求青年会员，希一并注意为要。中国红十字会总会，条，印"等因，奉此。除遵照征求办法办理外，素仰贵会热心慈善，即希予以赞助，并乞转函各县商会代为征求，除分函外，相应检同联函，会员名册及收据宣传品等，函请查照见复为荷。

此致，江西全省商会联合工会。

南昌红十字会会长周子实

事由：为电复查明赖前兼队长征求会员情形检同空白收据名册请查照转结束由宁都县商会整理办事处代电

三十二年七月十九日发（二十三日收）

（前略）查此案早经前任兼队长圃僧亲向各业征求在案，兹准前由，经转准赖前队长答复，迭经征求，迄无应征者。现在既须结束，特将原件一律检送，希即分别存转结束等语，相应检同送到空白收据及空白会

员名册一本，电复查照，即希汇转结束为荷。附空白收据一本、空白会员名册一本。

石城县商会呈函

三十二年七月十三日

（前略）查本会于上年九月间接准中华民国红十字会南昌分会公函，以奉红十字会总会代电嘱为征求第二届红十字周纪念会员一案，当于九月二十七日检同聘函收据会员名册及办法简章等项，以忝联字第五九二号代电请查照协助，并分转各业踊跃应征在卷。惟阅时瞬将十月，尚有一部分未将征求情形见告，迭准该会函催亟待办理结束，用特电达查照，希将征求情形迅予见复，并将原寄征求会员名册、会费收据连同已收会费一并克速寄会，以便汇转藉资结束等因，奉此，自应遵办。兹检同会员名册一份，入会员三十八名，会费收据一本第3551号至3600号止，已收会费一百九十元。除遵章留存半数基金外，应缴会费九十五元，理合备文呈复钧会鉴核。

谨呈，江西全省商会联合会。

石城县商会主席温瑶淳

新淦县商会公函

三十二年十月廿六日

兹经发动征求，计征得纪念会员五十人，共收会费二百五十元，相应检同收据存根，暨会员名册一并函送贵会，烦为查收转交红十字会南昌分会收转为荷。

中华民国红十字会南昌分会公函　善字第一二一号

敬启者：案奉中华民国红十字会总会驻沪办事处智代电，以奉本总会渝总二字第一四七零号宥电开：一、本会定于三十年元月一日至十日在全国各地同时举行红十字周征求会员，并唤起各界人士对于本会加强人士，予以赞助，即希遵照，先行筹备，以便届时如期举行，除征求会员章程及酬赠给奖办法，暨宣传刊物另文寄发外，特电知照转电到会，奉此。除电请从速颁发章程办法及宣传刊物等件，先事筹备届期开会外，相应函请贵会查照，希代为征求会员，并请通函各县市镇商会一体代为征求，一俟征到会员，即希先开名单见复为荷。此致，江西全省商会联合会筹备委员会。

计送清单，征求会员启各百份，中华民国红十字会南昌市分会谨启。

副会长周子实（代理会长）、徐槐青

二十九年十二月二十八日

五、其他资料

录件：九江红十字医院简章

本会定名为九江红十字会第一医院。

本院一以治疗军民，强健种族为宗旨。

每天上午八时三十分起，至十一时止，诊内号（病人住院者为内号）。下午二时至四时，诊外号，星期停诊。新号每名收挂号钱四十文（初次为新号）。旧号收挂号钱二十文（续诊为旧号）。随号收钱四百文（随到随诊并不挂号）。

住院病人每天收火食钱二百文，入院时预付五天。上等病人，欲住本院头二等房者须照章纳费。住院病人，如系重症，暨须用麻醉药者，均须出具愿书、保证书各一份，方准如法医治。本院西药，暂不取值，惟鱼油及治花柳病各种药品，须酌收药本。无论何人入院就医，不得携带武器。住院病人亲友，携物来院探视，须受看护员之检查。凡军人因公受伤，或患病、住院，或不住院，药料火食，概不收资，其患花柳病者，不在此例。

本院中医生只诊病开方，中药概不设备。设有甲乙两人斗殴，乙被甲殴伤身死，或未死而甲实为凶手，甲亦受伤，自投医院求治，因而官差来院拘拿，但差人不得擅入搜索，须禀明监院暨理事，方可随将该凶手交差带去，或候伤痊再，交该家族领去，临时再酌。

住院病人，倘因病重不测，由理事照会监院，传知该家属，或保证人，限于五点钟内领出，或迟延不领，则由本院代为收敛掩埋，事后仍缴一切费用。妇女小孩患病，概不住院。

请求医员出门诊病，每病每次收挂号及夫马费洋三元，军人减半。出门救吞鸦片烟及一切毒药，每次取洋三元，贫户减半，赤贫不取分文。医生出门诊病，严寒、酷暑，深夜，取费加倍。出门接生，每次取洋五元。引种牛痘，每名取钱二百文。本院所有一切收入，概充本院经费。

原载《医学世界》1912 年第 17 期

各地分会工作述评（一）（节录）

南昌分会

江西南昌分会移至赣南兴国，当地难童甚多。近有该分会创办义童小学一所，不收学费，并且共给制服、书籍，由副会长周子宝担任校长。教员七人，其中女教员五人，有学生四十五人，课外加授防空常识，并有时事讲话，是亦分会中工作之别开生面者。

原载《中国红十字会会务通讯》第 1 期，第 15 页

我四年来的服务经过

刘瑞英

（一）本队成立经过

本队工作同志，多系战时卫生人员训练班同学，第四届毕业于桂林××乡，实习在湖南×××××后方医院。二十八年二月成立本队（红七七队）当时因队长未来队，暂在祁阳×××后方医院工作，此为本队之开始

（二）在江西万安百嘉工作情形

二十八年五月奉命离祁阳，同本会第四队，调江西万安工作于××后院，本队队长由王珏医师担任。五月二十七日别祁阳，当晚抵衡阳休息，二十八日到江西吉安，明早六时乘本会五五号车至云田，惟找船甚感困难，器械药品均放岸上，天又大雨，幸该处××后方医院住此，蒙王院长代为雇船四只，三十晚七时至万安，某地，董院长（现红会第×大队长）派人将队部公私物件搬至我们队部所在地，休息一日，即发理药品消毒等事，预备接任病房工作。六月三日开始该院第一病室医疗工作，病室分为三组，一二组由本会第四队负责，第三组是本队负责医疗工作，病室共有病人一百二十人，每组有四十人，多系重伤，每日八时开始工作，除吃午饭外，下午还得来病室换药，下午至五时始竣，晚间并且轮流值日，此时工作最为紧张时期，同时亦最为困难时期，因初来

此，一切多感不便，万安地处偏僻，交通极度困难，药品运输，不能按时接济，遂致影响工作，然本队工作成绩，仍时时可以表现，自六月三日至廿九年二月九日，共敷伤病员兵三百六十九人，伤愈归队者一百九十七人，现已伤轻者五十六人，转院者六十五人，环境卫生方面，并改造当地卫生，制垃圾箱十五只赠送地方机关，并造焚化炉，以资管理应用。并以实行防疫工作，与当地军警联合设立卫生稽查站，来往行人均强行打防疫针以免传染病，改善水源清洁，除去水中杂物，处理粪便除理污水垃圾，以上均得到很大的功效。并得到万安民众军事机关的赞扬，曾送本队锦旗一面表示敬意。

二十九年三月奉命赴百嘉×××后方医院协助医疗工作，因此时赣北兰县转来伤兵甚多，系驻赣办事处与第十二中队马中队长安权接洽，派队前往该院服务，来此以阅病房病人，均系重伤，多数得实行手术，所以本队王珏队长迅速电请马中队长派X光来百嘉协助工作，拨充病房整理就绪，即开始工作，忙碌不堪。王队长又速函第四队侯艺生医师来队协助，X光管理员丁春华同志，也同来百嘉，每日工作无有暇时，同时该队还住的×××，等后方医院，亦请求照X光实行手术，本着本会的救死扶伤，博爱恤兵的宗旨，凡是来院请医者，无不应求。本院负责医疗的伤病员兵就有八十名，况每日外诊者亦有二三十名，而工作同仁，情绪和精神均很奋发，总队部来电令本队赴吉安待命，虽经伤病员兵挽留，而未生效，伤兵均都欢送我们上船，很是感奋！

（三）到了吉安

四月十三日到吉安，驻第××中队部待命，闻前线总队长可胜由贵阳出发，已亲临前线视察，第三大队汤大队长蠡舟，亦同往赣北战地各军视察，由高安、奉新、靖安、安义，转修水本会第×中队□罗中队换照处，并视察该处各队，后由修水、铜鼓、长寿街返长沙第九大队部。本队四月十九日接到命令，调本队赴赣北×××军协助医疗工作，这时正在药品补充，人员整理，本队共分为三支队前往。第一支队王珏队长，第二支队侯艺生队长，第三支队马中队长兼，每支队队员五人，四月二十三日由吉安出发乘本会汽车至安福，驻本会第十二中队输送队，队长许为勤是我们的同学，别后甚久，相会更为愉快，第二日预备出发分宜，廿五日即达，因人力不足，马中队长，曾向第×集团军兵监部商洽，结果圆满，五日派兵监部第二分队来队协助运输药品材料，途中经过二日，第三日即到上高，洽遇第三大队部汤大队长蠡舟与总部王科长由前线归来，下午我们全体欢迎汤大队长，并举行聚餐，在上高休息数日于五月十二日雇民佚五十名运药品等物，当晚六时至××第×集团军总司令部，队长等与总司令商洽到各师工作进行办注，第一支队到奉新青树××师战院工作，第二支队到奉新会埠×××师工作，第三支队到高安×××协助××师战院，五月十七日各分支队出发，作者是在第一支队，当日中午本支队抵华侨，下午七时即到上富，我们来到上富九驻军事委员会战地工作第九队，明×××师师部派兵来接，途中道路大多破损，晚七时抵该师野战医院！

（四）在奉新××治疟疾

五月十八日晚到××，即驻在医院中，当时各团中发生疟疾病颇多，××师李师长文淋就与本队王队长商洽，请求派员到团医治疟疾，五月卅日我们全体先到该师所属×××团，到团先调查疟疾数目，因各营，均有任务，不能集中治疗，我们就轮流到各营去治疗。多系间日恶性疟疾共四百五十九人，有其他的病，如发热病，大便秘结，腹泻，肠胃病，咳嗽，厌食，结膜炎等共二百五十八人，皆为治疗，该团病人多数恢复健康，我们又到×××团，六月七日抵曹下××团团部按照×××团工作情形，疟疾病人三百五十五名，其他肠胃炎，感冒，大便秘结共计二百三十七名，分别治疗完竣，在此旬日，病人多已见愈，我们即到×××团工作。

（五）初次上前线

六月十七日出发至×××团，因该团驻在最前线，须经大山才能到达，此山上下六十里，途中危险万分，步步留神，略有不慎，有落山谷之险，在山中走了一日到达×××团，因该团与敌人相距廿华里，我们初次来前线工作，精神益为兴奋，当晚经段团长招待，明日就到各营连治疗疟疾工作，到各营连工作与敌人更近，心中起初有些害怕，但后来就安定了，我记得当时和左碧秋同事到×××团第三营治疗疟疾病人，营部距敌人七华里，作为治疗中心，每连患虐病人，抽调来营治疗，有时正在整疗中间，听到敌人的隆隆炮声，感到战地生活的紧张。这时孙营长对我们解释战地情况，他说：此地离××山尚远，敌人的炮火打不过来，你们在此我们绝无危险，至晚间七时敌人的炮声才停止，八时鲁营长招待我们晚餐，真想不到在先线吃的菜特别丰富，各菜皆是云南的口味，鲁营长并且告诉了我们一些关于军事常识，在此工作一周，病人日日较少，在此共治疟疾病人一百八十五名其他病人七十四名，共用去奎宁四千八百粒，该处士兵对我们特别亲爱，各各士兵表现着，很钦佩红十字会的工作精神，能亲临前线治病，是很少有的，感谢红会一切敬意。于六月廿四日返青树，我在前线归来途中有一点感想：我们红会各队开往前方工作，实在对于士兵有很大的利益，他们有病能真接得到药品治病，士兵受伤能得到我们消毒很完全的治疗。对于军队的帮助，真是不小。二十四日返××战院，休息了一天，又开始整理病房，分为重伤、轻伤、传染、呼吸、检查、手术室、内科、外科等病室，此外还设立一个特别营养室，共计病床一百张，于七月一日开始工作每日病人增加，计先后来院伤病者八十五人，三分之二是重伤，其他三分之一，重病和轻伤，我们每早八时到病房工作，全队工作人员均守着服务忠实信条，这样以来该师全体的医员，以及李处长，×师长的信仰，七月廿二日他们奉命攻××，战院随师前往，至卅日伤兵由前线来，即实行手术，取炮片等工作忙碌不暇。王队长函请第二支队侯松生队长来队协助实行手术，不分昼夜，自七月廿二日至九月十九日为止，共施行手术一七二人，救伤二〇七五次，治愈归队者一九二人，此次××战役后，该师返防，奉命调×本队就离开至棠浦待命，此为初次战地工作情形。

（六）宜丰棠浦待命

王珏队长于十月九日赴吉安领药品，我们即在此休息。前方工作，4月以来，未发现意志薄弱者，更没有中途脱离者，我们仅受极其微之待遇，而工作热忱始终无懈，尤以本队同仁合心合力来从事这大时代中的抗战救护工作，在谈到我们的日常生活，工作暇时，同事们谈谈笑笑，或做学术研究，或做篮球运动，或做郊外散步，很感有趣。

（七）回到了白鹭堆

二十九年十一月奉救护总队部命令，本队一二三支队赴××军协助工作，七日至军部战院，××军长热情招待，八日各支队，均分别到各师工作，一支队到白鹭堆，二支队到奉新上富，第三支队到高安，推动医疗防疫卫生等工作，我是在第一支队在战院担任第一病房工作，有病床五十具，住的伤兵不过三四十人，工作甚少，该师医院办理尚善，并且办了一个看护训练班，成绩甚佳，三个月一期，这是我特别要介绍该师医务的发展。自本队来师协助以后，他们的医务人员均能与我们合作，推动他们全师卫生，防疫医疗等工作，在这个时期，他们医院奉命前进，本队亦同前往，同仁中有患疟疾者，但是我们也得振起精神，随队出发，卅年三月十四日，本队同院方至高安××岭，以容伤兵，同时赣北各线战事激烈，炮声枪声终日不停，飞机时时在我们上面视察着，师长派卫兵连送我们到原地白鹭堆，可是药品器械及私物多数未能携出，在枪林弹雨下，飞机又老是在上面盘旋，我们脱出危险，已是幸运了，至十七日安抵白鹭堆，当日休息一夜，第二日王珏队长电请中队部整理，一方到××县与总队部去电报，将本队遭遇经过情形，及药品器械遗失，一一呈报到部。三月廿六日离开该院，再返吉安途中，卅一日抵安福，至安福电马中队长安权，派车来接，四月一日安抵吉安，马中队长慰劳我们，并且聚餐，来吉休息未久，上高会战已告结束，伤兵大批的下来，当这时××××后方医院，重伤颇多，难以维持，军医署驻赣办事处，即与马中队长商洽，请速派队到××后方医院协助，因后方无有队可派，大多数在前方随军工作，此时马中队长就与王珏队长商谈，中队部与本队全体动员至××后院，均一同前往协助，药品器械暂由材料库借用，四月十七日至××××后院，驻第三休养，村，整理病室，分为重伤轻伤室，每室设病床一百只，十九日开始工作转来重伤九十人，轻伤廿人，在我们全队分别治疗。手术室马中队长王珏队长等负责，每日早六时开始治疗，每日工作甚为紧张，不幸马中队长的工作未久，即患恶心疟疾，除他休息外，我们工作更为紧张，这个时候，×总司令××来后方慰劳上高受伤的士兵，见到我们红十字会为伤兵服务精神，救死扶伤的责任，表示钦佩，对全体训话中，并说中国红十字会，在这神圣的战斗中，对于你们受伤的官兵，尽了很大的责任，对于国家的贡献很大！工作二月余，伤愈归队，计转来病房，重伤一〇八人，痊愈归队者六十人，永和工作至此结束，本队药品器械补充来吉，旋赴高安×××新×军工作。

（八）四年来历经艰险

六月廿三日至该军医院协助工作，因病房不能集中，整理为四个病室，同时整理队部宿舍，计办公室、检验室、队长室、厨房、队员室。在未开始工作以前，该军军医处解处长商请王珏队长派员赴×师治疗疟疾，当即携药前往，各位同事在团工作旬日返队，计治疟疾病一千八百人，共用去奎宁九万八千六百五十粒，队长命我赴××××等地，医疗该军所属补充工兵营，其他同事在队负责医院工作，八月十四日由五桥河出发，十七日到××补充第×团，到团休息片时，先与该团×团长接洽，和办理一切病名清册，第二日开始治疗，患者轮流来团医治，在此约一星期治疗疟疾二百六十三人，用去奎宁四千八百五十六粒，此地工作结束，即前往×××补充第×团在补×团，与各位官长感情甚好，我因公事关系于八月廿九日即抵×××工作，手续与第一团不同，因他们士兵均有任务非得亲到各连治疗，这样工作时间，即以不能规定，分别治疗，要在此工作三周，治疗疟疾病人二百三十一人，用去奎宁四千一百十五粒，九月廿日反队，至队来久，前后战事变动，我们随医院转移棠浦，又整理病房，这是在前方三年来工作的情形。至卅一年一月间至王珏队长请准长假赴重庆医院服务，由王文俊代理队长。我调靖安本会五八二队，在此工作约有半载，十月改编，我又调在修水本会一三二队，我加入红会工作四载，历经艰险，但我深感参加神圣救护工作的欣幸！

原载《中华民国红十字会务通讯》第20期，第23页

蒋专员经国挽留本会医疗队

本会救护总队第七医疗大队第七四中队，前由蒋专员经国电请，派在赣南服务，已有数月，救护总队部进拟予以调动，蒋专员闻讯后，以当地医务，实需本会协助，于去年十一月间致电本会，嘱为该队仍留赣工作，蒋专员来电时，并嘉许该队工作，极为努力，关于调动一事，本会交救护总队部核办。

原载《中华民国红十字会会务通讯》第24期，第29页

赣省府电请派队

江西省曹主席浩森，于去年十月十六日电请本会，派医疗队赴遂川工作，因该地时遭空袭，原有医务人员，不敷适应当前之形式需要，本会准电后，即令救护总队部，讯予派队前往。

原载《中华民国红十字会会务通讯》第24期，第30页

赣县分会医院记

赣县红十字分会，始由邑人前礼部主事刘君景熙，前赣县商会会长萧君文循等发起，民国六年六月，经众公推萧君文循、刘君景章、而以邹君友海、高君昌灿、曹君厚源、张君伊煌、刘君佐尧、魏君会蓉、王君昌墀、张君逸凡、李君壬、邵君业广、张君周垣为筹备员，

至次年一月，遂成立红十字分会于赣州府学明伦堂，甚盛事也，时理事长，已改推熊君景韦、议事长则张周垣也，其年夏雄庚师兴暂假福建乡祠，设临时病院，中医施诊所、景熙子发英、适东瀛学医学回归，虽推为院长，而高君昌灿、张君逸凡、冯君慕秋、为中医施诊员，明年改组中西医院，聘洪君子华为西医主任，萧君筱兰为中医施诊员，民国九年本会第二届改选熊君继任理事长，曹君厚源、魏君会蓉为理事，张君伊煌为议事长，邵君业广等为议事员、越三年、本会第三届改选，熊曹魏三君仍继任，而邵君业广为议事长，张君逸凡代议事长兼文牍，王君昌墀等为议事员，夏五月粤赣发生战时，当改平时员为临时病院，设分院及救护队各四，院长为洪子华、医务长林栋成、实施战地救护及病院收容者凡千数百人，另组掩埋队四十人，以陈奎为队长，共掩埋尸体约千具，并联合地方人士及天主教会信徒，在城内外，分设妇孺救济所，十有一处，收容达九千人，日需食米百余斛，幸前赣南镇宁何君采臣，独力捐助千六百斛，实为之倡，六月八日，当局因南外迫近战线，严令闭城，南郊救济所与本会交通遂中断，于是由曹理事暨熊理事长，偕和主教，面谒当局，请求开成二时，准避难入城，议妇孺之保全者，盖千余人，并电请省方，转电前敌，切勿凭城作战，此时山洪，适又暴发，城东西北，并成泽国，会中急推会员虞君寿丞、刘君子宏、督饬救护队，扎木排五具，分赴灾区，引救难民出险，并购面包万余，由曹理事亲督会员，王树庭等，分班散账，先是国民军北伐，城内大军云集，警政大弛，公共卫生亦辍，市衢秽积，分会乃募工役二十名，代扫街道，从事清洁，以防疫疠，当时，并承许军长汝为，彭总司令程万等，褒奖有加，并各助金钱、米、谷、薪资，救济，十月熊理事长，以冒暑奔走会务，染痢疾，照章由曹理事事长代之，事平，江西省府蔡督赠五百元，赣南道尹，以分会救护有功，汇请奖励，代理事长辞却之，冬十二月，熊理事长，病竟不起，丧我同志，殊堪悼惜，十二年四月，赣粤战事又起，军事当局，电促分会，出发救护，时代事理事长，因病在假，代议事长张君逸凡，乃召集常议事会，依分会通则，改组临时议会，公推刘君佐尧为临时理事长，刘君□源、邵君达善、何君朝觐，为临时理事，古君可庄，为医院院长，五月初，古院长率救护队，至大庾，设临时分院于庾城，收容伤病官兵数百，秋八月事平，始撤回，十三年春，第三届任满，依分会新章，第四届改选始用会长制，正会长刘君佐尧副会长长魏君运络，邵君业广理事长，曹君厚源议事长，张君逸凡，斯年冬方邓驱蔡军事再作，下游战事益烈，曹理事长及临时医院洪院长，同率医队出发，吉安等处，寻进驻南昌，其时北伐军已逾岭，入驻赣城，旬日退归，方邓复回，此次双方军队，一再去来，不无供应之烦累，幸刘会长与商会会长刘君甲第，因应咸宜，得以无事，地方赖之，次岁，刘会长以本会附设医院，渐著信仰，而处理会务八年之间，常借用福建乡祠，殊非久远之计，爰慨捐巨款，并向各界劝募一万元，就赣城原有之三皇殿，增购民房，本分会正式会所，于兹建立，新式楼房，前楼上为，下为医院，病室，规模宏大，需费浩繁，其长君良浔，复目津浦铁路募集二千金，以助经营，逾年，前楼工竣，刘会长方拟继续修建，因赴雄庾各地，远行征募，以期完成，则以高年弗胜瘁劳，甫逾岭峤，自感中风危症，半身不遂，与疾归，仅历一月，竟卒，十五年，第五届大会，改选魏君运络为正会长、张君德馨副之，十八年，第六届大会，改选张君德馨为正会长，李君德远，刘君卓嵩，副之，二十一年，第七届大会，改选张君德馨连任正会长，时分会基金，第四届即已用罄，五届以后，平时施诊，赠药，施棺，掩埋各费，均由历任正副会长，捐助或筹募以济，二十六年，第八届大会，刘君甲第当选正会长，彭君柏仁、李君德远为副会长、张君逸凡为常务监事、洪君子华为院长、个人均□然有□建病房扩大医院之态，同仁感力缺乏，初余军长汉谋驻大庾、刘会长尝建议、在赣城创办中西议案，经先后拨万元，为谋设医院用，以格于省例，未能成立拨款，遂存赣保管，二十八年冬，赵镜涵处长，因公莅赣，次年春鸠工，庀材接修，西厢楼及后楼，病房二十余间，拨款仍不有数，复向商家及各界劝募七八千元，设备一切，逾年，始克工竣，不幸三十一年壬午一月十五日，敌机炸赣分会，连中二弹，新建后楼及左搂全毁，右楼亦被震坏，数载艰勤缔造，一旦遇劫，刘会长目击心伤，体素羸弱，略血旧恙复发，未旬余卒，亦足悲矣，是岁第九届大会，约到会员二百余人，选举王君昌墀、丘君稻芗、商君兆裕、李君壬、彭君柏仁、戴君楚衡、冯君慕秋、赖君良材、黄君广钜、彭君芹瑞、刘君子宏为理事，刘君贞煌、刘君贤礼、王君树庭、洪君子华、陈君敏、古君可庄、张君逸凡为监事，而公推任中为会长、刘君睿源、邹君揆东为副会长，院长则仍推洪子华，理事长则王君昌墀、常务理事为商君兆裕，李君壬常务监事、张君逸凡、陈君敏、古君可庄，受事之始，即议以修复被毁楼房为先务，询谋佥同，整理数月，募集捐款、计曹浩森主席慨捐一千元，刘前会长佐尧夫人张文凤二千元、合各界捐助约五万元，经营半载，遂后楼及右边厢楼修竣，并将左方，辟为草亭、花台、渐改旧观，且较宏敞，时总会救护医疗队适来赣，遂匀病房裏助医务，咸称便利，王理事长辞职后推丘君稻芗继任，嗣将街铺房十余幢，商加赁金，俾充分会医院，常年经费，而本是续募会员，又得二百余人，盖博施济众，仁民爱物，道固如斯，中西一体也。

赣县分会会长陈任中记

原载《中华民国红十字会会务通讯》第28期，第44页

令：江西省政府令：第一二零八号

令民政厅：为令遵事，案据财政厅呈称，呈为具覆事，案奉钧令，内开。案据南昌红十字会杜汉滨呈称，窃敝会于民国八年请愿省议会议决由地方税慈善费项下，补助常年经费洋五百元，咨准省政府公布历年由前财政厅照案动放并蒙前政务委员会核发十五年度经费各在案。兹敝会因去年战事耗费甚钜，异常竭蹶，而一般抱病伤者踵门求诊，每日百数十号，所有医药材料无款购买，筹措维艰，理合填具请款凭单，一纸备文，呈请钧座俯赐鉴核，恳予令饬财政厅查照前案，迅将十六年度常年经费洋五百元如数发给，以维善举，等情。并请款凭单一纸。据此，除批该会请领经费一节，本府无案可稽，未便准行，仰候令财政厅查明具覆核办，此批！请款凭单暂存等语即发外，合行令饬该厅即便遵照办理，是为至要，此令！等因奉此，案查该会自民国八年起，每年补助经费洋五百元，业经查照旧预算发至十五年度为止在案，嗣后新预算成立，未经列入。此项补助费事关慈善可否继续，照发似应饬民政厅编入十六年度预算案内，提交省务会议，俟公决后，再行遵照办理。是否有当，理合具文呈请钧府俯赐鉴核，批令只遵，等情。经提交第四十四次省务会议议决照准，除批示外，合行令仰该厅即便遵照办理。此令！

中华民国十六年九月廿二日

主席朱培德

原载《江西省政府公报》1927年第2期，第21—22页

批：江西省政府批

财政厅：一件呈覆南昌红十字会补助费应饬民厅编入十六年预算提

交省务会议议决由，呈悉，查此案经提交第四十四次省务会议议决，照准，除令民政厅外，仰即知照。此批！

中华民国十六年九月二十二日

主席朱培德

原载《江西省政府公报》1927 年第 2 期，第 37 页

批：江西省政府批：字第一九六二号

南昌红十字分会：一件呈为慈善经费支绌恳请拨款补助由，呈悉，查此案经提交第五十一次省务会议讨论，议决不准合行批示知照。此批！

中华民国十六年十月十九日

主席朱培德

原载《江西省政府公报》1927 年第 4 期，第 47 页

令：江西省政府训令：文字第一三二零六号

为令饬事，案准南昌卫戍司令文，开：查国民革命军第五路军所有在赣各级伤残官兵，业经敝部呈请总指挥部设法先后资遣回籍。惟驻赣后方病院，因各种特别情形，陆续留有各军之伤残士兵在内。现在该病院决定结束取销，则该各军留养之伤残士兵，似应酌量给资遣送，方为妥帖。顾又值省库拮据之时，万难援例资遣，拟请负伤士兵每名给资十五元，残废士兵每名给资卅元，计负伤士兵八十五名，残废士兵四十七名，共计一百卅二名，约需洋二千六百八十五元。此种款项实属无从筹措，应请钧府设法筹给，以资结束，而恤伤残。再此次士兵中，现有因伤致废及病重不能行动者，共计十四名，若遽行一律遣散，必至死于道途，于天理良心具有未合，拟请将此不能行动之十四名暂寄养于本地赤十字会或其他慈善场所。不过，钧府每月予火［伙］食费每名六元而已，合并呈明。除业经派员前往点验确实外，理合具文连同清册一并呈请鉴核，提交大会议决，指令遵循，实为公便，等由。送请［清］册一本，准此。当经提交本府第一百四十七次省务会议讨论决议通过，记录在案。查重伤致废及病重不能行动之士兵十四名，应送交南昌红十字会，该会寄养每月每名六元之火［伙］食费，即按月由该会迳向该厅、财厅领取，其余均照议案办理。除分别函令外，合亟抄同清册，令仰该

厅、会，即便分别办理具报备查、遵照办理。此令！

中华民国十七年十一月二日

主席朱培德

原载《江西省政府公报》1928年第43期，第105—106页

制用：核放：红十字会前会长朦领病故伤兵伙食饬库扣抵应领补助费

本厅奉省府令：红十字会前会长朦领病故伤兵伙食，准在该前会长应领十九、二十两年度补助费内扣抵三百一十二元，爰于十二月三十一日训令（制字第一溜溜三号）：江西省金库遵照办理文云。

为令饬事，查接管卷内，案奉省政府指令杨前厅长呈复遵令，核发红十字会寄养伤兵曹福生等二名回籍川资及十、十一两月伙食暨该前会长朦领伙食，拟在前会长应领补助费内扣抵，呈乞鉴核令遵由奉令开：呈悉，准如所拟，即知照此令，等因。奉此，查该前会长朦领伙食，既奉省政府令准照二名扣缴，自应遵办。惟该伤兵病故日期不一，今姑截长补短自十八年八月起截至二十年九月止，共计朦领二十六个月，计银三百一十二元，应在该前会长未领十九年度补助费二百元、二十年度补助费一百二十五元内扣抵，以重公款。除函南昌红十字会整理委员会查照外，合行令仰该库长即便遵照办理。此令！

原载《江西财政月刊》1932年第1—2期，第144—145页

公牍：江西省政府训令：民字第四六七一号

（廿一年九月廿三日）

为令饬事，案准中国红十字会沪字第一零一七号函开，案据本会南昌分会整理委员会呈称，窃查前奉钧会颁发万国红十字会章约汇编第四章，内载已第一目第一条，应征得多量会员于平时。依其计划，以事宣传，每年应有一日或一较长时期，以为红十字会会员之征求。又第六章内载第十四条，各国政府应鼓励红十字会会员之增加，并予以精神与物质上之帮助各等语，职会于整理之余，自应遵约进行。兹拟定南昌分会征求会员通启，照印多份，一则以事宣传，阐扬本红十字会之功德；一则以资征求，普使慈善大家之乐从。除分函南昌市商会、慈善总会暨省会公安局、水上公安局、殷富善户，一体知照外，理合检同通启一百五

十份，备文呈请钧会俯赐鉴核备案，并恳转函江西省政府转饬各厅照约帮助，俾得会员增加，实为公便等情，并附送征求会员启到会。据此，本会征求会员一案，前经本会呈请国民政府通令各级政府予以协助，旋于二十年五月间，准国民政府文官处文书局第六一号公函内开：迳启者：查贵会请准通令全国各级政府，对于红十字会征求会员予以辅助一案，前经由处奉交行政院去后，兹准函复已令交内政部具复，以所请无成例可援。惟办理慈善事业，地方政府自应提倡，拟由本部通行各省市政府转饬所属于该会征求会员时，察酌情形，加以提倡，以资发展。至于会员如何征求，应由会依照会章，自行办理，请予核示等情到院。经已指令照办，希查照转陈等由前来。除由处转陈外，相应函达查照等由过会，即经通函各分会一体查照在案，兹据前情，除函复外，相应检同原启，函请贵省政府查照，转饬所属一体予以协助，以资提倡，而维善举，并希见复，实纫公谊，等由。附南昌分会征求会员启一百五十份，准此，除函复并分令外，合行检发原附件，令仰该厅县即便查照予以协助，此令。

计检发南昌分会征求会员启一份（略）。

原载《江西省政府公报》1932年第28期，第87—88页

公牍：南浔铁路管理局呈（中华民国十八年五月日）：呈复江西省政府以南昌红十字会请求拨还慈善基金一案除呈部核示外乞鉴核由

南浔铁路管理局呈：为呈复事，窃本年五月二日案奉钧府文字第三七九四号训令内开，为令饬事，案据南昌红十字分会会长单黎川等呈称，窃职会于民国十年将蔡儒楷总理所卷慈善基金现银五千元存于南浔路局，每月按一分行息，当经立有息折为据。自十年十月起，此款息金即行停顿，曾经职会迭次具呈钧府恳祈转饬拨还，当蒙指令该局照付在卷。惟该局屡次藉口推诿，迄今尚未照付。查此款存储该局领息多年，职会施诊送药、救护兵民及一切费用赖以补助，息金停顿以来，会务颇受影响，现因各项开支需款殊急，为此迫不得已，再行呈请钧府俯赐鉴核，恳即转咨铁道部饬令南浔路局将此项存款本息如数拨还，以维善举，不胜盼祷之至。等情，据此。查此案前据该局呈复，前项存款系总公司所捐，历任均未核准等情核阅，该会长前呈折据该局前曾按月支付

息五十元，至我军克复南昌，该局改组，当时因系军事紧急，故未照支。是此项契约款虽系由该公司出捐，但既经出捐，该会即取得所有权，况履行息金已数年之久，何得复行翻异，事关慈善，应即如数给付，以资救济。指令外合行令仰该局即便遵照办理，此令。等因，奉此。

查此款前奉钧府饬拨付，当经职局查明成案，将碍难遵发情形呈复在卷，复奉指令，以所称各节尚属实情，候令行。南昌市政府转饬知照，等因。奉令之下，深感钧府维护路政至周且详，方谓该会屡次争执，从此蒇事。不意该会一再捏词蒙蔽，呈请钧府，揣其用意，非达到如数拨款目的不已。惟查该会呈内所称，此款系民国十一年蔡儒楷总理所捐慈善基金现银元五千元存放南浔路局一节，经职局统查全卷，确系前坐办张毅于将交卸时与该会长罗朗山私相串通，故出此徇情不轨之举。案卷具在，无可掩饰。乃该会以蔡易张，情亏畏究，欲盖弥彰。至该会前虽按月支领息金，查系前总公司时代按月拨付，大都历任总协理瞻徇情面，不顾后患所至。自革命军莅赣，将总公司改为管理局，力求整理，所有从前总公司时代欠款概系经管理局核准方能动放。如该项欠款，原来性质迥异，历任主管均未核准，早已停付息金。况职路负债累累，百孔千疮，军运甫停，燃煤、五金等费在在需款，无法筹措，何得有此巨款，擅付该会。至于部诘以言维持慈善，则自总公司相沿迄今，每月尚捐助该会洋五十元，综计全数大有可观，实属赘疣，迫不得已。除将此案经过情形呈请铁道部核示外，理合具文呈请钧府鉴核。谨呈，江西省政府。

铁道部南浔铁路管理局局长龚学遂、副局长张远东

中华民国十八年五月

原载《南浔铁路月刊》1929年第7卷第5期，第7—9页

附录三　近代江西红十字运动大事记

1911 年

辛亥革命爆发后，南昌分会集资设立医院，兵民并治，联合九江分会组织救护团开赴汉口，在战地及祁家湾设立临时医院。值两军休战，兼治平民。

1913 年

7 月，“二次革命”爆发，九江、南昌分会救护掩埋不遗余力。各职员奔驰战地。

1915 年

7 月中旬以来，江西“大雨如注，山洪暴发，冲毁城垣，平地水深丈余，淹毙人口无算”。万安、泰和、吉安等处损失最为惨重，吉水、新干、丰城、南昌、新建等县也遭波及。水灾过后，灾民众多，饿殍载道。中国红十字会、南昌分会积极参与救灾，实施以工代赈。

1917 年

6 月，推举萧文循、熊景章为赣县分会临时经事，筹备分会成立事宜。

1918 年

1 月，赣县分会在赣州府学明伦堂成立，推举熊景章为理事长、张周垣为议事长。

1920 年

7 月，南昌墨山村河堤决口，低洼处尽成泽园。南昌分会会长罗兆栋采购海参饼、藿香丸等物品，前往河西一带散赈。

1922 年

孙中山发起第一次北伐战争，江西成为进攻的重点区域。5 月，赣县分会开始设立临时病院疗治伤兵，并组织掩埋队及妇孺救济所。

5 月 26 日，赣县分会电告上海总办事处，要求转电南北当局通饬前方军队照约保护红十字救护队。

5 月 29 日，赣县分会发电给总办事处，请求援助医队及药品。

5 月下旬，吉安洪水暴发，吉安分会设立水面救护船只救济民众。

6 月 1 日，南昌分会救护队正式出发战地，并制定了救护队简章及救护队役规则。

6 月 5 日，吉安分会救护队赶赴泰和与万安，分设临时医院，实行医疗救治。

6 月 6 日，江西督军陈光远致电总办事处，感谢赣县、吉安两分会的救护行动。

6 月 8 日，赣县分会理事长熊景章、理事曹厚源偕同天主教和主教面谒当局，请求开城准许避难者入城，保全妇孺千余人。

6 月，赣县山洪暴发，赣县分会一面组织救护队扎好木排救护难民出险；一面购买面包散放急赈。

7 月，黎川分会组织临时医院出发战地救治伤兵。

10 月 29 日，直系常德盛部与福建军队王永泉部在杉关发生激烈战事。黎川分会收治受伤兵士，每日平均达百余人次。

1923 年

5 月 9 日，赣县分会医院院长古可庄率领救护队出发，在大庾岭设立临时病院。

6 月底，黎川分会组织救护队，设立临时医院实施救护。截至 7 月中旬，5000 余名伤者痊愈出院。

截至 7 月 17 日，赣县分会临时病院共收容住院伤病 1014 人。

10 月 29 日，吉安分会向总会报告救护及掩埋成绩，总计门诊近万人次，掩埋尸体达 240 多具。

12 月 10 日，赣县分会致电总会总办事处，称拟组织救护队，请总办事处转电前方军队照约保护。

1924 年

6 月以来，江西“霪雨为灾，山洪陡发，河水暴涨，干将泛滥，已逾千里。省城外百里，尽成泽国，堤溃屋坍，生畜淹毙。灾情奇重，诚近五十年来所未有”。南昌分会随即与江西慈善总会、江西总商会等团体组织江西水灾筹赈会。南昌分会还派员调查具体灾情，准备施放急赈各事，并向上海办事处求援，组织赈济。

1926 年

9月29日，吉安分会致电总办事处，称医队组织就绪，并添设野战医院、妇孺救济所，请总办事处转电双方军事长官通饬前方军队一体保护。

10月16日，载满孙传芳联军千余士兵及武器弹药、棉被棉衣、卫生材料等军需品的“江永”轮船起火爆炸，损失惨重。九江分会一面捞获尸体并掩埋共400余具，一面救护幸存船员、士兵出险，赠以川资回籍达300余人。

截至11月2日，南昌分会掩埋尸体达2000余具，收容难民伤兵达4000多人。

截至11月27日，吴城分会治疗伤病2000余人次，并设立妇孺救济所8处，收容战区避难妇孺。

因大军云集，赣县分会招募工役从事清洁，以防疫疠。

1931 年

长江流域发生百年罕见的全流域大水灾，江西是重灾区之一。9月24日，中国红十字会对所筹赈款进行分拨，其中拨江西3000元，由红十字分会会同地方公私机关团体，共同散放。

1936 年

8月6日晚，南昌发生飓风，造成严重的生命财产损失。南昌分会一面由分会医院医治受伤民众，一面请求总会及江西省赈务会设法赈济。

1937 年

2月寒冬，九江分会会长盛景唐鉴于一般贫苦老弱缺衣乏食，遂拨款购办数十包白米，分散给孤贫民众。

1938 年

从1937年11月到1938年1月，南昌分会总计收容伤病人数达到

2651 人。

年初，南昌分会与救护总队驻赣第九大队合作，举办了 5 期红十字卫生急救训练班，300 人参加培训，并组织成立了民众救护队。

12 月 5 日，南昌分会迁到兴国，继续担任战地救护及医务工作。

1939 年

年冬，南昌分会制作棉背心 1000 件，赠给负伤战士及难民，同时为难民施粥和豆浆。

1948 年

截至当年，江西仅存南昌、九江、赣县、上饶 4 处分会。

年冬，南昌分会向赤贫户发放棉衣棉被，使其能够抵御寒冬。

参考文献

一、资料类

（一）档案及史料集

1.《江西省教育厅、红十字会南昌市分会关于扩大征募问题的训令、请示》，江西省档案馆藏档案，档案号 J046—03—02351。

2.《中国红十字会南昌分会征求会员来文》，江西省档案馆藏档案，档案号：J013-1-00258。

3.《会务旬报》（1940 年 10 月），贵阳市档案馆藏：《救护总队档案》：40-3-466。

4.《红十字南昌分会收容伤兵人数表》，贵阳市档案馆藏：《救护总队档案》，40-3-205。

5.《黎副总统（元洪）政书》，“近代中国史料丛刊”第六十七辑，（台北）文海出版社有限公司 1973 年版。

6. 国民革命军总司令部参谋处：《北伐阵中日记》，《近代稗海》第 14 辑，四川人民出版社 1988 年版。

7. 全国妇联妇女运动历史研究室编：《中国近代妇女运动历史资料（1840—1918）》，中国妇女出版社 1991 年版。

8. 中国红十字会总会编:《中国红十字会历史资料选编，1904—1949》，南京大学出版社 1993 年版。

9. 贵阳市档案馆编：《战地红十字——中国红十字会救护总队抗战实录》，贵州人民出版社 2009 年版。

（二）报纸杂志

《申报》《大公报》《民国日报》《民立报》《晨报》《南昌新闻日报》

《东方杂志》《医学世界》《南浔铁路月刊》《中国红十字会杂志》

《中国红十字会二十周年纪念册》《中国红十字会月刊》《会务通讯》《救护通讯》《红十字会月刊》《江西省政府公报》《内政公报》

（三）地方志、年鉴及文史资料

1. 秦山僧编辑：《九江指南》，九江指南社 1932 年发行。

2. 江西省政府统计室编：《江西年鉴》，1936 年版。

3. （民国）《吉安县志》，1941 年铅印本。

4. （民国）《赣县新志稿》，赣县县志局编印 1946 年版。

5. 中国人民政治协商会议江西省委员会文史资料研究委员会：《江西文史资料选辑》，第 6 辑，江西人民出版社 1981 年版。

6. 中国人民政治协商会议江西省九江县委员会文史资料研究委员会编：《九江县文史资料选辑》第 1 辑，1985 年版。

7. 江西省玉山县志编纂委员会：《玉山县志》，江西人民出版社 1985 年版。

8. 江西省靖安县志编纂委员会编纂：《靖安县志》，江西人民出版社 1989 年版。

9. 中国人民政治协商会议江西省南城县委员会文史资料研究委员会编：《南城文史资料》第 3 辑，1989 年版。

10. 江西省政协文史资料研究委员会：《江西文史资料选辑》第 39 辑，江西人民出版社 1991 年版。

11. 抚州市志编纂委员会：《抚州市志》，中共中央党校出版社 1993 年版。

12. 《江西省卫生志》编纂委员会编：《江西省卫生志》，黄山书社 1997 年版。

二、专著类

1. 行政院新闻局印行：《中国红十字会》，1947 年版。

2. 何应钦：《八年抗战之经过》，金文图书有限公司 1982 年版。

3. 中华续行委办会调查特委会编：《中华归主——中国基督教事业统计（1901—1920）》（上），中国社会科学院世界宗教研究所 1985 年版。

4. 马巨贤、石渊：《中国人口：江西分册》，中国财政经济出版社 1989 年版。

5. 梁启超：《记江西康女士》，《饮冰室合集》第 1 集，中华书局 1989 年版。

6. 朱祥清主编，廖震赓等编.《江西近现代人物传稿》，第1辑，海南人民出版社1989年版。

7. 李文海等著：《近代中国灾荒纪年续编》，湖南教育出版社1993年版。

8. 李文海等著：《中国近代十大灾荒》，上海人民出版社1994年版。

9. 李宗仁口述、唐德刚撰写：《李宗仁回忆录》（上），华东师范大学出版社1995版。

10. 万振凡、吴小卫：《近代江西农村经济研究》，江西高校出版社1998年9月版。

11. 刘志琴主编、闵杰著：《近代中国社会文化变迁录》第2卷，浙江人民出版社1998年版。

12. 亨利·杜南：《索尔弗利诺回忆录》（杨小宏译），山东友谊出版社1998年版。

13. 戴鞍钢：《港口·城市·腹地——上海与长江流域经济关系的历史考察（1843—1913）》，复旦大学出版社1998年版。

14. 邓铁涛主编：《中医近代史》，广东高等教育出版社1999年版。

15. 来新夏等：《北洋军阀史》，南开大学出版社2000年版。

16. 梁其姿：《施善与教化——明清的慈善组织》，河北教育出版社2001年版。

17. 陈玉堂：《中国近现代人物名号大辞典续编》，浙江古籍出版社2001年版

18. 蔡勤禹：《国家、社会与弱势群体——民国时期的社会救济（1927—1949）》，天津人民出版社2002年版。

19. 行龙：《近代山西社会研究》，中国社会科学出版社2002年版。

20. 余新忠：《清代江南的瘟疫与社会：一项医疗社会史的研究》，中国人民大学出版社2003年版。

21. 孙柏秋主编，池子华、杨国堂等著：《百年红十字》，安徽人民出版社2003年版。

22. ［日］小浜正子：《近代上海的公共性与国家》（葛涛译），上海古籍出版社2003年版。

23. 陈三立著、李开军点校：《散原精舍诗文集》（上册），上海古籍出版社2003年版。

24. 池子华：《红十字与近代中国》，安徽人民出版社2004年版。

25. 张玉法主编，周秋光、张建俅等著：《中华民国红十字会百年会

史（1904—2003）》，台湾致琦企业有限公司2004年版。

26. 张玉法：《民国初年的政党》，岳麓书社2004年版。

27. ［日］夫马进：《中国善会善堂史研究》（伍跃、杨文信、张学锋译），商务印书馆2005年版。

28. 茅海建：《戊戌变法史事考》，生活·读书·新知三联书店2005年版。

29. 罗志田：《激变时代的文化与政治——从新文化运动到北伐》，北京大学出版社2006年版。

30. 《中国气象灾害大典》编委会编：《中国气象灾害大典·江西卷》，气象出版社2006年版。

31. 周秋光、曾桂林：《中国慈善简史》，人民出版社2006年版。

32. 张建俅：《中国红十字会初期发展之研究》，中华书局2007年版。

33. 池子华、郝如一等：《近代江苏红十字运动（1904—1949）》，安徽人民出版社2007年版。

34. 池子华、郝如一主编：《〈红十字运动研究〉2007年卷》，安徽人民出版社2007年版。

35. 池子华、郝如一主编：《〈红十字运动研究〉2008年卷》，安徽人民出版社2008年版。

36. 周秋光：《红十字会在中国（1904—1927）》，人民出版社2008年版。

37. 钟起煌主编、何有良著：《江西通史·民国卷》，江西人民出版社2008年版。

38. 池子华、郝如一主编：《〈红十字运动研究〉2009年卷》，安徽人民出版社2009年版。

39. 池子华：《中国红十字运动史散论》，安徽人民出版社2009年版。

40. ［美］李可柔、毕乐思编：《光与盐：探索近代中国改革的十位历史名人》（单传航等译），中国档案出版社2009年版。

41. 李平亮：《卷入大变局：晚清至民国时期南昌的士绅与地方政治》，经济日报出版社2009年出版。

42. 池子华、郝如一主编：《红十字运动与慈善文化》，广西师范大学出版社2010年版。

43. 池子华、郝如一主编：《〈红十字运动研究〉2010年卷》，安徽人民出版社2010年版。

44. 熊式辉著、洪朝辉编校：《海桑集——熊式辉回忆录》，星克尔出版（香港）有限公司2010年版。

45. 池子华、郝如一主编：《〈红十字运动研究〉2011年卷》，安徽人民出版社2011年版。

46. 池子华等主编：《〈申报〉上的红十字》，安徽人民出版社2011年版。

47. 池子华、傅亮等主编：《〈大公报〉上的红十字》，合肥工业大学出版社2012年版。

48. 吴佩华：《中国红十字外交，1949—2009》，合肥工业大学出版社2012年版。

49. 戴斌武：《中国红十字会救护总队与抗战救护研究》，合肥工业大学出版社2012年版。

50. 池子华、张丽萍、王丽萍主编：《中国红十字运动的区域研究》，合肥工业大学出版社2012年版。

51. 孙语圣：《中国红十字会灾害救助机制研究》，合肥工业大学出版社2013年版。

52. 方娅、池子华主编：《江西红十字运动百年回眸》，合肥工业大学出版社2013年版。

53. 池子华等主编：《〈新闻报〉上的红十字》，合肥工业大学出版社2014年版。

54. 马强、池子华主编：《红十字在上海，1904—1949》，东方出版中心2014年版。

55. 池子华、崔龙健主编：《中国红十字运动史料选编》（第一辑），合肥工业大学出版社2014年版。

56. 池子华、丁泽丽主编：《中国红十字运动史料选编》（第二辑），合肥工业大学出版社2015年版。

57. 顾丽华、池子华主编：《〈中国红十字会常熟分会民国廿一年纪念册〉整理与研究》，合肥工业大学出版社2016年版。

58. 池子华、欧贺然主编：《中国红十字运动史料选编》（第三辑），合肥工业大学出版社2016年版。

59. 池子华、阎智海主编：《中国红十字运动史料选编》（第四辑），合肥工业大学出版社2016年版。

60. 池子华、丁泽丽主编：《中国红十字运动史料选编》（第五辑），合肥工业大学出版社 2016 年版。

61. 池子华、李欣栩主编：《中国红十字运动史料选编》（第六辑），合肥工业大学出版社 2016 年版。

62. 池子华、崔龙健主编：《中国红十字运动史料选编》（第七辑），合肥工业大学出版社 2017 年版。

63. 池子华、李欣栩主编：《中国红十字运动史料选编》（第八辑），合肥工业大学出版社 2018 年版。

三、论文类

1. 杜德风：《太平军在江西的失败》，《近代史研究》1992 年第 4 期。

2. 吕秋心：《北洋军阀统治时期福建各派势力的军事斗争》，《福建史志》1993 年第 3、4—5 期。

3. 田涛：《清末民初在华基督教医疗卫生事业及其专业化》，《近代史研究》1995 年第 5 期。

4. 周飞、许海泉：《被迫开埠与九江城市近代化》，《江西师范大学学报》1998 年第 3 期。

5. 毛国涛：《清代以后江西逐渐落后原因之初探》，《南昌教育学院学报》1999 年第 1 期。

6. 廖信春：《民国时期江西的战争与江西社会》，《江西师范大学学报》（哲学社会科学版）2000 年第 3 期。

7. 温锐：《背离与错位——近代江西衰落原因的再认识》，《江西师范大学学报》（哲学社会科学版）2000 年第 4 期。

8. 胡水印：《江西近代教会医院概述》，《中华医史杂志》2003 年第 2 期。

9. 周秋光：《民国北京政府时期中国红十字会的会内宣传与经费筹措》，《湖南师范大学社会科学学报》2004 年第 4 期。

10. 张建俅：《中国红十字会经费问题浅析（1912—1937）》，《近代史研究》2004 年第 3 期。

11. 陈晓鸣：《九江开埠与近代江西社会经济的变迁》，《史林》2004 年第 4 期。

12. 张建俅：《近代中国政府与社团关系的探讨——以中国红十字会为例（1912—1949）》，《“中央研究院”近代史研究所集刊》第 47 期。

13. 李传斌：《教会医院与近代中国的慈善救助事业》，《中国社会经济史研究》2006年第4期。
14. 池子华：《一部中国红会史研究的“问题”之作——评〈中国红十字会初期发展之研究〉》，《民国档案》2007年第4期。
15. 李金铮：《区域路径：近代中国乡村社会经济史研究方法论》，《河北学刊》2007年第5期。
16. 黄志繁、周伟华：《近代基督教新教江西美以美会研究》，《南昌大学学报》（人文社会科学版）2008年第4期。
17. 廖武振：《民国时期（1931—1935年）江西灾荒救济研究》，南昌大学2008年硕士学位论文。
18. 涂蕴漪：《明清时期江西慈善事业研究综述》，《湖北广播电视大学学报》2009年第1期。
19. 杨红星、池子华：《近年来中国红十字运动研究综述》，《河北大学学报》（哲学社会科学版）2009年第4期。
20. 庞振宇、陈晓鸣：《清末新政时期江西农业改良举措探析——以傅春官〈江西农工商矿纪略〉为中心》，《农业考古》2009年第4期。
21. 唐力行：《超越地域的疆界：有关区域和区域比较研究的若干思考》，《史林》2008年第6期。
22. 池子华：《关于深化红十字运动研究的几点构想》，《史学月刊》2009年第9期。
23. 刘秀君：《清后期至民国前期九江地区慈善公益事业研究》，江西师范大学2009年硕士学位论文。
24. 朱从兵：《实证功夫与多重视角》，《史学月刊》2011年第2期。
25. 池子华：《辛亥革命期间中国红十字会新建分会数量考》，《苏州科技学院学报》（社会科学版）2011年第3期。
26. 戴斌武：《中国红十字会救护总队与抗战救护研究》，苏州大学2011年博士后出站报告。
27. 傅亮：《江西红十字运动研究（1911—1949）》，苏州大学2012年硕士学位论文。
28. 池子华、郭进萍：《反思社会史的双重面向——以社会史碎片化问题为中心》，《贵州师范大学学报》2012年第2期。
29. 池子华、李欣栩：《改革开放以来孙中山博爱思想研究述评》，《史学月刊》2014年第12期。
30. 池子华、崔龙健：《“华文的第一部关于红十字会的书籍”——孙中山译著〈红十字会救伤第一法〉述论》，《江苏社会科学》2015年第 4 期。

31. 池子华、阎智海：《全面抗战时期国际红十字组织对华人道援助述论》，《史学月刊》2016 年第 1 期。

32. 丁泽丽、池子华：《绥远抗战与中国红十字会的人道救助》，《河北大学学报》（哲学社会科学版）2016 年第 2 期。

33. 傅亮、刘玉斌：《清末民初红十字会的本土化》，《苏州科技学院学报》（社会科学版）2016 年第 4 期。

34. 池子华、傅亮：《中国红十字运动区域研究：理论与方法》，《河北学刊》2016 年第 6 期。

35. 池子华：《中国红十字运动的地方实践——以〈中国红十字会常熟分会民国廿一年纪念册〉为中心》，《苏州大学学报》（哲学社会科学版）2016 年第 6 期。

36. 池子华：《庚子救援：成功背后的无奈与辛酸——陆树藩及其中国救济善会人道行动述论》，《河北学刊》2018 年第 3 期。

后　记

2009年，我有幸保送成为苏州大学硕士研究生，跟随池子华教授研习中国近代社会史。池老师既是一位学术大家，为人又谦逊、平和。硕士学位论文研究“近代江西红十字运动”是老师指定的，因我是江西新干人，可以发挥“在籍”优势，也方便查找资料，从而起到事半功倍的效果。选题确立后，从资料搜集到文稿的修改，甚至一个错字、一个标点符号，都耗费老师不少精力。在考博士的问题上，老师又煞费苦心地为我联系导师、规划以后的学术道路。2017年，我从华东师范大学博士毕业后，有幸回到苏州大学任教，可以随时聆听池老师的教诲。池老师敦促我尽快将硕士学位论文重新修改，扩展篇幅，以便正式出版。在池老师的鼓励和鞭策下，我终于将这篇小文呈现给大家了，这也算我研究红十字运动的一点小小的总结。

红十字运动研究，从无到有，从小到大，在池老师以及多位学者的努力下逐渐兴盛起来。这几年来，以池老师为代表的研究团队，不断扩展和深化红十字运动研究的范围和深度，从早期的红十字会总会史，扩展到后来的地方区域史，甚至扩展到专题史（红十字青少年、灾害救助、战争救护、公共卫生）等等。可以说，今天的红十字运动研究成果已经非常可观了，因此，摆在我们面前的课题是怎样寻求红十字运动研究的再突破。以我个人的理解来看，一是史料的突破。目前研究者使用的红十字运动史料，报刊用得较多，这是完全可以理解的事情。不过，我们应该尽快整理并研究第二历史档案馆馆藏的红十字运动档案，从而进一步推动红十字运动的研究。二是研究视角的转变。红十字运动研究从早期的红十字会总会史，到今天的专题史、制度史，这已经是一个较大的突破了。但相信我们应该还可以做得更多，还可以挖掘更多的研究课题，例如中国红十字会的制度演变、会员与经费问题、红十字人物群体等等，都有进一步挖掘的余地。总之，我相信红十字运动研究的道路和前景将越来越广阔。

是为记。

傅　亮

2018 年 8 月 30 日草于杨枝新村